DIE PHILOSOPHISCHEN QUELLEN
DER THEOLOGIE KARL RAHNERS

QUAESTIONES DISPUTATAE

Begründet von
KARL RAHNER UND HEINRICH SCHLIER

Herausgegeben von
PETER HÜNERMANN UND THOMAS SÖDING

213

DIE PHILOSOPHISCHEN QUELLEN DER THEOLOGIE KARL RAHNERS

DIE PHILOSOPHISCHEN QUELLEN DER THEOLOGIE KARL RAHNERS

UNTER MITARBEIT VON
PETER HENRICI, OTTO MUCK,
JULIUS OSWALD, ALBERT RAFFELT,
JOSEF SCHMIDT, JÖRG SPLETT,
BÉLA WEISSMAHR

HERAUSGEGEBEN VON
HARALD SCHÖNDORF

HERDER

FREIBURG · BASEL · WIEN

Bibliographische Information der Deutschen Bibliothek

Die Deutsche Bibliothek verzeichnet diese Publikation in der Deutschen Nationalbibliographie; detaillierte bibliographische Daten sind im Internet über ⟨http://dnb.ddb.de⟩ abrufbar.

Druckvorlage durch den Herausgeber

www.herder.de
Druck und Bindung: Difo-Druck, Bamberg 2005
Gedruckt auf umweltfreundlichem, chlorfrei gebleichtem Papier
ISBN 3-451-02213-3

Inhalt

Vorwort

Der Jesuit Karl Rahner ist einer der bedeutendsten Theologen des 20. Jahrhunderts. Er hat mit seinen zahllosen Publikationen nicht nur die Theologie des 20. Jahrhunderts entscheidend geprägt, sondern auch maßgeblichen Einfluss auf das II. Vatikanische Konzil ausgeübt. Er wurde am 5. März 1904 in Freiburg im Breisgau geboren und starb weniger als einen Monat nach seinem 80. Geburtstag am 30. März 1984 in Innsbruck.

Eines der größten Verdienste Karl Rahners für die Theologie der katholischen Kirche des 20. Jahrhunderts liegt wohl darin, dass er einen Weg gewiesen hat, die durch den Modernismus in der katholischen Kirche entstandene Krise zu überwinden. Zu Beginn des 20. Jahrhunderts hatte diese Krise dahin geführt, dass die kirchenamtliche Theologie sich in einer bloßen Weiterführung der Neuscholastik zu erschöpfen drohte, während alle Versuche, die Impulse des neuzeitlichen Denkens aufzugreifen und für die Theologie nutzbar zu machen, dem Verdikt der mangelnden Rechtgläubigkeit verfielen.

Rahners Denken ermöglichte es der kirchenamtlichen Theologie, die Ansätze des neuzeitlichen Denkens und die damit verbundenen neuen Erkenntnisse vor allem der Exegese positiv aufzunehmen, ohne dadurch ihrer eigenen Tradition und der klassischen Lehre der Kirche untreu zu werden. Rahner übernahm, so könnte man sagen, die Funktion eines Brückenbauers von der Neuscholastik hin zu der heutigen Theologie. Dies war nur möglich gewesen, weil er nicht nur voll und ganz im Besitz der Kenntnisse der dogmatischen Überlieferung und der neuscholastischen Systematik (der von ihm oft später so genannten „Schultheologie") gewesen war, sondern weil er sich auch zum anderen die entscheidenden Impulse der großen von Kant über den Idealismus bis zu Heidegger gehenden modernen Philosophie kreativ angeeignet hatte, um auf diese Weise zu einer Art von Synthese des thomanischen und des klassisch-neuzeitlichen Denkens zu gelangen. Die eminente Bedeutung Karl Rahners für die zeitgenössische Theologie verdankt sich also der Tatsache, dass Rahner zeit seines Lebens ein systematischer Denker war, dessen Theologie nur auf dem Hintergrund seiner philosophischen Konzeption voll verständlich ist.

Aus diesem Grund war es gerade im Jahr des 100. Geburtstages und des 20. Todestages von Karl Rahner von Wichtigkeit, nicht nur seine Theologie, sondern auch seine Philosophie ausführlich zu würdigen. Die in diesem Band versammelten Artikel entstammen einem Symposion, das die Hochschule für Philosophie der Gesellschaft Jesu in München am 9. und 10. Januar 2004 zu Ehren Karl Rahners unter dem Titel „Der Philosoph Karl Rahner" gehalten hat. Dabei leitete die Organisatoren und die Autoren das Bemühen, das philosophische Denken Karl Rahners unter verschiedenen Perspektiven zu beleuchten. Zum einen sollte auf die verschiedenen Inspirationen hingewiesen werden, aus denen sich Karl Rahners Philosophie speist, und die nicht immer ausreichend gesehen werden, da Rahner selbst in bezug auf seine philosophiegeschichtlichen Kenntnisse zur Untertreibung neigte. Zum anderen ging es darum zu zeigen, dass die Philosophie Rahners nicht nur auf eine einzige Tendenz oder ein einziges Erklärungsschema zurückzuführen ist, sondern vielfältige Fragen aufgreift. Und schließlich leitete die Referenten das Bemühen zu zeigen, dass auch Ausführungen Rahners, die auf den ersten Blick rein theologisch scheinen möchten, sich erst aufgrund der darin enthaltenen philosophischen Voraussetzungen richtig verstehen lassen.

In diesem Sinn möchte dieser Band einen Beitrag leisten zur Erforschung der vielfältigen Facetten des Rahnerschen Werks, seiner Grundlagen und seiner geistesgeschichtlichen Herkunft. Dabei waren sich die Veranstalter und die Autoren natürlich darüber im klaren, dass die vorliegenden Beiträge keinen Anspruch auf eine auch nur in irgend einer Hinsicht erschöpfende Behandlung des Themas „Der Philosoph Karl Rahner" leisten können. Sie sollen vielmehr dazu anregen, die philosophischen Grundlagen und Implikationen des Rahnerschen Werks nicht aus den Augen zu verlieren und noch weiter zu erforschen.

Rahner war nämlich von seinem Orden ursprünglich gar nicht dazu ausersehen, Professor der Theologie zu werden. Er hätte eigentlich Philosophieprofessor werden sollen und hat zu diesem Zweck zusammen mit seinem Mitbruder Johann Baptist Lotz in seiner Heimatstadt Freiburg im Breisgau vor allem bei Martin Heidegger Philosophie studiert und eine philosophische Doktorarbeit verfasst, die von seinem Doktorvater Martin Honecker jedoch nicht angenommen wurde. Da man nun an der Innsbrucker Fakultät, wo sich bereits Karl Rahners Bruder Hugo als Theologiehistoriker einen Namen gemacht hatte, einen Theologieprofessor benötigte, promovierte und habilitierte sich Karl Rahner in

Theologie und begann seine akademische Laufbahn als Dogmatiker in Innsbruck. Nach der Emeritierung Romano Guardinis wurde Karl Rahner 1964 als dessen Nachfolger an die Universität München berufen, und 1967 folgte er einem Ruf an die theologische Fakultät der Universität Münster, wo er bis zu seiner Emeritierung tätig war. Danach, von 1973 bis 1981 war er Professor für Grenzfragen von Theologie und Philosophie an der Hochschule für Philosophie der Gesellschaft Jesu in München. Im Herbst 1981 kehrte er an seine alte Wirkungsstätte Innsbruck zurück, wo er 1984 sein Leben beendete.

Während die anderen wichtigen Vertreter der vor allem von deutschen Jesuiten geprägten Maréchal-Schule wie J. B. Lotz und Emerich Coreth primär auf dem Gebiet der Philosophie und des philosophischen Zugangs zu Gott tätig waren, wurde für Rahner sein philosophischer Ansatz auch innerhalb der eigentlichen Theologie systembildend. Und anders als andere bedeutende Theologen des 20. Jahrhunderts schuf Rahner auf diese Weise ein theologisches Denksystem, das einem in der Neuscholastik geschulten Theologen einen unmittelbaren Einstieg und Zugang eröffnete, so dass auf diese Weise die Vertreter der offiziellen Theologie in die Lage versetzt wurden, die Impulse des modernen Denkens positiv in ihr eigenes theologisches System zu integrieren. Rahner versuchte in seiner Philosophie, den genuinen Ansatz von Thomas im Ausgang von Kant und Heidegger neu herzuleiten, wie dies der belgische Jesuit Joseph Maréchal vorentworfen hatte. Die Philosophie beschränkt sich nicht auf die Hinführung zu Gott und seiner Botschaft, wie ein erster Blick auf die Frühwerke „Geist in Welt“ und „Hörer des Wortes“ vermuten lassen könnte, sondern sie prägt und durchzieht das gesamte theologische Wirken Rahners. Sie zeigt sich darum auch in Überlegungen und Formulierungen, die noch nicht in den genannten Werken zur Sprache kommen. Wie sehr Rahners Theologie philosophisch geprägt ist, davon zeugt nicht nur die Tatsache, dass Rahner immer wieder in seinen Schriften auf das Verhältnis von Philosophie und Theologie zu sprechen kommt, sondern auch die Feststellung, dass zentrale Begriffe seiner Theologie, wie etwa das übernatürliche Existenzial oder die Bezeichnung Jesu Christi als absoluten Heilsbringer, nur von der Philosophie her zu verstehen und zu würdigen sind.

Selbstverständlich gibt es eine Reihe von Werken, die sich mit Rahners Philosophie befassen. Dabei herrscht verständlicherweise zumeist die Tendenz vor, Rahners philosophisches Denken in einer ganz bestimmten Richtung zu interpretieren, sei es als einen der herausragenden Repräsentanten des transzendentalen Neuthomismus der Maréchal-Schule, oder sei es, dass der anthropologische Ansatz Rahners besonders herausgearbeitet wird. Die einzige ziemlich umfassende Darstellung der Philosophie Rahners bietet bislang aber wohl nur das Werk von Peter Eicher: „Die anthropologische Wende. Karl Rahners philosophischer Weg vom Wesen des Menschen zur personalen Existenz" (Freiburg/Schweiz 1970). Die meisten anderen Autoren, die sich mit Karl Rahners Philosophie befassen, beschränken sich mehr oder weniger auf Rahners explizit philosophische Werke „Geist in Welt" und „Hörer des Wortes" und die sich aus diesen Werken ergebenden Konsequenzen. Aus diesem Grund soll mit dem vorliegenden Band die Aufmerksamkeit auf die Vielfalt der philosophischen Themen und Thesen gelenkt werden, die Rahners gesamtes Werk durchzieht und seine Theologie wesentlich prägt. Es sollen ferner die vielfältigen Einflüsse zur Sprache kommen, aus denen sich Rahners Denken direkt oder indirekt speist. Einige Autoren setzen sich auch mit der Kritik auseinander, die bestimmte Thesen von Rahners Philosophie hervorgerufen haben.

Die hier gesammelten Beiträge beginnen mit einer allgemeinen Hinführung zum Thema „Der Philosoph Karl Rahner", bei der zugleich einige Themen skizziert werden, die in den folgenden Artikeln nicht mehr behandelt werden. Es folgen sodann Beiträge über die philosophischen Quellen von Rahner sowie über seine ausdrücklich philosophischen Schriften „Geist in Welt" und „Hörer des Wortes". Die weiteren Artikel widmen sich dann verschiedenen speziellen Themen, bei denen sich Rahners philosophischer Ansatz besonders deutlich zeigen lässt: Freiheit, Tod, Zukunft, Selbstüberbietung und schließlich das Thema Gott.

Alle diese Beiträge zeigen zum einen: Rahner steht in der Tradition des Thomas von Aquin und ist zugleich dem Denken der Moderne verpflichtet. Dies entspricht seinem Bemühen, die christliche Botschaft in voller Treue zur kirchlichen Tradition dem Menschen von heute in einer Art und Weise zu vermitteln, die sie für unsere heutige Denkweise verständlich macht. Die Tatsache, dass Rahner von Grund aus philosophisch denkt, gibt seiner Theologie trotz ihrer ungeheueren thematischen Vielfalt – Rahner hat sich zu den verschiedensten Fragen und Anlässen theologisch geäußert – ihre innere Einheit und Systematik. Während andere Theologen stärker aus der Geschichte oder der Bibel heraus ihre Gedanken entfalten, entspringt Rahners Interpretation des christlichen Glaubens einer philosophischen Interpretation des Menschen und der gesamten Wirklichkeit.

Zum anderen gilt ebenso: Rahner ist ein eigenständiger philosophischer Denker. Seine philosophische Leistung beschränkt sich nicht darauf, einer der herausragenden Vertreter des transzendentalen Neuthomismus der sog. Maréchal-Schule zu sein. Um nur einige weitere Punkte zu nennen: Seine Interpretation der thomanischen Erkenntnislehre in „Geist in Welt" ist eine der ganz wenigen, wenn nicht gar die einzige spekulative Deutung der sinnlichen Erkenntnis des Menschen. Seine Konzeption in „Hörer des Wortes" stellt eine Wende in der Fundamentaltheologie dar. In seiner „Theologie des Symbols" entwirft er ebenso wie mit seiner Theorie der Selbstüberbietung eine philosophisch wie theologisch bedeutsame Theorie, die nicht nur von anthropologischer und theologischer, sondern von allgemein philosophischer Bedeutung ist.

Darum möchte dieser Band dazu ermutigen, sowohl die Philosophie als auch die philosophischen Aspekte der Theologie Karl Rahners noch intensiver zu erforschen, als dies bislang bereits geschehen ist, um in aller Deutlichkeit herauszustellen, wie sehr in Rahners Denken Philosophie und Theologie ineinander verflochten sind, um sich in Einklang miteinander zu einer christlichen Deutung der Wirklichkeit zu verbinden.

Ein herzlicher Dank geht an die Autoren der Beiträge und an Andreas Batlogg SJ für die kritische Durchsicht des Manuskripts, aber ebenso an die Mitwirkenden bei der Vorbereitung und der Organisation des Symposions, das diesem Band zugrunde liegt: Johannes Herzgsell SJ, Julius Oswald SJ, Josef Schmidt SJ, Jörg Splett sowie Ignaz Fischer-Kerli und Christine Jakubik. Ein besonderer Dank gilt Prof. Peter Hünermann für die Aufnahme dieses Bandes in die Reihe der Quaestiones Disputatae, die Rahner zusammen mit Heinrich Schlier 1958 begründet und bis zur Nummer 100 (1984) herausgegeben hat.

Die Werke Karl Rahners werden folgendermaßen abgekürzt: GiW = Geist in Welt (Innsbruck/Leipzig 1939, München ²1957), HdW = Hörer des Wortes (München 1941, ²1963), Schriften = Schriften zur Theologie (Einsiedeln 1954–1984), Grundkurs = Grundkurs des Glaubens (Freiburg 1976), SW = Sämtliche Werke (Freiburg 1995 ff.). Den Seitenzahlen der 2. Aufl. von GiW und HdW und wird ² vorangestellt. Weitere Abkürzungen werden in dem Artikel erklärt, in dem sie vorkommen.

Harald Schöndorf SJ

Die Bedeutung der Philosophie bei Karl Rahner

Harald Schöndorf SJ, München

1. Karl Rahner und die Philosophie

Karl Rahner ist als einer der bedeutendsten Theologen des 20. Jahrhunderts bekannt geworden. Dabei kann leicht übersehen werden, dass seine Bedeutung nicht nur auf dem Gebiet der Theologie liegt, sondern auch auf dem der Philosophie. Er ist einer der bedeutendsten Vertreter jener Strömung, die man wohl am treffendsten als transzendentalen Neuthomismus oder als die deutschsprachige Maréchal-Schule bezeichnen könnte.[1] Und so wird Karl Rahner völlig zu Recht im entsprechenden Artikel im zweiten Band des dreibändigen Sammelwerks „Christliche Philosophie im katholischen Denken des 19. und 20. Jahrhunderts" behandelt, den Otto Muck verfasst hat.[2]

Aber was sagt Karl Rahner selbst dazu, dass wir ihn als einen wichtigen Philosophen bezeichnen? Als letzten Beitrag zum 12. Band seiner „Schriften zur Theologie" finden wir eine kurzen Artikel, der ursprünglich 1970 als Begleitbrief zu Peter Eichers Werk „Die anthropologische Wende" verfasst worden war. Hier beginnt Karl Rahner wie folgt:

> Trotz mancher Schwierigkeiten soll hier etwas geschrieben werden über das Verhältnis dessen, was ich selbst im Laufe der Zeit verfaßt und veröffentlicht habe, zur Philosophie. Ich selbst möchte ein Theologe sein und eigentlich sonst nichts; einfach, weil ich kein Philosoph bin und mir nicht einbilde, einer sein zu können. Weder verachte ich die Philosophie noch halte ich sie für unwichtig, sondern ich habe gerade einen Heidenrespekt vor ihr.

---

[1] Zu Maréchal siehe den Beitrag von *Otto Muck* in diesem Band; vgl. *Johannes B. Lotz*, „Joseph Maréchal (1878–1944)" in: Christliche Philosophie im katholischen Denken des 19. und 20. Jahrhunderts, hg. v. *Emerich Coreth SJ, Walter M. Neidl, Georg Pfligersdorffer*, Bd. 2: Rückgriff auf scholastisches Erbe, Graz u. a. 1988, 453–469.

[2] *Otto Muck*, „Die deutschsprachige Maréchal-Schule – Transzendentalphilosophie als Metaphysik: J. B. Lotz, K. Rahner, W. Brugger, E. Coreth u. a.", in: Christliche Philosophie (s. Anm. 1), 590–622.

Zwar hätte ich einmal Professor der Geschichte der Philosophie in Pullach werden sollen. Aus diesem Grunde habe ich bei M.[artin] Heidegger in Freiburg/Br. noch zwei Jahre Vorlesungen und Seminare mitgemacht nach meiner normalen Ausbildung im Orden. Aber erstens ist ein Philosophieprofessor noch nicht ohne weiteres ein Philosoph, und zweitens bin ich eben nach der Freiburger Zeit (1934–1936) Theologe geworden; nicht gerade, weil ich mit meiner philosophischen Dissertation bei M.[artin] Honecker durchgefallen bin, sondern weil man einen Theologieschulmeister in Innsbruck brauchte und meine Ordensoberen der Meinung waren, ich werde das auch nicht schlechter machen als viele andere. Jedenfalls bin ich kein Philosoph, und doch gibt es philosophische Bücher über das, was ich geschrieben habe. Das ist merkwürdig. Und hier gilt die Ausrede nicht, die anderswo sehr richtig sein mag, ein Philosoph könne sehr philosophisch über etwas ganz Unphilosophisches schreiben, wie etwa Heidegger über ein Gedicht Trakls oder Hölderlins.[3]

Karl Rahner hatte also von seinem Provinzial ursprünglich die Destination erhalten, Philosophieprofessor zu werden. Zu diesem Zweck bekam er zusammen mit seinem Mitbruder Johannes Baptist Lotz den Auftrag, an einer Universität in Philosophie zu promovieren. Beide begaben sich darum nach Freiburg im Breisgau, wo damals Martin Heidegger lehrte, der als einer der bedeutendsten Philosophen der Zeit galt. Als Doktorvater wurde der Inhaber des Konkordatslehrstuhls in Philosophie, Martin Honecker, gewählt. Doch während dieser die Dissertation von P. Lotz akzeptierte, wies er Rahners Doktorarbeit zurück, die später unter dem Titel „Geist in Welt“ publiziert wurde. Allem Anschein nach war ihm Rahners Thomasinterpretation zu spekulativ geraten und zu sehr von Kant und Heidegger beeinflusst. Damit war Rahner, anders als Lotz, mit seinem Projekt einer philosophischen Promotion an der Freiburger Universität zunächst einmal gescheitert. Rahner wurde also stattdessen zum künftigen Professor für Dog-

[3] „Einfache Klarstellung zum eigenen Werk“, in: *Karl Rahner*, Schriften zur Theologie (= Schriften), Bd. XII, Zürich u. a. 1975, 599–604, 599. Wiederabdruck mit kleinen Veränderungen als: „Zum Geleit“, in: *Peter Eicher*, Die anthropologische Wende. Karl Rahners philosophischer Weg vom Wesen des Menschen zur personalen Existenz, Freiburg (Schweiz) 1970, IX–XV, IX. Der Text lautet hier nach einigen einführenden Worten: „Schliesslich meinte ich etwas schreiben zu sollen über das Verhältnis dessen, was ich selbst schrieb, zur Philosophie. [...] Denn Sie sind ein Philosoph und haben, was ich schrieb, als solcher Philosoph der Aufmerksamkeit wert gehalten. Und ich bin halt Theologe, vorsichtiger: ich möchte Theologe sein und eigentlich sonst nichts. Einfach, weil ich kein Philosoph bin und mir nicht einbilde, einer sein zu könne. Nicht, weil ich die Philosophie verachte oder unwichtig halte, sondern gerade, weil ich einen Heidenrespekt vor ihr habe.“

matik in Innsbruck bestimmt. Darum musste dann auch Rahners Plan, ein philosophisches Wörterbuch herauszubringen, von seinem Mitbruder Walter Brugger in die Wirklichkeit umgesetzt werden. Kehren wir zu Rahners eigenen Worten zurück. Er schreibt ein wenig später:

Jedenfalls ist es doch heute so, daß, wenn man fachwissenschaftlich und gelehrt Philosophie treibt, wenn man dabei (was man doch fachwissenschaftlich tun müßte) seine Gedanken mit all den Meinungen und Antrieben zu konfrontieren sucht, die in der Geschichte der Philosophie vorhanden sind, man auf keinen grünen Zweig mehr kommt, d. h. zu gar keiner entschiedenen Meinung, bzw. doch nur in Fragen hineingerät, die im allerletzten unwichtig sind. Die wirklich gelehrte Philosophie voll Fachwissenschaftlichkeit wird zu einer existentiell leeren und ineffizienten Philosophie. Sich um sich selbst bewegend bewegt sie sonst nichts mehr. Ich spreche von der Philosophie, *insofern* sie wissenschaftlich genau und gelehrt sein will, in dem Maß gelehrt sein will, wie man das heute von ihr als Wissenschaft zu fordern pflegt. Ich sage nicht, daß alle faktisch erscheinenden Werke der Philosophie, die man durchschnittlich als fachphilosophisch und wissenschaftlich zu taxieren gewohnt ist, keine wirklich das Dasein bewegende Kraft hätten. Durchaus nicht! Aber ich behaupte, daß *wenn* sie eine solche Kraft haben, dies gerade in dem Maße der Fall ist, wie sie *nicht* wissenschaftlich sind, oder – um es tiefsinniger zu sagen – den Mut zu jener Nichtreflektiertheit haben, den man *als* Wissenschaftler eigentlich nicht haben darf. Natürlich ist so eine Meinung gefährlich. Sie scheint Schwätzern und Leuten mit überschüssiger Emotionalität, mit Vorurteilen das Recht zu geben, sich der Mühsal der Reflexion zu entschlagen und zu dekretieren, anstatt zu denken.

Aber ich behaupte dennoch, daß ein Mensch das Recht und die Pflicht hat, seine Überzeugung auszusagen, ohne sie bis ins allerletzte durchreflektiert und in Wissenschaft – sei das nun die der Philosophie oder auch die der Theologie – übersetzt zu haben; einfach deshalb, weil eine adäquate Reflexion, die das Ganze des personalen Bewußtseins völlig objektiviert, schlechterdings nicht möglich ist und in einem endlichen Bewußtsein gegen eine transzendentale Notwendigkeit steht.[4]

Es zeigt sich, dass dieser Text alles andere ist als der bescheidene Hinweis Rahners darauf, er sei kein Philosoph. In Wahrheit ist es ein Text mit einer zweifachen Bedeutung. Einerseits drückt Rahner sein wohl ehrlich gemeintes Bedauern darüber aus, dass es für ihn (aber auch für andere) praktisch unmöglich geworden ist, in wirklich streng wissenschaftlicher Weise Philosophie (aber auch, wie er andernorts darlegt, Theologie) zu treiben, da die wissenschaftliche Aufarbeitung der ganzen Details der Forschung

---

[4] Schriften XII (1975) 600 f.; vgl. *Peter Eicher*, Die anthropologische Wende (s. Anm. 3), X f.

die Kräfte und Fähigkeiten eines einzelnen überschreitet. Andererseits handelt es sich aber auch um eine Kritik an der Verwissenschaftlichung der Philosophie, die dazu führt, dass man es nicht mehr wagt, wirkliche Aussagen zu machen und etwas für den Menschen Wesentliches zu sagen. Denn dies war für Karl Rahner immer entscheidend: Philosophie wie Theologie haben ihre Rechtfertigung verloren, wenn es ihnen nicht oder nicht mehr gelingt, etwas für den Menschen von heute Bedeutendes und Entscheidendes zu sagen.

Rahners Detailkenntnis in der Philosophiegeschichte ist, jedenfalls nach seinen eigenen Behauptungen, durchaus beschränkt. Tatsächlich können wir freilich feststellen, dass er für sein Werk „Geist in Welt“[5] intensiv Thomas durchgearbeitet hat. Ferner war ihm die Philosophie Kants sowohl durch Maréchal als auch durch Heidegger durchaus vertraut. Auch Hegels Phänomenologie war ihm bekannt. Und zumindest durch sein Studium bei Heidegger hatte er auch Grundkenntnisse von der Phänomenologie Husserls.

Heideggers Sprechweise zeigt sich, wenn Rahner Ausdrücke wie „entspringen“, „vorspringen“, „Ursprung“ wählt, wenn er sich gerne substantivierter Fragewörter bedient und etwa vom „Woraufhin“ oder vom „Worin“ und ähnlichem spricht. Aus Hegels Philosophie stammt nicht nur der Begriff des Bei-sich-Seins, sondern auch die These, dass das Sein seinem eigentlichen Wesen nach Bei-sich-Sein ist, die nach Rahners Auffassung freilich auch der Meinung des Thomas von Aquin entspricht. Aus dem Denken Husserls hat Heidegger den Ausdruck „Horizont“ übernommen, den wir gleichfalls bei Rahner finden, wenn er davon spricht, dass unser Erkennen immer schon auf die umfassende Ganzheit des Seins ausgreift und sie darum implizit und unthematisch miterkennt.

2. Philosophische Anregungen zur Lösung theologischer Fragen

Einer der wichtigsten Ausgangspunkte für Rahners Theologie war die damals allenthalben diskutierte Frage nach dem Verhältnis von Natur und Gnade. Rahner war ebenso wie Hans Urs von

---

[5] *Karl Rahner*, Geist in Welt. Zur Metaphysik der endlichen Erkenntnis bei Thomas von Aquin, Innsbruck/Leipzig 1939, 2. Aufl. überarbeitet u. ergänzt v. *Johannes Baptist Metz*, München 1957; neu hg. in: *Karl Rahner*, Sämtliche Werke (= SW), Bd. 2, Solothurn, 1996.

Balthasar, Henri de Lubac und andere mit der neuscholastischen Konzeption dieses Verhältnisses nicht zufrieden. Um die Unverdientheit der Gnade außer allen Zweifel zu stellen, hatte man aus der Menschennatur ein sich selbst genügendes System gemacht, dem Gott dann noch zusätzlich seine Gnade hinzufügte. Auf diese Weise war eine theologische Konzeption entstanden, die Rahner kritisch als „Zwei-Stockwerk-Theologie" zu bezeichnen pflegte, und die es zu überwinden galt. Doch zu diesem Zweck war zwei Erfordernissen Genüge zu tun: Die Natur musste auf die Gnade als auf die ihr gemäße und notwendige Vervollkommnung ausgerichtet sein, aber dennoch durfte die Gnade nicht zu einer notwendigen Forderung seitens der Natur werden, da sie sonst Teil dieser Natur selbst geworden wäre.

Zur Lösung dieses Problems entwarf Rahner die Theorie des übernatürlichen Existenzials. Den Ausdruck „Existenzial" entlehnte Rahner der Philosophie Martin Heideggers, der der Meinung war, die Seinsstrukturen des Menschen dürften nicht mit denselben Termini bezeichnet werden wie die Seinsstrukturen der Dinge. Während Heidegger für die grundlegenden Seinsstrukturen der Dinge den traditionellen Namen Kategorien beibehielt, nannte er die Seinsstrukturen des Menschen in Anlehnung an die besondere Seinsweise des Menschen, die er mit Existenz bezeichnete, Existenziale[6]. Der von Rahner geprägte Ausdruck „übernatürliches Existenzial" bezeichnet also eine Seinsstruktur der menschlichen Natur, bei der es sich aber nicht um etwas bloß Natürliches handelt, sondern die ihm als göttlichen Gnade zukommt.

3. *Das Verhältnis von Theologie und Philosophie*

Das Verhältnis von Natur und Gnade wurde in der Neuzeit epistemologisch dem Verhältnis von natürlichem und durch Gnade erworbenem Wissen gleichgesetzt. Auf diese Weise entsprach dem Verhältnis von Natur und Gnade auf der Seite des Wissens das Verhältnis von Philosophie und Glaube oder Theologie. In

---

[6] Vgl. *Martin Heidegger*, Sein und Zeit, Tübingen, [15]1979, § 9; 44: „Alle Explikate, die der Analytik des Daseins entspringen, sind gewonnen im Hinblick auf seine Existenzstruktur. Weil sie sich aus der Existenzialität bestimmen, nennen wir die Seinscharaktere des Daseins *Existenzialien*. Sie sind scharf zu trennen von den Seinsbestimmungen des nicht daseinsmäßigen Seienden, die wir *Kategorien* nennen."

der Scholastik wurde darum fein säuberlich unterschieden zwischen dem, was der Mensch rein aufgrund seiner eigenen natürlichen Vernunft zu wissen vermag, und dem, wovon er nur durch göttliche Offenbarung Kenntnis haben kann. Rahner rückt von diesem scholastischen Schema ab. Er vertrat die These, dass sich eigentlich keine wirklich saubere Unterscheidung von Theologie und Philosophie machen lasse, weil der Mensch immer schon unter dem Einfluss der Gnade steht, auch dann, wenn er dies gar nicht weiß oder wahrhaben will. Philosophie und Theologie lassen sich für Rahner nicht so säuberlich voneinander unterscheiden, wie dies die Scholastik und die Neuscholastik konzipiert hatten. Deutlichster Ausdruck dieser Neubestimmung des Verhältnisses von Philosophie und Theologie sind die Äußerungen Rahners ziemlich zu Beginn seines Grundkurses des Glaubens. Er vertritt dort die Auffassung, dass es eine „Verschränkung von Philosophie und Theologie" gibt.[7] Denn es gilt:

> Auch die ursprünglichste, sich in sich selbst gründende und transzendentalste Philosophie des menschlichen Daseins geschieht immer nur in geschichtlicher Erfahrung. Ja, sie ist selbst ein Moment an der Geschichte des Menschen, kann also nie so betrieben werden, als habe der Mensch nicht jene Erfahrungen [...] gemacht, die eben die des Christentums sind. Eine absolut theologiefreie Philosophie ist für unsere geschichtliche Situation gar nicht möglich. Die grundsätzliche Eigenständigkeit dieser Philosophie kann nur darin bestehen, auf ihre geschichtliche Herkunft zu reflektieren und sich zu fragen, ob sie sich dieser geschichtlichen und gnadenhaften Herkunft als gültiger immer noch verpflichtet weiß und ob diese Erfahrung des Menschen mit sich selbst auch heute noch als gültig und verpflichtend nachvollzogen werden kann. Und umgekehrt will ja die dogmatische Theologie dem Menschen auch dasjenige sagen, was er ist und dann noch bleibt, wenn er sich ungläubig dieser Botschaft des Christentums versagt.[8]

Andererseits hat Rahner immer mit Nachdruck darauf bestanden, dass die Theologie Philosophie, und zwar Metaphysik treiben müsse. Der spätere Rahner betont dann freilich, dass wir uns in einer Situation pluraler Philosophien und darum auch Theologien befinden, was Folge der „gnoseologisch konkupiszenten Situation" ist.[9] Aber auch wenn Rahner in seiner Spätzeit vom direkten Dialog zwischen der Theologie und den empirischen Wissen-

---

[7] Grundkurs des Glaubens (= Grundkurs), Freiburg 1976, 35. Neu hrsg. in: SW 26 (1999) 29.

[8] Grundkurs, 36 = SW 26 (1999) 30.

[9] Vgl. „Philosophie und Philosophieren in der Theologie", in: Schriften VIII (1967) 66–87, 73.

schaften spricht,[10] so geht es ihm doch im Grunde um die Philosophie. Sein Problem ist nur, vor allem in der späteren Zeit, die Vielzahl der verschiedenen Philosophien und das daraus resultierende Problem, welche dieser Philosophien sich für einen konstruktiven Dialog mit der Theologie eignet.[11]

Rahner ist in seinem Denken immer ein Systematiker. Und er hat es als die Aufgabe der Theologie bezeichnet, das Glaubenswissen als zusammenhängende Einheit aufzuweisen und darzustellen,[12] und dies ist nur möglich, wenn man es spekulativ durchdringt. Auch die von Rahner verwendeten Grundbegriffe zur Charakterisierung des Menschen, Gottes, Jesu Christi usw. sind nicht aus der Bibel genommen, sondern denkerischer, also philosophischer Art. Anthropologie, Gotteslehre und Christologie bedingen einander gegenseitig: keines ist wirklich ohne das andere zu verstehen.

4. Die Unterscheidung von thematisch und unthematisch

Ein wichtiger aus der Philosophie stammender Gedanke, der Rahners Theologie durchzieht, ist die Unterscheidung zwischen dem, was thematisch, gegenständlich oder explizit bewusst ist, von dem was unthematisch, ungegenständlich oder implizit bewusst ist. Diese Unterscheidung stammt ursprünglich von Husserl, findet sich aber dann auch bei Heidegger[13], von dem Rahner

---

[10] Vgl. „ZumVerhältnis von Naturwissenschaft und Glaube“, in: Schriften XIV (1980) 63–72; „Naturwissenschaft und vernünftiger Glaube“, in: Schriften XV (1983) 24–62; „Theologie heute“, ebd. 63–75.

[11] Zum Verhältnis von Philosophie und Theologie vgl. auch: „Philosophie und Theologie“, in: Schriften VI (1965) 91–103; „Philosophie und Philosophieren in der Theologie“, in: Schriften VIII (1967) 66–87; „Zum Verhältnis von Philosophie und Theologie“, in: Schriften X (1972) 70–88.

[12] Vgl. z. B. „Eine Theologie, mit der wir leben können“, in: Schriften XV (1983) 104–116. Darin 114 f.: „Die Offenbarung des ureinen Gottes hat eine Einheit. Die Einheit und der Zusammenhang der einzelnen Glaubenswahrheiten können in einer fundamentalen Theologie noch viel deutlicher und greifbarer herausgearbeitet werden, als dies üblicherweise geschieht.“ 115: „[...] wenn ein Theologe es überhaupt nicht fertigbringt, das Ganze des christlichen Glaubens ohne wirklichen Verlust in einer eigenen Kurzformel des Glaubens zusammenzudrängen, dann hat er sich nicht genügend bemüht, die Einheit der christlichen Botschaft in seiner Theologie zu erfassen.“

[13] In „Sein und Zeit“ finden sich „thematisch“, „thematisieren“ und ähnliche Ausdrücke des öfteren.

diese Unterscheidung vermutlich übernommen hat. Es handelt sich um die Unterscheidung zwischen dem, was zwar grundlegend ist, aber gleichsam in der Erkenntnis nur im Hintergrund steht, also nur miterkannt, mitbewusst ist, nicht jedoch zum ausdrücklichen Bewusstsein kommt.

Zu einem großen Teil stimmt diese Unterscheidung mit einer anderen, gleichfalls aus der philosophischen Tradition stammenden Unterscheidung überein, die Rahner häufig trifft, nämlich zwischen transzendental und kategorial[14]. Damit ist im Sinn der Scholastik die Unterscheidung zwischen dem gemeint, was die verschiedenen Kategorien transzendiert, also übersteigt, was also dem Sein als solchem zukommt, und dem, was unter die verschiedenen obersten Einteilungen der Wirklichkeit, unter die verschiedenen Kategorien fällt.[15] Für die Maréchal-Schule fällt das Transzendentale im Sinn der Scholastik zugleich weitgehend zusammen mit dem, was bei Kant normalerweise transzendental bedeutet, nämlich dasjenige, was die Bedingung der Möglichkeit unserer Erkenntnis ausmacht. Im Gegensatz zu Kant vertritt nämlich Rahner mit der Maréchal-Schule die These, dass die Bedingungen der Möglichkeit unserer Erkenntnis von uns unthematisch miterkannt werden. Wir haben also eine ungegenständliche, implizite Erkenntnis des Seins als solchen und somit auch Gottes. Diese Erkenntnis stellt aber gewissermaßen nur den nicht ausdrücklichen Hintergrund unseres Bewusstseins dar und muss kategorial ausdrücklich gemacht werden. Was hier als Schema für unsere Erkenntnis dargelegt wurde, gilt in analoger Weise auch für unser Tun und für das Wirken Gottes in der Heilsgeschichte. Das, was an sich bereits ungegenständlich da ist, muss eine konkrete welthafte Form annehmen, muss kategorial werden.[16] Dies betrifft die Ereignisse der Heilsgeschichte ebenso

---

[14] Vgl. hierzu *Nikolaus Knoepffler*, Der Begriff „transzendental" bei Karl Rahner. Zur Frage seiner Kantischen Herkunft, Innsbruck/Wien 1993.

[15] Vgl. *Johannes B. Lotz*, Art. „Transzendentalien", in: Philosophisches Wörterbuch, hg. v. *Walter Brugger*, Freiburg [17]1985, 411 f.

[16] Vgl. den Abschnitt „Geschichte als Ereignis der Transzendenz", Grundkurs 145–147 = SW 26 (1999) 139–141, wo „geschichtlich" an die Stelle von „kategorial" tritt. Oder Grundkurs 334 = SW 26 (1999) 327: „Entweder ist die Geschichte selber heilsbedeutsam, oder das Heil geschieht nur in einer subjektiven, letztlich transzendentalen Innerlichkeit, so daß das übrige menschliche Leben damit eigentlich nichts zu tun hat. Ist die erste Lösung die einzige wirklich echt menschliche, dann gehört Kirche nicht nur als irgendeine nützliche Religionsorganisation, sondern als die kategoriale Konkretheit und Vermittlung gnadenhaften Heils selber in die Heilsgeschichte der göttlichen Gna-

wie die Konkretisierung der Gemeinschaft der Glaubenden in der Kirche und die konkrete Verwirklichung unseres Glaubens in Gebet, Sakramenten und einem christlichen Leben.

Wichtig wurde diese Unterscheidung als Lösungsmodell für eine ganze Reihe von theologischen Problemen, die in der ersten Hälfte des 20. Jahrhunderts virulent waren. Ein Beispiel ist die Frage nach dem Bewusstsein Jesu Christi.[17] Nach der traditionellen Auffassung, nach der Meinung der von Karl Rahner sogenannten Schultheologie war sich Jesus Christus immer seiner Gottessohnschaft bewusst, denn als bleibender Sohn Gottes lebte er in Gemeinschaft mit dem Vater und dem Geist und musste sich dieser Gemeinschaft folglich auch bewusst sein. Nun wurde nicht nur innerhalb der Scholastik zu Beginn des 20. Jahrhunderts diskutiert, wie dies genauer zu interpretieren ist,[18] sondern die These als solche war angesichts des Befundes des Neuen Testamentes höchst problematisch, wurde dort doch Jesus in vielen Fällen als jemand geschildert, der keinesfalls ein ständiges Bewusstsein seiner Gottessohnschaft zu haben schien.[19]

Karl Rahner durfte und wollte sich freilich in diesem wie in vielen anderen Punkten keinesfalls des kirchlich verurteilten Modernismus schuldig machen, der, jedenfalls nach Meinung der Amtskirche, einfach Dogmen oder allgemein herrschende dogmatische Lehren in Frage stellte, weil sie mit der modernen Exegese, Philosophie oder sonstigen Wissenschaft nicht in Einklang zu stehen schienen. Die meines Erachtens vielleicht größte Leistung Rahners als Theologe bestand darin, dass er es verstand, theologische Problemlösungen zu finden, von denen er zeigen konnte, dass sie sowohl mit der herrschenden Lehre in Einklang waren, andererseits aber auch die modernen Erkenntnisse aufgriffen und positiv verarbeiteten. Dies gelang ihm beispielsweise im Fall des Bewusstseins Jesu. Rahners These war, dass die herrschende Theorie insofern im Recht war, als Jesus transzendental, ungegenständlich jederzeit im Bewusstsein seiner Gemeinschaft mit dem Vater und dem Heiligen Geist lebte, dass daraus aber noch lange nicht folgte, dass ihm dies auch dauernd ausdrücklich, kategorial bewusst gewesen wäre.

---

de hinein, und damit wird erst Kirche wirklich Kirche."

[17] „Dogmatische Erwägungen über das Wissen und Selbstbewußtsein Christi"; in; Schriften V (1962) 222–245.

[18] Vgl. die von Rahner angeführte Literatur zu Beginn seines in Anm. 15 genannten Art.: Anm. 2, 222 f., u. Anm. 6, 224–226.

[19] Vgl. z. B. die synoptischen Schilderungen der Passion Jesu.

Eine ähnliche Lösung fand Rahner für das Problem, dass die Kirche definiert hatte, Jesus habe alle sieben Sakramente eingesetzt, während sich im Neuen Testament hierfür großenteils kein konkreter Beleg findet. Statt sich auf gewagte Spekulationen und Interpretationen einzulassen, bei welcher Gelegenheit Jesus etwa das Sakrament der Taufe, der Ehe oder der Krankensalbung eingesetzt habe, rekurriert Rahner auf ein ähnliches Prinzip wie im Fall des Bewusstseins Jesu: Dass Jesu Berufung von Jüngern, seine Wahl der Apostel und sein ganzes Handeln als Stiftung der Kirche angesehen werden darf und muss, steht für Rahner außer Frage. Damit ist für ihn dann aber auch bereits die Stiftung der Sakramente mitgegeben. Denn sie sind im Grunde nichts anderes als eine Entfaltung des Wesens der Kirche als Institution des Heils in verschiedene konkrete Heilshandlungen für bestimmte entscheidende Lebenssituationen.[20] Wir haben auch hier das Schema von implizit und explizit in einer ähnlichen Weise wie im vorher genannten Fall.

Ein weiterer Anwendungsfall dieses Schemas ist Rahners berühmte Lehre von den anonymen Christen.[21] Hier haben wir es im Grunde wieder mit der Unterscheidung von ungegenständlichem und gegenständlich-thematischem Bewusstsein zu tun. Thematisch glauben nur Christen an Jesus Christus als den absoluten Heilsbringer[22]. Aber dies schließt nicht aus, dass auch jeder andere Mensch in der Lage ist, unthematisch an Jesus Christus zu glauben, wenn er seinem Gewissen folgt und so handelt, wie dies ein Glaubender täte, soweit er dazu ohne expliziten Glauben in der Lage ist.

5. Die Meditation über das Wort „Gott"

Wie stark Rahners Denken von der Philosophie geprägt ist, sei nun an einem konkreten Beispiel gezeigt, nämlich an der Medita-

[20] „Was ist ein Sakrament?", in: Schriften X (1972) 377–391 = SW 18 (2003) 477–488.

[21] „Die anonymen Christen", in: Schriften VI (1965) 545–554; „Anonymes Christentum und Missionsauftrag der Kirche", in: Schriften IX (1970) 498–515; „Bemerkungen zum Problem des anonymen Christen", in: Schriften X (1972) 531–546.

[22] Dies ist die Bezeichnung, die Rahner Jesus Christus gibt, um ihn als die absolute Selbstmitteilung Gottes, also als den gottgesandten Messias und Erlöser zu kennzeichnen; vgl. z. B. Grundkurs, 194 f. = SW 26 (1999) 188 f.

tion über das Wort „Gott", die Rahner zuerst separat veröffentlicht hatte und dann, leicht überarbeitet, in seinen Grundkurs eingefügt hat.[23] Man könnte geradezu von einem sprachphilosophisch gefärbten Beitrag Rahners sprechen. Rahner sagt hier vom Wort Gott u. a.: „Daß es dieses Wort gibt, das allein ist schon des Nachdenkens wert."[24] Und die Auslegung dieses Wortes erfolgt auf philosophische Weise: „der ‚Unsagbare', der ‚Namenlose', der nicht in die benannte Welt als ein Moment an ihr einrückt", und ein wenig später, dass es „das letzte Wort vor dem Verstummen ist, in welchem wir es durch das Verschwinden alles benennbaren einzelnen mit dem gründenden Ganzen als solchem zu tun haben."[25] Würde das Wort Gott verschwinden, so wäre „der Mensch nicht mehr vor das eine Ganze der Wirklichkeit als solcher und nicht mehr vor das eine Ganze seines Daseins als solchen gebracht. [...] Er würde sich restlos über dem je einzelnen an seiner Welt und in seinem Dasein vergessen."[26]

Und noch deutlicher wird der philosophische Charakter dieser Meditation ein paar Sätze weiter, wenn Rahner den Menschen, der das Wort Gott restlos vergäße, so kennzeichnet: „Er würde nicht mehr merken, daß er nur ein einzelnes Seiendes, aber nicht das Sein überhaupt ist. Er würde nicht merken, daß er nur noch Fragen, aber nicht die Frage nach dem Fragen überhaupt bedenkt; er würde nicht mehr merken, daß er immer nur einzelne Momente seines Daseins neu manipuliert, sich aber nicht mehr seinem Dasein als Einem und Ganzen stellt." Und zusammenfassend formuliert Rahner das mögliche Verschwinden des Wortes Gottes wie folgt: „Der Mensch hätte das Ganze und seinen Grund vergessen, und zugleich vergessen – wenn man das noch so sagen könnte –, daß er vergessen hat. Was wäre dann? Wir können nur sagen: Er würde aufhören, ein Mensch zu sein. Er hätte sich zurückgekreuzt zum findigen Tier."[27]

Wenn der Mensch sich selbst recht versteht und zutreffend verstanden wird, so kann er nicht ohne Gott gedacht werden. Rahner arbeitet in seinem Grundkurs des Glaubens heraus, dass

---

23 „Meditation über das Wort ‚Gott'", in: Grundkurs 54–61 = SW 26 (1999) 48–55. Ursprünglich veröffentlicht in: *Karl Rahner*, Gnade als Freiheit. Kleine theologische Beiträge, Freiburg u. a. 1968, 11–18.

24 Grundkurs 55 = SW 26 (1999) 49 = Gnade als Freiheit (s. Anm. 23) 12.

25 Grundkurs 56 = SW 26 (1999) 50; vgl. Gnade als Freiheit (s. Anm. 23) 13.

26 Grundkurs 57 = SW 26 (1999) 51; vgl. Gnade als Freiheit (s. Anm. 23) 14.

27 Grundkurs 58 = SW 26 (1999) 51 f.; vgl. Gnade als Freiheit (s. Anm. 23) 15.

es eine Eigentümlichkeit des Menschen ist, dass er „von seiner radikalen Herkünftigkeit auch *weiß*", was gerade nicht möglich wäre, wenn er nur endlich wäre, denn „gerade ein endliches System von einzelnen, voneinander unterscheidbaren Elementen kann kein solches Verhältnis zu sich selber haben, wie des der Mensch in der Erfahrung seiner pluralen Bedingtheit und Reduzierbarkeit zu sich selbst hat. Ein endliches System kann sich nicht als Ganzes vor sich selbst bringen."[28] Es liegt nahe, hier an Gödels Theorem[29] zu denken.

Aus der Tatsache, dass der Mensch „der Unableitbare, nicht aus anderen verfügbaren Elementen adäquat Herstellbare" ist,[30] ergibt sich, dass der Mensch als „Wesen der Transzendenz" verstanden werden muss.[31] Diese Transzendenz gründet im Vorgriff auf das Sein überhaupt, der uns bereits in „Geist in Welt" begegnet, und auf den ich deshalb hier nicht weiter einzugehen brauche. Freilich geht Rahner in seinem Grundkurs insofern über „Geist in Welt" hinaus und wird auch deutlicher als in „Hörer des Wortes"[32], insofern er jetzt in seinem Spätwerk den Menschen aufgrund des Vorgriffs auf das Sein als ganzes zwar nicht als unendlich bezeichnet, ihm aber doch ausdrücklich den Charakter der bloßen Endlichkeit abspricht und ihn als denjenigen bezeichnet, „dem sich die unverfügbare und schweigende Unendlichkeit der Wirklichkeit als Geheimnis dauernd zuschickt."[33]

6. Anthropologisches Denken

Rahners Philosophie wird gern als Anthropologie bezeichnet[34], so wie auch seine Theologie oft als anthropologisch oder anthro-

---

[28] Grundkurs 40 = SW 26 (1999) 34.

[29] Nach Gödels Theorem kann kein formallogisches System seine eigene Widerspruchsfreiheit nachweisen.

[30] Grundkurs 42 = SW 26 (1999) 36.

[31] Ebd.

[32] *Karl Rahner*, Hörer des Wortes. Zur Grundlegung einer Religionsphilosophie, München 1941. 2. Aufl.: neu bearbeitet von *Johannes B. Metz*, München 1963; beide Aufl. wieder abgedruckt in: SW 4 (1997).

[33] Grundkurs 46 = SW 26 (1999) 39.

[34] Vgl. den Titel des Werks von *P. Eicher*, Die anthopologische Wende (s. Anm. 3).

pozentrisch gekennzeichnet wird.[35] Dies ist sicherlich zutreffend, insofern Rahner beim Menschen anfängt und für den Menschen Philosophie und Theologie treibt. Dennoch greift diese Charakterisierung zu kurz, und zwar aus zwei Gründen. Zum einen nimmt Rahner als Ansatzpunkt seiner systematischen Darlegungen nicht so sehr den Menschen als ganzen, als vielmehr die menschliche Erkenntnis. Allerdings ist für ihn die Analyse dieser Erkenntnis zugleich und sofort immer auch Analyse des Seins selbst. Im Sinn des idealistischen und existenzphilosophischen Denkens erschließt sich die Wirklichkeit selbst gerade dann, wenn wir das Denken des Menschen analysieren. Rahners Philosophie ist Transzendentalphilosophie, aber sie ist als solche zugleich Ontologie. Man könnte sie geradezu Transzendentalontologie nennen.[36]

Zum anderen gibt es bei Rahner auch Denkansätze, die nicht direkt aus diesen transzendentalen Denkansatz hergeleitet werden. Dies gilt m. E. besonders für Rahners „Theologie (in Wahrheit Philosophie) des Symbols" und für Rahners allgemeine Ontologie, die sich vor allem durch die These der Selbstüberbietung von der Materie über das Leben und den Geist bis hin zum Streben nach Gott auszeichnet. Und es betrifft die Lehre von der Unausschöpflichkeit Gottes, und zwar nicht nur für uns Menschen, sondern an sich selbst.

Natürlich kann man auch diese Thesen mit Rahners Anthropologie in Zusammenhang bringen, so wie man auch die gesamte Philosophie Kants als Anthropologie bezeichnen könnte, weil Kant ja selbst gesagt hat, dass sich alle philosophischen Fragen in der einen Frage nach dem Menschen zusammenfassen lassen. Dennoch dürfte es gut und sinnvoll sein, Rahners Denken nicht ausschließlich als anthropologisch zu bezeichnen, um das Missverständnis zu vermeiden, hier sei alles nur vom Menschen abgeleitet und nur auf den Menschen bezogen. Rahners Philosophie ist nicht eine Anthropologie in dem Sinn einer biologisch-natur-

---

[35] Vgl. „Theologie und Anthropologie", in: Schriften VIII (1967) 43–65; 43: „Die Absicht dieses kleinen Beitrags ist es zu zeigen, daß die dogmatische Theologie heute theologische Anthropologie sein muß, daß eine solche ‚anthropozentrierte Wendung' notwendig und fruchtbar ist. [...] Sobald der Mensch begriffen wird als das Wesen der absoluten Transzendenz auf Gott hin, sind ‚Anthropozentrik' und ‚Theozentrik' der Theologie keine Gegensätze, sondern streng ein und dasselbe (von zwei Seiten ausgesagt)."

[36] In Analogie zu der aus dem Deutschen Idealismus stammenden Verschränkung von Transzendentalphilosophie und Metaphysik gilt für Rahner, dass Fundamentaltheologie und Dogmatik miteinander verknüpft sein müssen.

philosophisch fundierten Anthropologie, wie man dies etwa vom Denken Helmut Plessners oder Arnold Gehlens behaupten könnte. Rahners Philosophie ist Transzendentalphilosophie, die als solche aber die Philosophie von Thomas einholen und rekonstruieren möchte. In ähnlicher Weise, wie dies auch für Lotz und Coreth gilt,[37] besteht das Bemühen des transzendentalen Neuthomismus Rahners darin, im Ansatz bei einer transzendentalen Analyse des menschlichen Denkvollzugs über Kants Begrenzung auf das Empirische hinauszugehen und zu einer klassischen thomanischen Seinsphilosophie und damit auch zu einer philosophischen Gotteserkenntnis zu gelangen.

7. Die Theologie des Symbols

Zum Abschluss sei ein weiteres Thema genannt, das Rahner zwar als Theologie bezeichnet, das aber in Wahrheit durch und durch eine philosophische Überlegung ist. Gemeint ist Rahners „Theologie des Symbols". Rahner entwickelt in dem betreffenden Artikel[38] die Theorie, dass der Leib des Menschen sein Realsymbol ist, das heißt, dass sich das Innere, die Seele des Menschen, im Leib ihren entsprechenden Ausdruck schafft. Es ist eigentlich bedauerlich, dass man diesen Gedanken im allgemeinen bei der Diskussion des Leib-Seele-Verhältnisses nicht findet, und zwar nicht erst heutzutage, obwohl er immer wieder in der Geschichte der Philosophie auf die eine oder andere Weise artikuliert wird. Es ist die grundsätzliche Idee, dass sich das Innere einen äußeren Ausdruck verschafft, dass das Wesen danach drängt, nach außen hin zur Erscheinung zu gelangen. Diese Überlegung findet sich in der Neuzeit beispielsweise bei Nikolaus von Kues[39], dann wieder bei Spinoza[40] und nicht zuletzt bei Hegel in seiner Konzeption von Wesen und Erscheinung[41], um nur einige philosophische Quellen dieses Gedankens anzuführen.

Rahner hat seine Philosophie und Theologie des Symbols anlässlich der Frage nach der Herz-Jesu-Verehrung entwickelt. Um

---

[37] Vgl. den Art. von *O. Muck* (s. Anm. 2).

[38] „Zur Theologie des Symbols", in: Schriften IV (1960) 275–311.

[39] Vgl. das Verhältnis von „complicatio" und „explicatio" in: *Nicolaus de Cusa*, De docta ignorantia, lib. II, 3.

[40] Vgl. *Benedictus de Spinoza*, Ethica ordine geometrico demonstrata, I. De Deo, Prop. XVI, XVIII, XXI–XXVI, XXIX.

[41] Vgl. *G. W. F. Hegel*, Wissenschaft der Logik, Zweites Buch: Das Wesen.

hierzu einen Zugang zugewinnen, entfaltet er eine „Ontologie des Symbols"[42], deren erster Satz lautet: „das Seiende ist von sich selbst her notwendig symbolisch, weil es sich notwendig ‚ausdrückt', um sein eigenes Wesen zu finden."[43] Das Symbol darf nicht als erst nachträgliche Übereinkunft gedeutet werden, sonst wird das Symbol beliebig, da alles mit allem irgendeine Ähnlichkeit besitzt. Es geht um das ursprüngliche Symbol. Um dies zu verstehen, ist davon auszugehen, dass jedes Seiende plural ist,[44] wobei das Eine Ausdruck des Anderen ist oder sein kann. Diese Pluralität kommt nicht nur dem Endlichen zu, sondern auch Gott, wie wir aufgrund der Trinität wissen. Darum ist die Pluralität im Geschöpflichen auch Folge dieser göttlichen Pluralität, weshalb der Satz „Das Seiende ist in sich plural" ohne Einschränkung gilt.[45] Diese Pluralität kann aber nicht ein Nebeneinander gleichursprünglicher Momente sein, sondern muss als Entfaltung des Einen begriffen werden.

Im Blick auf die Trinität kann Rahner sagen:

> Das Seiende *als* solches und somit *als* eines [...] geht zur Vollendung seines Seins und seiner Einheit in eine Pluralität aus[46]. – [...] zu jedem Seienden als solchen gehört eine Pluralität als inneres Moment seiner bedeutungserfüllten Einheit; diese Pluralität ist eine durch Herkunft aus einer ursprünglichen Einheit als deren Vollendung (oder: wegen deren Vollendetheit) sich konstituierende derart, daß das als unterschieden gesetzte eine Übereinkunft und somit [...] den Charakter des Ausdrucks oder „Symbols" gegenüber seinem Ursprung hat.[47]

Das Seiende gibt sich in das andere weg und findet sich darin wissend und liebend selber. Aus dieser Theorie der Symbolhaftigkeit jedes Seienden lässt sich dann in einem weiteren Schritt zeigen, inwiefern ein Anderer durch das Symbol zur Erkenntnis eines Seienden kommt. Insofern sich das Seiende in seine Andersheit hineinbegibt, tut es sich für andere kund.

Rahner versucht nun zu zeigen, inwiefern sich diese Theorie auch in Einklang mit der Konzeption von Thomas gesehen werden und mit thomanischen Begriffen ausgedrückt werden kann. So besagt der Begriff der Formalursache, dass sich die Form an die Materie weggibt und dieser dadurch eine Gestalt gibt, die auf

---

42 Schriften IV (1960) 278.

43 Ebd.

44 Schriften IV (1960) 279 f.

45 Schriften IV (1960) 281.

46 Schriften IV (1960) 282.

47 Schriften IV (1960) 283 f.

den ursprünglichen formenden Grund zurückverweist. Des weiteren spricht Thomas von Resultanz, wenn er z. B. das Entspringen der verschiedenen Vermögen aus dem gemeinsamen substanziellen Grund meint. Dies gilt auch für die Gestalthaftigkeit der materiellen Dinge.[48]

Rahner geht dann zur zweiten These über: „Das eigentliche Symbol (Realsymbol) ist der zur Wesenskonstitution gehörende Selbstvollzug eines Seienden im anderen."[49] Theologisch lässt sich dies nun auf die Trinität, die Menschwerdung, die Kirche und die Sakramentelehre ausdeuten, was dann zusammengefasst bedeutet, dass das Heilswirken Gottes vom Menschen im Symbol ergriffen wird, in dem diese Wirklichkeit anwesend ist. In seinen weiteren Ausführungen bezeichnet Rahner den Leib als das Symbol des Menschen. Dies ergibt sich schon daraus, dass nach der Lehre des Thomas die Seele die substantielle Form der materia prima, der noch in keiner Weise geformten ursprünglichen Materie ist. Dies heißt, dass dem Leib keine zur Seele vorgängige Wirklichkeit zukommt, sonst könnte er nur noch nachträglich Symbol sein, sondern dass er seine gesamte Wirklichkeit durch die Seele erhält. Der Leib ist also „die selbstgewirkte Andersheit der Seele selbst, also ihr Ausdruck und ihr Symbol in genau dem Sinn, den wir dem Wort Realsymbol gegeben haben."[50]

Als These formuliert, heißt dies: „Der Leib ist das Symbol der Seele, insofern er als der Selbstvollzug der Seele (wenn auch nicht als deren adäquater) gebildet wird, und sich die Seele in dem von ihr verschiedenen Leib selbst anwesend sein und in ‚Erscheinung' treten läßt."[51] Dies hat dann zur Folge, dass alle Teile des Leibes immer auch das Ganze in sich befassen, wenn auch in verschiedener Weise. In allem drückt sich der ganze Mensch aus; wenn ein Organ krank ist, ist der Mensch krank. Von daher kann dann Rahner zum Ausgangspunkt seiner Überlegungen gelangen, nämlich den Sinn der Herz-Jesu-Verehrung zu erhellen, insofern das Herz als Symbol der Personmitte des fleischgewordenen Menschensohns fungiert.

So zieht Rahner, ausgehend von der Trinitätslehre, einen großen philosophischen Bogen bis hin zur metaphysischen Beschreibung des Leib-Seele-Verhältnisses eines jeden Menschen, um diesen Gedanken für seine Theologie und für das Verständnis der

---

48 Schriften IV (1960) 287–290.

49 Schriften IV (1960) 290.

50 Schriften IV (1960) 305.

51 Schriften IV (1960) 306.

konkreten Frömmigkeit fruchtbar zu machen. Hieran zeigt sich Rahners Anliegen, dem er immer treu geblieben ist. Es ist die Aufgabe der Philosophie, des Denkens, die theologischen Aussagen aus ihrem Gesamtzusammenhang heraus verständlich zu machen. Dies ist aber nur möglich, wenn der Theologe zugleich Philosoph ist, da er nur auf diese Weise das in der Selbstmitteilung Gottes gründende Wissen mit unserer eigenen Erkenntnis vom Menschen und der Welt in Einklang bringen und so dem Menschen von heute die frohe Botschaft verstehbar machen kann.

Thomas – Kant – Maréchal: Karl Rahners transzendentale Methode

Otto Muck SJ, Innsbruck

Gern erörtere ich hier die transzendentale Methode von Karl Rahner. Ist es doch gerade fünfzig Jahre her, dass ich mich in Pullach, in der Vorgänger-Institution der Münchner Hochschule für Philosophie, in einem Arbeitskreis unter Studierenden begeistert mit Rahners „Hörer des Wortes" auseinandergesetzt hatte. In den Vorlesungen bei K. Rahner 1956–59 in Innsbruck hatte ich erfahren, wie fruchtbar diese Auseinandersetzung gewesen ist, um seinen Vorlesungen folgen zu können. Zugleich war mir auch klar geworden, wie manchen Hörern der Mangel an philosophischen Voraussetzungen große Schwierigkeiten bereitet hat. Auch später hatte ich immer wieder den Eindruck, dass Missverständnisse bezüglich der Gedanken von K. Rahner ihren Grund darin hatten, dass sein methodisches Vorgehen zu wenig berücksichtigt wurde. So betrachte ich es hier als meine Aufgabe, ein Verständnis der als „transzendental" bezeichneten Methode Karl Rahners zu vermitteln.[1] Diese Aufgabe wird im Titel verbunden mit den Namen Thomas, Kant und Maréchal.

Lange wurden die Metaphysik von Thomas von Aquin und die Kritik von Kant als unversöhnliche Gegensätze empfunden. Denker wie der Belgier Joseph Maréchal (1878–1944) suchten diesen Gegensatz so zu verarbeiten, dass er zu einer kritischen Weiterführung des transzendentalen Ansatzes von Kant (1724–1804) und zu einem neuen Zugang zu wesentlichen Einsichten von Thomas führte. So möchte ich auf die Anregungen hinweisen, die K. Rahner von J. Maréchals transzendental-philosophischer Grundlegung der thomistischen Metaphysik erhalten hat,

[1] Ich stütze mich auf meine Darstellung in: *Otto Muck*, Die transzendentale Methode in der scholastischen Philosophie der Gegenwart. Innsbruck 1964, und auf Artikel, die zusammengefasst sind in: *Otto Muck SJ*, Rationalität und Weltanschauung (hg. v. *Winfried Löffler*) Innsbruck 1999, hier abgekürzt mit RW, und auf *Emerich Coreth*, Philosophische Grundlagen der Theologie Karl Rahners, in: *Ders.*, Beiträge zur christlichen Philosophie (hg. v. *Christian Kanzian*), Innsbruck 1999, 373–384.

und wie Rahner den Ansatz von Maréchal unter dem Einfluss der fundamentalontologischen Daseinserhellung Martin Heideggers (1889–1976) weiter entwickelt hat.

Auch möchte ich zeigen, dass der Bezug zu Thomas für Maréchal und Rahner zwar eine *Motivation* für ihre Arbeit war, kirchenpolitisch wohl auch eine *Legitimation*, nicht aber die Rechtfertigung ihrer Weiterführung der transzendentalen Methode. Die Kenntnis von Thomas hatte ihnen zwar eine Weiterführung des transzendentalen Denkens Kants nahe gelegt. Die Ergebnisse, zu denen sie dadurch gelangten, haben zu einer Reinterpretation und Erschließung von grundlegenden Einsichten von Thomas geführt. Die Geltung dieser Ergebnisse stützen sie aber nicht auf eine vorausgesetzte Akzeptanz und Interpretation von Thomas.

Der transzendentale Ansatz bei Kant

Zunächst soll auf einige Züge am transzendentalen Philosophieren Kants hingewiesen werden, die für das Verständnis der transzendentalen Methode bei unseren Autoren von Bedeutung sind. Dazu halte ich es für hilfreich zu bedenken, wodurch sich Kant herausgefordert gesehen hat.

Kant hatte sich vor einem erkenntnistheoretischen und einem weltanschaulichen Problem gesehen. Das *erkenntnistheoretische Problem* bestand in der Frage, wie die Newtonsche Physik angesichts der empiristischen Kritik von der Art *David Humes* als Erkenntnis möglich sei. Sein *weltanschauliches Problem* betraf weltanschauliche Folgerungen aus der neuzeitlichen Naturwissenschaft, die einen mechanistischen Materialismus zu rechtfertigen schienen. Diese hielt Kant jedoch von seinen sittlichen Überzeugungen her als unannehmbar. Die Humesche Kritik erscheint plausibel, wenn man die Weise, wie sich die Erkenntnis nach der Wirklichkeit richtet, von einem *empiristischen Erkenntnismodell* her versteht. Diesem gemäß sei uns der einzige Zugang zur Wirklichkeit durch die Sinne gegeben. Das Problem sieht Kant darin, dass wir in unserer erfahrungsbezogenen Erkenntnis Gehalte verwenden, die ihren Ausdruck in erweiternden Notwendigkeitsurteilen, in synthetischen Urteilen a priori finden. Sie ermöglichen z. B. in den Naturwissenschaften Verallgemeinerungen in Form von Naturgesetzen. Nach dem empiristischen Erkenntnismodell jedoch ist nicht verständlich, wie derartige Urteile unsere Erkenntnis der Wirklichkeit erweitern könnten.

In seiner „kopernikanischen Wende“ schlägt Kant ein *anderes Modell* vor: „Bisher nahm man an, alle unsere Erkenntnis müsse sich nach den Gegenständen richten; aber alle Versuche, über sie a priori etwas durch Begriffe auszumachen, wodurch unsere Erkenntnis erweitert würde, gingen unter dieser Voraussetzung zunichte. Man versuche es einmal, ob wir nicht in den Aufgaben der Metaphysik damit besser fortkommen, dass wir annehmen, die Gegenstände müssen sich nach unserem Erkenntnis richten [...]“ (Kritik der reinen Vernunft [= KrV] B XVI).

Nun meint Kant in seiner *Kritik der reinen Vernunft* aufweisen zu können, dass die Tatsachen der Existenz der Physik wie auch allgemeiner der Erfahrungserkenntnis des Alltags voraussetzen, dass das erkennende Subjekt selbst Formen der Anschauung und Kategorien des Denkens beisteuert, damit sinnlich gegebene Gegenstände überhaupt als Gegenstände unseres denkenden Erkennens auftreten können. Das geschieht allerdings um den Preis, dass die Geltung unserer Erkenntnis nur für die Gegenstände gilt, insofern sie von uns erkannt sind, als *Erscheinung*. Für das *Ding an sich* bleibt nach Kant die Geltung der Erkenntnis jedoch problematisch. Das hat weiter zur Folge, dass die Erfahrungserkenntnis grundsätzlich begrenzt ist, dass aus ihr keine Folgerungen für die Wirklichkeit an sich gezogen werden können, die für weltanschauliche Fragen relevant wären.

So musste Kant „das Wissen aufheben, um zum Glauben Platz zu bekommen“ (KrV B XXX), nämlich für seine ethische Überzeugung. Dadurch schien ihm auch sein weltanschauliches Problem gelöst: die Erfahrungswissenschaften sind Erkenntnis, keineswegs aber die einzige oder ausgezeichnete Grundlage für die Orientierung in unserem Leben. Kant hat also die Aufmerksamkeit nicht auf die Gegenstände unseres Wissens gelenkt, sondern auf unsere Weise, wie wir uns Gegenständen mit dem Anspruch auf Wissen zuwenden. Die spontane Plausibilität oder Evidenz dieser Meinungen wird nicht geleugnet, wohl aber bleibt das Problem, wie die gegensätzlichen Wissensansprüche zu deuten und wie sie zusammen möglich sind.

„Ich nenne alle Erkenntnis *transzendental*, die sich nicht so wohl mit Gegenständen, sondern mit unserer Erkenntnisart von Gegenständen, sofern diese a priori möglich sein soll, überhaupt beschäftigt.“ (*Kant*, KrV B 25). Das Verhältnis verschiedener Erkenntnisweisen wird also *nicht* in Hinblick auf eine *vorausgesetzte Sicht der Wirklichkeit* gesucht, *sondern* durch *Reflexion auf das erkennende Subjekt und die Bedingungen, welche die Eigenart der betreffenden Erkenntnisweisen bestimmen.*

So sucht Kant durch transzendentale Analyse der Bedingungen der Erkenntnis im Erkenntnissubjekt festzustellen, wie sich das, worauf sich synthetische Urteile a priori beziehen, zu dem verhält, worauf sich einfache Erfahrungsurteile, oder aber auch Urteile über das „Ding an sich“ und Urteile der praktischen Vernunft beziehen.

Die Schwierigkeiten und *Gegensätze in der Deutung der Erkenntnis* hatten Kant zur Frage nach den Möglichkeitsbedingungen geführt, die das erkennende Subjekt zur Erkenntnis des Gegenstandes beisteuert. Durch die apriorischen, transzendental aufgewiesenen Möglichkeitsbedingungen sei es ihm gelungen, die Gegensatzglieder *einzuschränken*, sie im eingeschränkten Sinn *zu rechtfertigen* und dadurch in ihrem Verhältnis zueinander zu klären. Das ist eine methodische Funktion der transzendentalen Analyse, die sich trotz weiterer Änderungen gegenüber Kant bei Maréchal und Rahner durchhält. Eine derartige Klärung des Unterschiedes und des Zusammenhanges verschiedener Bereiche möchte ich eine *„integrative Erklärung“* nennen. In ihr sehe ich eine zentrale Aufgabe philosophischen Denkens. Diese Weise der Erklärung ist zu unterscheiden von einer funktionalen Erklärung, wie sie Erfahrungswissenschaften eigen ist und die Prognosen erlaubt.

Zu beachten ist hier auch, dass die apriorischen Möglichkeitsbedingungen zunächst in dem Sinn *formal* sind, dass sie nicht selbst schon Erkenntnisinhalte sind, sondern erst mit dem Gegebenen zusammen die uns spontan bewusste Erfahrungserkenntnis ausmachen. Allerdings kann durch dieses Vorgehen nur die *grundsätzliche Möglichkeit der Geltung* solcher Erkenntnis gezeigt werden, die *einzelne Nachforschung* in diesem Bereich wird dadurch nicht ersetzt, sie wird dadurch vielmehr überhaupt erst als möglich und sinnvoll verstanden. Auch ist dadurch noch nicht vorweggenommen, was sich dann bei einem entsprechenden interdisziplinären Zusammenwirken von verschiedenen Wissenschaften erarbeiten lässt.

Zugleich fällt an diesem Vorgehen auch eine *Kritik der Modelle* auf, die in der Deutung der Erkenntnis zunächst verwendet wurden. Diese Kritik besteht in der genannten Einschränkung der Folgerungen, die z. B. aus dem empiristischen Erkenntnismodell gezogen wurden oder aus der Meinung, dass naturwissenschaftliche Erkenntnisse unmittelbar als eine tiefere und umfassendere Erkenntnis der Wirklichkeit anzusehen wären. Zugleich wird diese Kritik an Modellen der Deutung der Erkenntnis verbunden mit einer *Erweiterung des vorausgesetzten Modells:* So brauche es für die Erkenntnis nicht nur die Mannigfaltigkeit des durch die Sinne Gegebenen, sondern auch die Aktivität des erkennenden Subjekts.

Damit ist in Kürze angedeutet, dass die *transzendentale Frage* auf die *Bedingungen gültiger Erkenntnis* geht, um von da aus sowohl Geltung als auch Grenzen der Geltung und der Deutung von Erkenntnis aufzuzeigen. Allerdings erweist sich die explizite Formulierung sowohl der Möglichkeitsbedingungen als auch der Folgerungen als abhängig von der Problemstellung. Dem Belgier Joseph Maréchal war es ein Anliegen, durch kritische Weiterführung von Kants Methode gerade auch wesentliche Gehalte der Tradition zu rekonstruieren.

Maréchals kritische Weiterführung von Kant

Zunächst finden wir bei Maréchal eine Beschäftigung mit der *Deutung der spontanen Erfahrung*, wie wir sie im Alltag antreffen, aber auch bei Mystikern.[2] In *Auseinandersetzung mit erkenntnistheoretischen Auffassungen* seiner Zeit fällt hier zweierlei auf. Erstens *kritisiert* er hier ein *Vorgehen, das sich von einem Modell der Erkenntnis leiten lässt*, das er für irreführend hält. Nach diesem Modell wird vorausgesetzt, dass eine Brücke vom Bewusstsein zur Realität außerhalb geschlagen werden müsse. Dabei werde übersehen, dass wir das Modell nicht aufstellen könnten, wenn nicht schon unser Sprechen über Realität grundsätzlich berechtigt wäre. Das erst ist der Hintergrund, auf dem wir Erscheinung und Wirklichkeit unterscheiden können. So zeichnet sich hier bereits die *Idee des Dynamismus des Intellekts* ab. Nach diesem wird unser Erkennen gedeutet als Aufarbeiten des Begegnenden unter der Ausrichtung des Intellekts auf die Wirklichkeit. Dieser Prozess erfolgt unter Berücksichtigung des Prinzips vom ausgeschlossenen Widerspruch. Das macht Unterscheidungen notwendig, damit Widersprüche vermieden werden. Diese Unterscheidungen können dann in Begriffe gefasst werden, mit denen wir unsere Auffassung von der Wirklichkeit differenzieren und von Aspekten der Wirklichkeit sprechen können, die beachtet werden oder von denen abgesehen wird. Dazu gehört

---

[2] Vgl. *Joseph Maréchal*, „A propos du sentiment de présence chez les profanes et les mystiques“, in: Revue des Questions Scientifiques 64 (1908) 527–563; 65 (1909) 219–249; 376–426. Zitiert nach Abdruck in: Études sur la Psychologie des Mystiques, Paris [1]1924, [2]1938, I, 118.

auch die Unterscheidung von Erscheinung und Wirklichkeit, die bei besagtem Modell bereits vorausgesetzt wird.

Hier möchte ich auf einige wichtige Punkte hinweisen: Wir finden hier eine *Kritik von Modellen*, nach denen die spontane Erkenntnis gedeutet wird. Dies finden wir übrigens wieder bei K. Rahner, wenn er sich in „Geist in Welt" (= GiW) energisch von dem Modell der Brücke distanziert: „So ist für thomistische Erkenntnismetaphysik das Problem nicht darin, wie die Kluft zwischen Erkennen und Gegenstand durch irgend eine ‚Brücke' zu überbauen sei: solche ‚Kluft' ist ein bloßes Scheinproblem. Vielmehr ist das Problem darin, wie das mit dem Erkennenden identische Erkannte als anderes dem Erkennenden gegenüberstehen könne und wie es eine Erkenntnis geben könne, die ein anderes als solches hinnimmt. Es ist nicht eine Kluft zu ‚überbrücken', sondern zu begreifen, wie sie überhaupt möglich ist."[3]

Diese Kritik macht bereits bei Maréchal Gebrauch davon, dass nach der Bedingung gefragt wird, unter der überhaupt das vorausgesetzte Modell erst erstellt werden könnte. So zeigt sich bereits hier die Idee der *Frage nach Möglichkeitsbedingungen* und die Argumentationsfigur, welche darauf gestützt die Kritik an der grundsätzlichen Berechtigung des Geltungsanspruchs der spontanen Erfahrungserkenntnis zurückweist. Dies wird später den Kern der transzendentalen Deduktion in einer *Retorsion* sehen lassen, verbunden mit einer Korrektur der Deutung der Erkenntnis, durch Ergänzung eines vorausgesetzten Modells, bei Maréchal z. B. durch den Dynamismus des Intellekts. Schließlich zeichnet sich hier schon ab, wie die *Grundbegriffe der Metaphysik* aufgefasst werden. Sie erweisen sich nämlich als Gesichtspunkte, die bei jener einheitlichen Gesamtsicht der Wirklichkeit, aus der heraus wir unser Leben gestalten, notwendig zu unterscheiden sind.

Ich kann hier nicht im einzelnen auf die *problemgeschichtlichen Untersuchungen* der frühen zwanziger Jahre eingehen, in denen Maréchal ein differenziertes Bild von Faktoren herausgearbeitet hat, die in der Geschichte des Erkenntnisproblems zur Diskussion gestanden sind. Inhaltlich bedeutsam war dabei, dass er bei Kant die Berücksichtigung des *intellektiven Moments* gegenüber dem empirischen und rationalen vermisste. Methodisch bedeutsam ist, dass er im Blick auf die weitere Geschichte des transzendentalen Ansatzes Kants im Deutschen Idealismus beobach-

---

[3] *Karl Rahner*, Geist in Welt (= GiW), Innsbruck 1939 46; ²88 (² = 2. Aufl.) = Sämtliche Werke (= SW) 2 (1996) 66 f.

tete, dass spätere Vertreter der Transzendentalphilosophie auf Grenzen der konkreter Durchführung der transzendentalen Analyse bei Kant hingewiesen und sie zu überwinden gesucht haben. So konnte Maréchal zwischen der *Idee* der transzendentalen Analyse Kants und der *konkreten Durchführung* der transzendentalen Analyse unterscheiden und nach einer Form suchen, welche diese Mängel meidet.

Im letzten Band seines fünfbändigen Hauptwerkes „Le point de départ de la métaphysique“[4] sucht Maréchal 1926 seine problemgeschichtliche Beweisführung durch eine systematische zu ergänzen. Angeregt durch den Vergleich mit Thomas stellt er sich *zunächst auf den Standpunkt von Kant*, indem er unsere spontane Erkenntnis betrachtet, die den Anspruch erhebt, sich auf Wirklichkeit zu beziehen. Dieser Anspruch ist nach Kant aber problematisch. Dem trägt Maréchal in seiner Untersuchung Rechnung, indem er *methodisch vom „phänomenalen Objekt“* ausgeht, das heißt vom bewussten Gegenstand als Inhalt des Erkenntnisaktes, bei dem aber von der Berechtigung des beanspruchten Wirklichkeitsbezugs noch methodisch abgesehen wird. Maréchal geht auch insofern mit Kant konform, als sich das Gegenstandsbewusstsein in Urteilen ausdrückt. Auch folgt er Kant in der Idee der transzendentalen Analyse, dass vom Erkennen aus die einzelnen apriorischen Bedingungen herausgearbeitet werden sollen, durch welche Erkennen bzw. Gegenstandsbewusstsein überhaupt erst möglich ist. Diese Zurückführung auf die apriorischen Möglichkeitsbedingungen wurde später „transzendentale Reduktion“ genannt. Das führt mit Kant zu *Erkenntnisfunktionen*, die mit den bei Thomas angeführten Erkenntnisfähigkeiten der äußeren und inneren Sinne und ihres Bezuges zum Denkvermögen verglichen werden können.

In der *Analyse des Urteils* aber unterscheidet sich Maréchal von Kant. Nach Maréchal kommt bei Kant die Erkenntnis bereits durch Fassen des sinnlich Mannigfaltigen unter die apriorischen Formen der Anschauung und des Denkens, die Kategorien zustande. Diese Funktion des Urteils nennt Maréchal konkretive Synthese, die ich im weiteren *kategoriale Synthese* nenne. Nun enthält aber nach Maréchal ein Urteil nicht nur diese kategoriale Synthese, sondern für Maréchal gehört wesentlich und konstitutiv dazu, dass der durch kategoriale Synthese gebildete Aussageinhalt auch tatsächlich bejaht oder verneint wird. Dies nennt er

---

[4] *Joseph Maréchal*, Le point de départ de la métaphysique, V. Bd., Paris [1]1926.

objektive Synthese, hier auch *affirmative Synthese* genannt. Erst dadurch wird der Urteilsinhalt zur Bejahung eines Sachverhaltes, der für wirklich gehalten und der damit dem weiteren Handeln zugrundegelegt wird.[5] Für Maréchal ist diese affirmative Synthese die spezielle Leistung der Vernunft. Durch sie wird die Erkenntnis bzw. das Gegenstandsbewusstsein in den einzelnen Erkenntnisweisen getragen. Zugleich wird durch sie der Bezug zur Praxis ermöglicht, insofern Handlungen die Bejahung der ihnen zugrundeliegenden Erkenntnisinhalte voraussetzen. Damit wird es *in der Reflexion* auf diese Leistung der Vernunft möglich, den *Bezug der Urteilsbejahung auf einen umfassenden Bereich* zu bezeichnen, der alle besonderen Bereiche der einzelnen Erkenntnisweisen umfasst.

Wird nun dieser *umfassende Bereich* betrachtet, so ergibt sich: Er umfasst alle Sonderbereiche, welche die Gegenstände einzelner Erkenntnisweisen umfassen. Er enthält auch, was Gegenstände dieser Bereiche begründet. Er umfasst alles, was Gegenstand werden kann. Er ist darum nicht mehr relativierbar wie Sonderbereiche, die gegenüber einem umfassenderen Bereich relativierbar sind. In diesem Sinn ist er absolut. Damit aber ist auch die Erkenntnis in ihrer Geltung nicht mehr grundsätzlich relativiert auf den Bereich bloßer ‚Erscheinung' gegenüber dem ‚Ding an sich'. So ist bei Maréchal die Konstitution des Erkenntnisgegenstandes durch die apriorischen Möglichkeitsbedingungen nicht mehr ein das Ansich des Gegenstandes verhüllendes, sondern ein dieses vielmehr grundsätzlich eröffnendes Apriori. Man kann dies auffassen als Kritik des Modells, nach dem Kant die Erkenntnis deutet.

Für Maréchal liegt darin der Ansatzpunkt der Metaphysik. Er sieht nämlich in diesem umfassenden Bereich jenen Bereich, der herkömmlich als *Seinsbereich* aufgefasst wird. In ihm wird alles

---

[5] Man mag sich hier an die spätere Sprechakttheorie erinnert fühlen, der gemäß sich die Bejahung nicht im propositionalen Gehalt erschöpft. – Wenn *Emerich Coreth* (Metaphysik, Innsbruck [3]1980, 457) darauf hinweist, dass das Wesen des Urteils noch nicht in der „prädikativen Synthesis" von Begriffen liegt, sondern erst in der „affirmativen Synthesis", so erwähnt er, dass J. Maréchal terminologisch eine „forme synthétique" des Urteils als „concrétion" (Cahier V, 2 éd., 281 ff.) und eine „forme objective" des Urteils als „affirmation" unterscheidet (ebd., 299 ff.). *Johannes B. Lotz* (Das Urteil und das Sein, Pullach 1957) verwendet in ähnlichem Sinn wie Maréchal die Terminologie Heideggers: „prädikative Synthese" des Urteils als Begriffsverknüpfung (58 ff.) und „veritative Synthese" des Urteils als Seinsbehauptung (62 ff.); vgl. *Martin Heidegger*, Kant und das Problem der Metaphysik, Frankfurt [2]1951, 61.

Seiende zunächst nicht seiner Besonderheit nach, sondern einfach als Seiendes betrachtet. Dadurch kann die Frage nach den Unterschieden und Zusammenhängen verschiedener besonderer Bereiche von Seienden gestellt werden. Da dies dem Anliegen der aristotelischen ersten Philosophie entspricht, die den Namen Metaphysik erhalten hat, ist damit auch die Fragerichtung der *Metaphysik* gewonnen. Sie ist wesentlich durch die uneingeschränkte Betrachtungsweise gekennzeichnet, die sich nicht auf einen besonderen Bereich der Gegenständlichkeit beschränkt. Die darin verwendeten *Grundbegriffe der Metaphysik* haben den Sinn, diese Differenzierungen zu benennen, sie sind zugleich Hilfe, um Zusammenhänge des Unterschiedenen im gemeinsamen Seinsbereich im Sinn einer integrativen Erklärung zu formulieren.

Dieser Bereich des Seins, der zugleich allumfassend und absolut ist, ist aber zugleich jener Bereich, für den der Mensch in seinem Denken und Entscheiden grundsätzlich offen ist. In Hinblick auf diesen Bereich sind auch die Gegenstände der direkten Erkenntnis zu verstehen. Deshalb kann die methodische *Einschränkung auf sie als ‚phänomenales Objekt' aufgehoben* werden. Ähnliches gilt auch für die apriorischen Erkenntnisfunktionen, welche nun *seinsmäßig verstanden* und den Erkenntnisfähigkeiten zugeordnet werden, von denen Thomas spricht. Die apriorischen Formen der Erkenntnis können nun auch als Formalobjekt der betreffenden Erkenntnisfähigkeit aufgefasst werden. Dieser umfassende Bereich ist für Maréchal nicht nur in einem abstrakten Sinn der *Bereich des Absoluten*. Er ist zugleich der Bereich, in dem zu suchen ist, was in menschlichem Streben und Werten und Ergründen für absolut gehalten werden kann – das Göttliche: *Gott*. Er lässt den sachlichen Hintergrund entfalten, auf dem Aussagen über Absolutes zu prüfen sind. Damit ist der Weg für das Anliegen einer metaphysisch fundierten Religionsphilosophie (Philosophischen Gotteslehre) frei, welche diesen Bezug im einzelnen thematisch entfaltet.

Im Gegensatz zu Kant ist also dieser Bezug auf das Absolute nicht nur regulativ, sondern nach Maréchal *konstitutiv* für die Erkenntnis, denn erst er ermöglicht die affirmative Funktion des Urteils. Zugleich berücksichtigt Maréchal die Problematik einer unkritischen Metaphysik: Mit Thomas unterscheidet er die Eigenart des Sprechens über das Absolute von der Eigenart des Sprechens über die gewöhnlichen Gegenstände unserer Erkenntnis im Alltag oder auch in der Wissenschaft. Dennoch ist auch dieses, wie jede Erkenntnis, von der konstitutiven Hinordnung auf das Absolute des Seins getragen.

Schematischer Vergleich der Urteilsanalyse bei Kant und Maréchal:

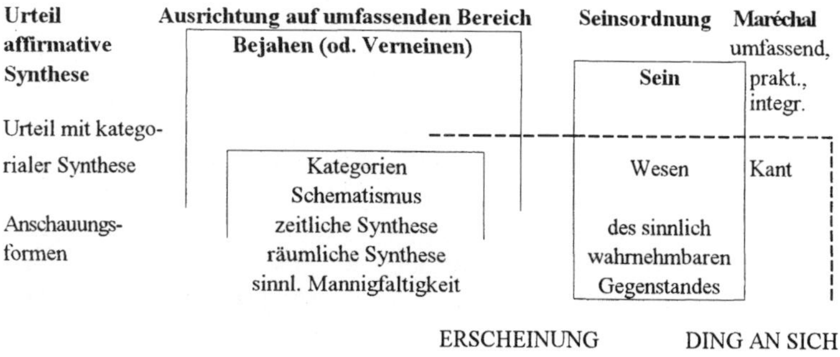

Elemente der weitergeführten transzendentalen Methode

Blicken wir zurück auf die Weise des Vorgehens von Maréchal: Zunächst möchte ich hervorheben, dass die Bestimmung dieses umfassenden Bereichs, auf den menschliches Erkennen und Wollen grundlegend hingeordnet sind, zunächst unabhängig davon geschieht, dass dieser Bereich in Anlehnung an die Terminologie der klassischen Metaphysik als Seinsbereich bezeichnet wird. Der Hinweis auf diesen Bereich und damit ein Begriff, der diesen Bereich bestimmt, ist vielmehr charakterisierbar durch diese grundlegende Funktion der Tätigkeit des Bejahens, die durch die Hinordnung auf diesen Bereich ermöglicht ist. In diesem Sinn liegt eine *operative Charakterisierung* dieses Bereiches und des ihn bezeichnenden Begriffs vor. Im Anschluss an P. Hoenen[6] wird nämlich etwas dadurch operativ charakterisiert, dass es genau das ist, worauf eine intentionale Tätigkeit als solche gerichtet ist.

Die Rechfertigung dessen, dass Gegenstandsbewusstsein nicht ohne die affirmative Funktion des Urteils möglich sei, erbringt Maréchal durch eine transzendentale Deduktion. In ihr sucht er zu zeigen, dass auf dem Hintergrund der zuvor reduktiv erfolgten Analyse der verschiedenen Erkenntnisfunktionen der in der affirmativen Synthese sich äußernde Dynamismus des Geistes Möglichkeitsbedingung des Gegenstandsbewusstseins sei. In diesem Aufweis sieht er eine Rechtfertigung der grundsätzlichen Fähig-

[6] *Petrus Hoenen*, „De definitione operativa", in: Gregorianum 35 (1954) 371–405.

keit zur Erkenntnis der Wirklichkeit. Bei Aristoteles und Thomas erfolgte die Rechtfertigung der grundsätzlichen Geltung der Erkenntnis in jener indirekten Rechtfertigung, die Nachfolger Maréchals als *Retorsion* bezeichnet haben.[7] Ihr Kern besteht in dem Aufweis, dass bereits bei der Bezweiflung dieser Fähigkeit diese schon wiederum als berechtigt vorausgesetzt wird. Damit dieser performative oder vollzogene Widerspruch aufgewiesen werden kann, braucht es eine Beziehung zwischen dem Vollzug des Erkenntnisaktes und der begrifflichen Formulierung seines Gehaltes, der zur Diskussion steht. Dazu dient eben eine operative Definition des betreffenden begrifflichen Gehalts. Das wiederum hat zur Folge, dass der so präzisierte Sinn des im Vollzug Mitbejahten abgehoben werden kann von anderen Deutungen des verwendeten Begriffs. Das ermöglicht eine kritische Prüfung der faktischen Verwendung des Begriffs.

In dieser transzendentalen Analyse wird das unthematisch im urteilenden Erkennen Mitgewusste thematisiert. Das legt nahe, die unthematisch mitgewussten und durch transzendentale Analyse aufzudeckenden Möglichkeitsbedingungen als *‚transzendental‘* zu bezeichnen. In Abhebung davon wird die ausdrückliche oder thematische Erkenntnis als *‚kategorial‘* bezeichnet. Aber auch die thematische Fassung der in der kategorialen Erkenntnis mitgewussten transzendentalen Möglichkeitsbedingungen in der transzendentalen Reflexion ist ‚kategorial‘, insofern eine Thematisierung vorliegt. Diese thematische Fassung ist *abhängig von sprachlichen Bedingungen*, die ich ‚kategoriales Material‘ nennen möchte, aber auch von Modellen, in Hinblick auf welche die Thematisierung entfaltet wird.

Hier ist nun zu beachten, dass diese kategorialen Bedingungen für die *Thematisierung* des Ergebnisses der transzendentalen Analyse nicht Bedingungen für die *Geltung* des in der transzendentalen Analyse Aufgewiesenen sind. Der Nachweis der grundsätzlichen Geltung, der über die Reflexion auf die transzendentalen Möglichkeitsbedingungen erfolgt, ist darum nicht abhängig von der kategorialen Fassung dieser Bedingungen. Wohl aber betreffen diese kategorialen Bedingungen die thematische Entfaltung des durch transzendentale Analyse Aufgewiesenen.

Das gilt auch für jene Elemente, durch welche das Modell, das die Geltungsproblematik ausgelöst hat, erweitert wird, um die Geltung zu erklären. Ich denke dabei z.B. an die erkenntnis-

---

[7] *Gaston Isaye*, „La justification critique par retorsion“, in: Revue philosophique de Louvain 52 (1954) 204–233.

metaphysische Erklärung: So wird die Ergänzung des Modells der Erkenntnis durch den auf das Absolute des Seins ausgerichteten Dynamismus bei Maréchal in Analogie gesehen zu der aristotelisch-thomanischen Einführung des tätigen Intellekts. Zugleich liegt auch die platonisch-augustinische Ergänzung nahe, der gemäß die Möglichkeit gültiger Erkenntnis erklärt wird durch den schöpferischen Einfluss Gottes auf die Dinge und den erleuchtenden Einfluss auf den Intellekt. Hier ist aber zu bedenken, dass diese Deutungsschemata nicht für sich gerechtfertigt werden, sondern als weitere Deutung der unabhängig davon grundsätzlich gerechtfertigten Geltung der Erkenntnis.

Bereits bei Maréchal ist zu beachten, welche Rolle die Auseinandersetzung mit solchen Modellen und ihrer Rolle zur *Erklärung* der Erkenntnis spielt. Maréchals Reflexion auf die Erkenntnis leugnet nicht die spontane Erkenntnis, sie will sie auch nicht psychologisch beschreiben, sondern will die grundsätzliche Möglichkeit der Berechtigung ihres Geltungsanspruchs aufweisen. Gegenüber der *Anfechtung dieser Möglichkeit durch bestimmte Modelle der Erkenntnis* werden diese als unangemessen erwiesen, weil nach ihnen bereits das Erstellen dieser Modelle nicht möglich wäre. So wird das Modell der ‚Brücke' über den Abgrund zwischen Bewusstein und Realität abgelehnt bzw. korrigiert und durch Faktoren ergänzt, die im Modell notwendig sind, um die *Berechtigung des grundsätzlichen Geltungsanspruchs* verständlich zu machen. Diese Ergänzung besteht in der Annahme des Dynamismus der Vernunft, der das Gegebene unter der Norm des Nichtwiderspruchsprinzips aufarbeitet. Diese *konkrete Aufarbeitung*, die Entfaltung der Erfahrungserkenntnis, wird dadurch aber nicht ersetzt!

Rückblickend können wir also festhalten: Maréchal hat den Ansatzpunkt von Kant zugrundegelegt. Von da aus suchte er sowohl historisch als auch systematisch nachzuweisen: 1. Die Möglichkeit jedes Gegenstandsbewusstseins wird erst durch eine Erkenntnisfunktion ermöglicht, die passend als berechtigte metaphysische Seinsbejahung bezeichnet werden kann. 2. Diese Seinsbejahung bezieht sich nicht nur auf die Ordnung der Gegenstände der Erfahrung, sondern schließt auch die Grundlagen der thomistischen Metaphysik ein. 3. Diese Seinsbejahung stellt auch eine notwendige Verbindung zur praktischen Vernunft dar. 4. Diese Seinsbejahung wird nicht nur von verschiedenen Einzelwissenschaften vorausgesetzt, sondern auch von jeder Reflexion über den menschlichen Erkenntnisvollzug. Deshalb heben sich Erkenntnistheorien, welche meinen, die metaphysische

Seinsbejahung mit ihren Implikationen für unmöglich halten zu müssen, selbst auf.

Maréchal bereitet dadurch den Weg zur Beantwortung der Frage, wie die menschliche Erkenntnis beschaffen sein muss, damit sie Grund für einen Vollzug der Erkenntnis sein kann, wie wir ihn tatsächlich erleben. Das führt zu einem *erkenntnismetaphysischen Verständnis des Apriori*. Maréchal findet es in einem bestimmt gearteten Dynamismus des erkennenden Subjekts, durch den es in einer, ihm wenigstens implizit bekannten Weise, auf das absolute Sein ausgerichtet ist. Karl Rahner führt dann diese Frage weiter. Durch die Auseinandersetzung mit Heideggers fundamentalontologischem Anliegen befruchtet fragt er, wie die Erkenntnis und ein erkennendes *Subjekt, das fragen kann und muss*, als ein Seiendes, *als eine bestimmte Weise des Seinsvollzugs* verstanden werden kann.

Rahners Weiterführung von Maréchal durch schrittweises Vorgehen

Eine Auswirkung des Beachtens des phänomenologischen Zugangs im Sinn von Heidegger[8] ist es wohl auch, dass Rahner bei der systematischen Entfaltung des Denkens deutliche *Vorbehalte gegen eine Erklärung durch Modelle* hat – oft genug entstellen sie den bewussten Vollzug. Zwar hält sich Rahner in GiW noch weitgehend daran, die Entfaltung der Struktur menschlichen Erkennens in Anschluss an Maréchal in Bezug auf das Modell der Erkenntnismetaphysik bei Thomas zu sehen. Allerdings geschieht dies in deutlicherer methodischer Absetzung, indem er die Möglichkeitsbedingungen der Erkenntnis zunächst von seinem Ansatz her aufweist und benennt und erst später mit entsprechenden Strukturen bei Thomas vergleicht. Dieses Vorgehen ist durch die Themenstellung motiviert, insofern Rahner in GiW die von Kant und auch Heidegger her motivierte Frage stellt, „wie das menschliche Erkennen nach Thomas Geist in Welt sein könne"[9]. Es soll untersucht werden, wie trotz der von Thomas betonten Notwendigkeit der Bezogenheit des Intellekts auf die sinnenhafte Anschauung, also der „conversio intellectus ad phantasma",

---

[8] Von den Schriften Heideggers kommen für einen Vergleich vor allem „Sein und Zeit", Halle 1927 (= SZ) und „Kant und das Problem der Metaphysik", Bonn 1929, Frankfurt ²1951 in Betracht.

[9] GiW XIV; ²14 f. = SW 2 (1996) 14.

das Metaphysische dennoch offen sei. Diese „Frage nach der Möglichkeit von Metaphysik auf Grund einer Anschauung, die im Horizont von Raum und Zeit geschieht“[10] findet bei ihm ihre Antwort in einem an Maréchal erinnernden Nachweis, dass in der Erfahrungserkenntnis immer schon ein metaphysisches Seinsverständnis mitgesetzt ist. Dieses Seinsverständnis ermöglicht überhaupt erst die Erfahrung und beinhaltet zugleich ein metaphysisches Verständnis des Menschen und seines geschichtlichen Verhältnisses zum überzeitlichen Absoluten.

Ein auffallender Unterschied zu Maréchal zeigt sich darin, dass Rahner hier die Elemente der transzendentalen Analyse in anderer *Reihenfolge* anwendet. Während bei Maréchal erst abschließend, am Ende der reduktiven und deduktiven Phase, die grundsätzliche Seinsgeltung erwiesen wird, erfolgt dies bei Rahner bereits zu Beginn, als Möglichkeitsbedingung nicht nur des Urteils, sondern bereits der Frage, als eines unausweichlichen Vollzugs des Menschen. Dies führt zum Verständnis des Menschen als des Wesens, das fragen kann und fragen muss. In „Hörer des Wortes“[11] wird diese Sicht *schrittweise systematisch entfaltet* und für die Religionsphilosophie ausgewertet.

Änderung im methodischen Vorgehen bei Rahner gegenüber Maréchal:

Maréchal	**in einem großen Bogen**	▼ ontolog. Deutung				
Vorgehen:	Besinnung auf Vollzug	vorausgesetzte Strukturen	Erweis der Notwendigkeit	Abhebung von Kontingentem	grundsätzliche Geltung	Absolutes des Seins
Schritte:	**phänom. Reflexion**	**trl. Reduktion**	**trl. Deduktion**			
Rahner						
		▲ immer wieder				
	in kleinen Schritten	jeweils weiteres Moment am Vollzug beachtet			**phänomenologische Erweiterung**	
		reduktiv und **deduktiv** analysiert			weitere Differenzierung	
		und entfaltet hinsichtlich **Mensch, Welt, umfassenden Grund**				

[10] GiW 13; ²42 = SW 2 (1996) 33.

[11] *Karl Rahner*, Hörer des Wortes. Zur Grundlegung einer Religionsphilosophie (= HdW), München 1941. 2. Aufl., neu bearb. v. *Johannes B. Metz* (= ²) München 1963. Beide Aufl. neu hg. in SW 4 (1997).

Die *Methode*, mit der die philosophische Problematik von der Sache her entfaltet werden soll, wird bei Rahner als *transzendental*, bei Heidegger als *phänomenologisch* bezeichnet.[12] Das Gemeinsame kann darin gesehen werden, dass es um eine Auslegung dessen geht, was zwar verborgen, aber im zunächst sich Zeigenden immer schon als sein Sinn und Grund anwesend ist. (SZ § 7). Das steht aber nicht in Gegensatz zu Apriori-Forschung und transzendentaler Analyse, die jedoch nach Heidegger einer phänomenologischen Basis bedürfe.

So ist der Weg nicht weit zu Rahner in HdW: „Wir fragen nach der *transzendentalen* Bedingung der Möglichkeit dafür, d. h. nach einer solchen Bedingung, die im erkennenden Subjekt apriori zur einzelnen Erkenntnis und Abstraktion als deren vorgängige Bedingung ihrer Möglichkeit anzusetzen ist“[13] – was allerdings im Sinn der Deutung des Apriori bei Maréchal und in transzendentalphilosophischer Rekonstruktion von Thomas fortgesetzt wird mit: „also scholastisch ausgedrückt: Wir fragen nach dem inneren Wesen der ‚Fähigkeit‘ zu abstrahieren“[14].

Während sich aber Heidegger immer mehr vom transzendentalen Denken, insbesondere in der Form des Neukantianismus und des späteren Husserl, entfernt, findet sich bei Rahner Ähnlichkeit mit der phänomenologischen Methode von SZ: Gegenüber Maréchal erhält seine transzendentale Analyse ein Element, das auf das *phänomenologische* Anliegen zurückgeht, weshalb Thomas Sheehan den Ausdruck *„hermeneutisch-transzendentaler Thomismus“* vorschlägt.[15] Damit wird das Anliegen der Fundamentalontologie aufgegriffen, der Klärung des Sinns von Sein.

Ferner wird das Apriori auch seiner *materialen* Seite nach beachtet. Das Apriori wird bei Rahner nicht nur *formal* gesehen, als eine den Erkenntnisinhalt konstituierende Funktion. Es wird auch nicht nur *ontologisch* im Sinn einer im Erkennenden vorausgesetzten und das Erkennen ermöglichenden Fähigkeit gesehen. Es ist zugleich der Horizont, in dem Gegenstände der Erkenntnis auftreten können und enthält daher, wenngleich zunächst unthe-

---

[12] SZ (s. Anm. 8) 27: § 7. Die phänomenologische Methode der Untersuchung. Vgl. *Emerich Coreth*, Heidegger und Kant; in: Kant und die Scholastik heute (hg. v. *Johannes B. Lotz*) Pullach 1955, 207–255, 210, 225.

[13] HdW 75; ²77 = SW 4 (1997) 90/91.

[14] HdW 75; ²77 = SW 4 (1997) 90/91.

[15] *Thomas Sheehan*, „Metaphysics and Bivalence: on Karl Rahner's *Geist in Welt*“, in: The Modern Schoolman 63 (1985/86) 21–43; 22: „hermeneutical transcendental Thomism“.

matisch, auch die für diesen Bereich eigentümlichen Strukturelemente. Das macht dann auch eher die Struktur der tatsächlichen Erkenntnisinhalte bzw. Objekte verständlich, insbesondere die dem Bereich entsprechende Eigenart von Erfahrung und Rationalität.

Dennoch wird in der Akzentsetzung bei Rahner eben die transzendentale Frage nach den Möglichkeitsbedingungen betont, die phänomenologische (vor-prädikative) Analyse des Daseins aber schrittweise entfaltet. Während Heidegger gegenüber einer inhaltlichen Analyse und diskursiven Differenzierung des Seinsverständnisses Distanz hält, wohl aus Angst vor Zurückführung in Seiendes, wird dies für *Rahner* in Weiterführung seiner transzendentalen Analyse wichtig zur *Neuinterpretation metaphysischer Begriffe*.

Es kommt also in der Analyse, die Rahner zu Beginn von ‚Hörer des Wortes' durchführt, zugleich zur Geltung: 1. die *transzendentallogische Aprioriforschung*, 2. die *phänomenologische Besinnung* darauf, wie die durch intentionale Funktionen indirekt festgelegten gegenständlichen Momente inhaltlich zur Gegebenheit gebracht werden können, 3. ein durch die vorausgehenden Schritte ermöglichtes *erkenntnismetaphysisches Verstehen des aufgewiesenen Apriori vom Sein her*.

In allen drei Punkten geht *Rahner über Maréchal hinaus* – wenigstens in den letzten beiden Punkten scheint dies Frucht der Auseinandersetzung mit Heidegger zu sein.

Insofern die transzendentale Fragestellung aus einer Besinnung auf das menschliche Leben, auf die bewussten, gegenstandsgerichteten Akte in Bewegung gebracht wurde, ist bereits eine Beziehung zu einer existentialen und metaphysischen Analytik des Menschen gegeben. Die Frage nach dem logischen Apriori vertieft sich aber zu einem erkenntnismetaphysischen Verständnis und zu einer ontologischen Fundierung dieser Erkenntnismetaphysik, wobei sich anderseits das Seinsverständnis und die Fundierung der Ontologie und Metaphysik aus dieser Analytik des menschlichen Daseins ergeben.

Hier geht K. Rahner aber wesentlich *über M. Heidegger hinaus*. Für Rahner muss zwar die existentiale Analyse des menschlichen Daseins mit einer phänomenologischen Besinnung beginnen und immer auf sie zurückbezogen bleiben. Diese Analyse geht dann aber bei Rahner notwendig in eine *diskursive Verarbeitung* des Aufgewiesenen über. Das Sein wird nicht nur bedacht, *insofern* es sich im Dasein manifestiert. Es wird auch das Sein bedacht, das sich hier manifestiert und von da aus diskursiv zu erschließen ist. Dennoch muss das so Erschlossene auf die zu erhellende Wirklichkeit des menschlichen Daseins in seiner Weltbegegnung rückbezogen bleiben. Dieses Denken könnte als *konkrete Spekulation* charakterisiert werden. In dieser Einheit von existentialer Phänomenologie, transzendental fundierter Spekulation und Rückbeziehung auf das konkret Erlebte liegt wohl die *Stärke des Denkens K. Rahners*.

So wird nach Coreth „die transzendentale Frage von Heidegger über Kant hinaus in zweifacher Hinsicht wesentlich weitergeführt: ihre Ausgangsbasis wird *phänomenologisch erweitert* und ihr Ziel wird *ontologisch vertieft*"[16]. Im ersten nimmt K. Rahner Heidegger auf und geht über Maréchal hinaus, im zweiten geht er mit Maréchal über Heidegger hinaus.

Rahners Ausgang von der Seinsfrage

Als wichtig für das Verständnis der Gedankenführung betrachte ich, dass Rahner in HdW von dem Phänomen eines *im menschlichen Lebens unausweichlich vollzogenen Bezugs zum Sein* ausgeht. Dieser zeigt sich als eine Stellungnahme, die der Mensch als handelnder je schon vornimmt und in der er sich auf die *uneingeschränkte Wirklichkeit* bezieht. Diese Gesamtheit der Wirklichkeit wird als das verstanden, was mit „Sein" gemeint ist. In diesem Sinne ist bei jedem Menschen jeweils ein Bezug zum Sein anzunehmen, zur Wirklichkeit, in welcher der Mensch lebt, erkennt, handelt. Eine Klärung dieses Seinsverständnisses entspricht dem fundamentalontologischen Anliegen.

Rahner betont die *Unausweichlichkeit einer solchen Einstellung*, wie immer sie auch beim einzelnen Menschen jeweils inhaltlich ausgeprägt sein mag:

> Der Mensch kann nie bloß bei diesem oder jenem allein denkend oder handelnd sich aufhalten. Er will wissen, was alles zumal in seiner Einheit, in der ihm alles schon immer begegnet, sei; er fragt nach den letzten Hintergründen, nach dem einen Grund aller Dinge, und insofern er alles einzelne als seiend erkennt, nach dem Sein alles Seienden; er treibt Metaphysik. [...] Wir müssen also Metaphysik treiben, weil wir es immer schon tun[17].

---

[16] *Emerich Coreth*, „Zum Verhältnis Heideggers zu Hegel", in: Studi filosofici intorno all'„Esistenza", al Mondo, al Trascendente (Analecta Gregoriana 67), Rom 1954, 81–90, 82.

[17] HdW 44 f.; ²50 = SW 4 (1997) 52–55.

Wie bereits erwähnt, legt sich hier ein Vergleich nahe, der zum Verständnis helfen kann. Eine solche *Stellungnahme zur Wirklichkeit im Ganzen, die in unser Handeln einfließt*, wurde unter verschiedenen Namen angesprochen: als Daseins- und Handlungsorientierung, als *persönliche gelebte Weltanschauung*, als jene Philosophie, aus der Menschen jeweils schon leben.

Damit ist aber auch eine konkrete Stellungnahme zur Wirklichkeit gegeben. Diese setzt das voraus, was als *„Seinsfrage"* bezeichnet werden kann, insofern diese im Leben sich bekundende Stellungnahme eine (wohl vorläufige und fragmentarische) *persönliche Antwort* auf die Frage ist, wie diese Wirklichkeit aufzufassen sei. Als Frage entfaltet sich dieser Bezug zum Sein weiter als Streben nach Klärung und Reifung dieser Antwort. Metaphysik könnte dann verstanden werden als Hilfe dazu durch kritische Thematisierung. Im Verständnis von Rahner gilt: „Metaphysik als Wissenschaft ist eigentlich nur dort, wo langsam und in weitausholender Arbeit das immer schon Bekannte in systematischer und streng begrifflicher Art entwickelt wird, wo der Mensch in Begriffen sich die Metaphysik vorzustellen sucht, die er im voraus in seinem Sein und Handeln immer schon getrieben hat"[18] – und die in ihrer Unausdrücklichkeit vielfach auch mit irreführenden Elementen verbunden ist.

Eine solche gelebte Weltanschauung[19] ist der *Hintergrund für die Integration und Bewertung der verschiedenen besonderen Weisen der Meinungsbildung*, des Erfahrens, Erkennens und Handelns. Dieser Hintergrund ermöglicht das praktisch für die Lebensführung relevante, faktische Für-wahr-Halten. Wir sind vertraut mit bestimmten Erfahrungs- und Erkenntnis- und Handlungsweisen und mit den Kriterien dafür, wie sie in den uns vertrauten Bereichen im einzelnen zu verwenden sind. Und unsere gelebte Weltanschauung hat u. a. die Funktion, diese besonderen Sprachspiele und Handlungsweisen in ihrem Verhältnis zueinander und in ihrer Relevanz für unsere Urteilsbildung und Lebensgestaltung einzuschätzen.

---

[18] HdW 43 f.; ²49 = SW 4 (1997) 52/53.

[19] Vgl. RW (s. Anm. 1) 34–44; 131–140; 352–378; *Frederick Ferré*, Language, Logic and God, New York 1961, 145; 159 f.; *Hellmuth Benesch*, Warum Weltanschauung – Eine psychologische Bestandsaufnahme, Frankfurt 1990, 11–15; *Ninian Smart*, The Philosophy of Worldviews: Contemporary Classics in Philosophy of Religion, ed. by *Ann Loades and Loyal D. Rue*, La Salle (Ill.) 1991, 491–506.

Dass dies auch der Auffassung von Rahner entspricht, zeigt sich darin, dass er in HdW das Problem der *Frage nach dem Sein* aufwirft als *Frage nach dem Verhältnis verschiedener Erkenntnisweisen* zueinander. Die *Aporetik*, die sich dabei ergibt, verweist auf die Erste Philosophie, auf Metaphysik. Im Verständnis von Rahner greift die Metaphysik das an Heidegger erinnernde fundamentalontologische Anliegen auf, was nämlich der Sinn von Sein sei: „Metaphysik ist aber die Frage nach dem Sein des Seienden als eines solchen, die Frage, welches der Sinn von ‚Sein' sei."[20] – „Jede empirische Einzelwissenschaft bringt schon a priori zur Aufnahme ihrer Forschung ein vorgängiges Gesetz mit, unter dem sie die Bestimmungen ihres Gegenstandes zu erforschen sucht"[21]. „Eine Einzelwissenschaft ruht grundsätzlich auf einem Grund, den sie sich nicht selbst gelegt hat, weil ihr ein solcher allererst die Möglichkeit gibt, zu sein"[22].

Das gilt wohl auch für andere besondere Weisen der Meinungsbildung:

vgl. HdW 10 (^{2}15 f.); 13 (^{2}18); 44 (^{2}49 f.) = SW 4 (1997) 8/9; 12/13; 52/53:

„Metaphysik" Woher der „Seinsfrage"		Vorverständnis der Fragerichtung	„Wissenschaften" Verschiedene Weisen der Meinungsbildung mit ihren jeweiligen eigenen Kriterien
persönliche Antwort auf Seinsfrage lebenstragende Überzeugung[1])	persönliche Einschätzung[2]) der verschiedenen Weisen der Meinungsbildung		einzelne Wissenschaften eigene Kriterien
			Alltagserfahrung eigene Kriterien
unter evtl Verwendung von Modellen aus Weisen der Meinungsbildung	und ihres Zusammenhangs, der Rangordnung		religiöser Glaube eigene Kriterien
		[1])	[2])------------------------------------

[20] HdW 44; ^{2}49 = SW 4 (1997) 52/53.

[21] HdW 10; ^{2}16 = SW 4 (1997) 8–11.

[22] HdW 11; ^{2}17 = SW 4 (1997) 10/11.

Rahner zeigt nun weiter auf, dass gerade aus diesem Grunde die so harmlos aussehende Frage nach dem Verhältnis zweier Wissenschaften zueinander zu einer Frage hinführt, die aus dem vorgängigen Seins- und Selbstverständnis des Menschen heraus ihre Antwort finden muss, nämlich auf „die metaphysische Frage nach dem einen Ursprungsgrund, der beide Wissenschaften in ihrem eigentümlichen Gegenstand und in der Notwendigkeit jeder einzelnen Wissenschaft ursprünglich begründet und dadurch die beiden Wissenschaften in ein bestimmtes Verhältnis setzt"[23].

Darin kommt eine wichtige Funktion unserer Antwort auf die Seinsfrage, unserer Lebens- und Daseinsorientierung zur Sprache: Von dieser Antwort lassen wir uns leiten, wenn wir zu verschiedenen Wissenschaften oder allgemeiner Lebensbereichen Stellung beziehen, sie für unsere Meinungsbildung benützen, sie für unsere Lebensgestaltung bewerten. Hierin spiegelt sich die *Zweiheit von kategorialer und affirmativer Synthese* wieder. Unsere Auffassungen, die wir unserer Lebensgestaltung zugrundelegen und in diesem Sinn für wahr halten, sind abhängig sowohl von besonderen Weisen der Meinungsbildung als auch von der Einschätzung ihrer Relevanz für unsere Urteile, die wir unserer Lebensgestaltung zugrunde legen.

Nun muss aber bedacht werden, dass *diese Maßstäbe* im Hineinwachsen in die konkrete Kultur in vertrauten Situationen *erlernt* worden sind. Sie sind *geschichtlich bedingt und offen* für eine kritische Beurteilung. Diese ist besonders nötig, wenn es um Ausweitungen ihrer Anwendung über den vertrauten Bereich hinaus geht. Gerade in einem *Dialog* zwischen einzelnen Menschen, besonders wenn sie verschiedene kulturelle oder weltanschauliche Hintergründe haben, werden diese geschichtlich kontingenten Bedingungen deutlich. So lässt sich das Bemühen der Philosophie in ihrer existentiellen Bedeutung auch verstehen als eine *Kritik und Weiterentfaltung der jeweiligen gelebten Weltauffassung, der jeweiligen persönlichen Beantwortung der Seinsfrage*. Dieser Dialog ist offen und kann als Ausdruck der geschichtlichen Bedingtheit der Realisierung des durch das Sein getragenen menschlichen Erkennens angesehen werden, als eine Art *„Seinsereignis"*. Weil dieses Geschehen aber vom Sein getragen ist, ist es jeweils offen für das umfassende Sein und erhebt einen grundsätzlichen Anspruch auf Sinn und Wahrheit. Für den Menschen in seiner geschichtlichen Situation gilt nach Rahner: „Insofern er seine geschichtliche Bedingtheit als solche erfährt, ist er schon in

[23] HdW 13; ²19 = SW 4 (1997) 12/13.

einem gewissen Sinne über sie hinaus und kann sie trotzdem nicht eigentlich verlassen".[24]

Zusammenspiel der methodischen Elemente

Wir können bereits hier beobachten, wie im Denken Rahners verschiedene Momente zusammenspielen. Zunächst wird ausgegangen von der Besinnung auf das im Menschen je schon vorhandene Seinsverständnis, das sein Leben trägt. Dann wird dies gefasst als „Seinsfrage", die der persönlichen Antwort, die ein Mensch jeweils schon gegeben hat, vorausgesetzt ist. Schließlich wird die Notwendigkeit einer solchen persönlichen Antwort auf die Seinsfrage aufgezeigt:

Der Mensch kann nie bloß bei diesem oder jenem allein denkend oder handelnd sich aufhalten. Er will wissen, was alles zumal in seiner Einheit, in dem ihm immer schon alles begegnet, sei; er fragt nach den letzten Hintergründen, nach dem einen Grund aller Dinge, und insofern er alles einzelne als seiend erkennt, nach dem Sein alles Seienden; er treibt Metaphysik. Und selbst wenn er es unterlässt oder sogar ausdrücklich ablehnt, so zu fragen, gibt er auf diese Frage doch eine Antwort: Er erklärt die Frage als gleichgültig oder sinnlos und hat damit schon eine Antwort gegeben: das Seiende ist jenes Etwas, das uns gleichgültig, dunkel und sinnleer aus jedem Seienden heraus anblickt.[25]

Damit wird zunächst das, was Rahner unter *„Antwort auf die Seinsfrage"* versteht, *operativ eingeführt* als jene *letzte Haltung, aus der heraus ein Mensch sein Leben, Sprechen und Handeln gestaltet* und sich darin ausdrückt, wie immer der konkrete Inhalt dieser Haltung im einzelnen auch ist. Damit konnte dann Rahner retorsiv die Unausweichlichkeit einer solchen „Antwort auf die Seinsfrage" zeigen, insofern die Verneinung oder auch nur Bezweiflung der Existenz einer Antwort auf die Seinsfrage selbst unter die operative Bestimmung dessen gehört, dessen Existenz negiert wird. Hier läge ein performativer Widerspruch vor, eine Ungereimtheit zwischen dem, was gesagt wird, und dem, was man tut, indem man dies sagt.

Wichtig dabei ist aber auch, dass dadurch zunächst *nicht ein bestimmter Gehalt* einer besonderen „Antwort auf die Seinsfrage" als berechtigt ausgewiesen wird. Wohl aber wird damit einer kritischen Prüfung dieser Inhalte der Weg bereitet. Insofern trifft

---

[24] *Karl Rahner*, Grundkurs des Glaubens. Einführung in den Begriff des Christentums, Freiburg 1976, 53 = SW 26 (1999) 46 f.

[25] HdW 44 f.; ²50 (verändert) = SW 4 (1997) 52–55.

zu, dass die transzendentale Methode das im Vollzug notwendig Enthaltene von den kontingenten Inhalten unterscheidet. Das baut dem vor, dass unversehens der Charakter der Notwendigkeit auf anderes übertragen wird. Das begründet eine unterscheidende, kritische Funktion der Analyse dessen, was faktisch als „selbstverständlich“ angenommen wird.

Damit ist eine *Grundstruktur des Vorgehens* aufgezeigt: Phänomenologischer Ausgang vom bewussten Vollzug, Rückbeziehung von Momenten an diesem Vollzug auf Elemente, welche Möglichkeitsbedingungen dieses Vollzugs sind. Schließlich Erweis dessen, was notwendig an dem Aufgewiesenen ist. Dadurch kann das, dem grundsätzliche Geltung zukommt, unterschieden werden von dem, was noch weiter zu klären ist.

Rahner nahm also in HdW den Ausgang von dem Aufweis der im Leben des Menschen präsenten Auffassung von Sein, von einem je schon vorausgesetzten Seinsverständnis. Die im Leben des Menschen immer schon vollzogene Metaphysik wird in Hinblick auf die Frage nach dem Verhältnis von Religionsphilosophie und Theologie entfaltet und dadurch für die Religionsphilosophie und Fundamentaltheologie ausgewertet.

Rahner sucht den notwendigen Gehalt des phänomenologisch Aufgewiesenen zu zeigen. Diese retorsive Rechtfertigung dient dazu, den notwendigen Gehalt des Seinsverständnisses von der konkreten Auffassung von der Wirklichkeit zu unterscheiden, die ein Mensch sich gebildet hat. Damit wird eine kritische Explikation des Seinsverständnisses eingeleitet, eine differenzierte Sicht der *Wirklichkeit*.

Zur Antwort des Menschen auf die Seinsfrage gehört aber auch das Verständnis, das er als Erkennender und Handelnder von sich selbst hat. Damit wendet sich die Untersuchung zurück auf den *Menschen*. „Die Frage nach dem Verhältnis von Theologie und Religionsphilosophie ist die metaphysische Frage nach dem einen Grund, aus dem heraus beide je für sich erstmals sich konstituieren, und ist somit auch die Frage nach dem Wesen des Menschen als des Seienden, das diese Wissenschaften notwendig treibt.“[26]

So wird für Rahner die wissenschaftstheoretische Frage nach dem Verhältnis von Wissensweisen zur metaphysischen Frage, nämlich nach dem Verhältnis der durch die Wissensweisen angezielten Bereiche in der Gesamtheit der menschlichen Lebenswelt.

---

[26] HdW 14; ^{2}19 = SW 4 (1997) 14/15.

Dies führt weiter zu der philosophisch-anthropologischen Frage nach dem Wesen des Menschen.

Im weiteren Verlauf wird dieses reflexive Verständnis von Sein weiter entfaltet durch die Spannung zwischen den beiden Phänomenen, dass nach diesem Sein gefragt werden kann und nach ihm gefragt werden muss. Sowohl in GiW als auch in HdW entfaltet Rahner den Bezug zum Sein und die Charakterisierung von Sein als Bei-sich-Sein im Sinn einer grundlegenden Identität von Sein und Erkennen und deren Abstufung in den Seienden von der Analyse unseres Fragens, genauer der Fragbarkeit und Fraglichkeit des Seins.

Die *Fragbarkeit* des Seins führt zu der dem menschlichen Geist wesentlichen Offenheit für das Sein, das als solches auch Grund des Erkennens ist. Die Grenze unseres Erkennens erweist unsere *Endlichkeit*. In Abhebung davon erweist sich als Woraufhin dieser Offenheit schließlich das *„Gott"* genannte absolute und erhellende Geheimnis.[27] Die *Fraglichkeit*, die Notwendigkeit zu fragen, weist nicht nur auf die Endlichkeit hin, sondern auch auf die Welthaftigkeit menschlichen Geistes und damit die *Erfahrungsbezogenheit* des menschlichen Erkennens. Diese betrifft auch den menschlichen Bezug zu Gott.

Hier möchte ich zunächst die Aufmerksamkeit darauf richten, dass im Verlauf dieser Untersuchung nicht nur die Abfolge von Phänomen, reduktivem Aufweis apriorischer Bedingungen und Rechtfertigung der Geltung des in Frage Stehenden in transzendentaler Deduktion bzw. Retorsion zu beobachten ist. Auch ist bemerkenswert, dass diese Entfaltung unter mehrfachem Aspekt erfolgt: *„ontologisch"* als Erhellung des Bereichs, auf den sich die Erkenntnis bezieht und der sich der Erkenntnis erschließt, *„anthropologisch"* als Aufschluss über das Sein des Erkennenden, und *„theologisch"* als der den Erkennenden und das Erkannte umspannende Bezug zum Absoluten des Seins.

Im Laufe der Untersuchung werden weitere Momente am Vollzug des Fragens oder Urteilens beachtet. Dadurch wird die bisherige Analyse ergänzt. Damit werden weitere Strukturelemente und Bedingungen des Vollzugs erschlossen. Die bisher erschlossenen Elemente werden weiter präzisiert.

Damit erweist sich *die Begriffsbildung als offen für weitere Differenzierungen*. Die Systematik ist daher nicht eine abge-

---

[27] Eine ausführliche Darstellung dieser Überlegungen findet sich in *Johannes Herzgsell*, Dynamik des Geistes: ein Beitrag zum anthropologischen Transzendenzbegriff von Karl Rahner, Innsbruck 2000.

schlossene, die einen Begriffsrahmen voraussetzt und innerhalb dessen die Produkte der Klärung bestimmt, sondern eine *offene Systematik*, die vom Weg des Vorgehens bestimmt ist und weiter entfaltet wird. Die weiteren Produkte der Differenzierung sind, weil sie aus Momenten am Vollzug gewonnen wurden, auf diesen rückbezogen. In diesem Sinn liegt eine *konkrete Spekulation* vor, welche die in allgemeinen Begriffen gefassten Strukturen auf den konkret erfahrbaren Vollzug bezieht.[28]

Damit erweist es sich auch als unangemessen, wenn Rahner vorgeworfen wird, dass er nicht von Anfang an die Fülle der Phänomene beachtet. Für ihn ist der *Ausgang* vom Fragen *nicht* eine *Prämisse*, aus der dann alles logisch abgeleitet würde. Das wäre sicher sehr mager. Der Ausgang ist ein *Einstieg* in das Geflecht menschlicher Vollzüge und ihrer Zusammenhänge, der durch Beachten immer weiterer Momente schrittweise weiter geführt wird. Welche Momente besonders beachtet werden, mag auch von der konkreten Problemstellung abhängen.

Reinterpretation klassischer Termini durch Bezug auf menschliche Erfahrung

Die Begriffe nun, in denen diese ontologischen, anthropologischen und theologischen Aspekte gefasst werden, erhalten ihren *Sinn vom Vollzug her*, sie bezeichnen aufgewiesene Möglichkeitsbedingungen von Momenten an diesem. Beeinflusst von der Problemstellung oder bedingt durch systematische Parallelen wurden bei Maréchal und Rahner *traditionelle Termini zur Bezeichnung* dieser Begriffe verwendet. Dadurch erhalten die traditionellen Termini eine Neuinterpretation. Diese kritische Rekonstruktion führt zu einer Bedeutung der Ausdrücke in Zusammenhang mit den zunächst beachteten Momenten am bewussten Denken oder Wollen. Damit wird ein Vorschlag gemacht, *traditionelle Begriffe in einer existentiell bedeutsamen Weise* zu verstehen.

---

[28] *Willibald Sandler*, Bekehrung des Denkens: Karl Rahners Anthropologie und Soteriologie als formal-offenes System in triadischer Perspektive, Frankfurt 1996, geht diesen Strukturelementen des Vorgehens Rahners ausführlich nach. Zusammengefasst in: *Ders.*, „Die Kunst des Fragens. Versuch einer Rekonstruktion von Karl Rahners transzendental-phänomenologischer Methode", in: Karl Rahner in der Diskussion (hg. v. *Roman A. Siebenrock*), Innsbruck 2001, 247–267.

Schon bei Maréchal war die konkrete Ausprägung der transzendentalen Analyse vorwiegend durch den Vergleich von Kant und Thomas bestimmt. Die Sinnbestimmung der Termini erfolgt nicht mehr im Rahmen eines vorausgesetzten überholten Weltbildes, sondern in Bezug auf die Selbsterfahrung des denkenden und handelnden Menschen – der wohl auch für die klassischen Denker zentral war. Das hatte auch Folgen für die Weise, wie Thomas interpretiert wurde, von Maréchal, aber auch von Rahner.

Hinweise auf die *Art der Interpretation*, die sich aber bereits von anderen herleitet, erhalten wir auch daraus, dass im Rückblick K. Rahner[29] seine Kenntnis von Thomas von Aquin als vermittelt durch Maréchal kennzeichnet (51 f.). Es handle sich um eine eigene Weise, Thomas zu interpretieren, auch in einem gewissen Grad umzuorganisieren und weiterzudenken (53). So findet sich bereits in „Geist in Welt" ein „transzendentalistisch infizierter" Thomismus mit stärkerer Hinwendung zu Welt (Geschichte, Freiheit, Mitmensch), wie Rahner dies im Interview mit Jan van den Eijnden 1982 ausdrückte (61). Dieses Verständnis von Thomas findet dann Verwendung für die Theologie (57).

In „Geist in Welt"[30] bekennt Rahner ausdrücklich, dass er sich im Geist seiner Thomasinterpretation Rousselot und Maréchal verpflichtet weiß. Dabei geht es zunächst um die Lehre von Thomas, nicht um die der thomistischen Schule. Die Lehre von Thomas wird allerdings nicht um historischer Erforschung willen gesucht, sondern gegenwärtiger Fragen wegen, philosophisch, „im Blick auf die Sache". K. Rahner will nicht bloß „erzählen", was Thomas gesagt hat, sondern das philosophische Geschehen bei Thomas nachvollziehen[31].

Dazu bedarf es aber eines Entfaltens der historisch greifbaren Fragmente[32] mit dem systematischem Interesse, das die Fragen an Thomas leitet und das bestimmt ist von den Anliegen gegenwärtiger Philosophie. So ist der Geist der Thomasinterpretation Rahners u. a. dadurch gekennzeichnet, dass er mit Maréchal eine,wie ich sie nennen möchte, *kritisch positive Interpretation* auf

---

29 „Zur Rezeption des Thomas von Aquin: K. Rahner im Gespräch mit Jan van den Eijnden, Innsbruck 1982", in: Glaube in winterlicher Zeit, hg. v. *Paul Imhof u. Hubert Biallowons*, Düsseldorf 1986, 49–71. Seitenangaben in diesem Absatz beziehen sich darauf.

30 GiW V; XI–XIII; vgl. ²9; 11–14 = SW 2 (1996) 5 f.; 12–14.

31 HdW 44; ²49 = SW 4 (1997) 52/53.

32 GiW XI; ²11 f. = SW 2 (1996) 12; HdW 44; ²49 = SW 4 (1997) 52/53.

dem Boden einer weitergeführten transzendentalen Methode unternimmt, eine Interpretation mit systematischer Absicht, unter Verwendung einer im Sinne Maréchals *weitergeführten transzendentalen Analyse* als Interpretationssprache. Das wurde z. B. von Thomas Sheehan[33] wohl mit Recht verglichen mit Heideggers Kantinterpretation, mit seiner Auffassung von Interpretation des Denkens von Kant als „Wiederholung".

Der *Wert der Neuinterpretation herkömmlicher Termini* kann auch darin gesehen werden, dass manche neuscholastische Interpretation dieser Termini weniger von den zentralen Einsichten eines Thomas bestimmt war als von zeitgenössisch bedingten Assoziationen. Dadurch wurden sie nicht mehr als hilfreich für die Klärung jener Probleme gesehen, die ursprünglich zu ihrer Prägung geführt haben. Das einzumahnen dürfte auch der berechtigte Kern des Anliegens eines Vorwurfs der Seinsvergessenheit gegenüber manchem metaphysischem Leerlauf sein.

Hier wird verständlich, wie K. Rahner die *Bedeutung der kritischen Aufnahme und Weiterführung der transzendentalen Methode* sieht, nämlich als die

> Rezeption eines Gedankens, die das aufnehmende System so verwandelt, dass es ein neues und anderes wird. Die *Rezeption der transzendentalen Methode* bedeutet das Ende der „Neuscholastik" im historischen Sinn des Wortes. Nicht als ob durch diese Rezeption die Substanz des Erbes der traditionellen Philosophie des Mittelalters (vor allem Thomas von Aquin) als falsch oder unrichtig verworfen würde. Davon kann natürlich aus den verschiedensten Gründen keine Rede sein. Aber diese transzendentale Wende bedeutet doch nicht bloß die Aufnahme eines neuen einzelnen Lehrstückes in ein sonst gleich bleibendes „System", sondern eine Neukonzeption des Ganzen des „Systems". Und in diesem Sinn kann man ruhig von einem Ende der Neuscholastik sprechen, so wie sie sich seit dem Ende des 19. Jahrhunderts verstanden hat. Durch diese „Kehre" hat die christliche Philosophie als erste kirchliche Disziplin jene größere notwendige Dialogfähigkeit gewonnen, die das 2. Vatikanum der Kirche als ganzer in allen Bereichen der „Welt" gegenüber zur Aufgabe und Pflicht gemacht hat.[34]

---

[33] *Thomas Sheehan* (s. Anm. 12), 21–43, 27–29.

[34] *Karl Rahner* in der Vorrede zur englischen Ausgabe von: *Otto Muck*, Transcendental Method, New York 1968 (zitiert nach dem deutschen Originaltext, Rahner-Archiv Innsbruck).

Geist in Welt: einige Anmerkungen zur Interpretation

Albert Raffelt, Freiburg i. Br.

1. Die Absicht von „Geist in Welt"

Karl Rahner ist uns geschichtlich heute noch so nahe, dass Versuche voreilig zu sein scheinen, ihn anders oder gar besser verstehen zu wollen, als er sich selbst verstand. Vielmehr scheint es angebracht, zunächst zu erheben, wie er sich selbst und sein Werk verstanden hat. Bei *Geist in Welt* können wir Rahners Absicht von ihm selbst formuliert erfahren. In einer Art Werbetext zu dem Buch hat Rahner versucht, den Stand des katholischen philosophischen Denkens darzustellen. Er skizziert dazu folgende Phasen: die erste einer Wiedergewinnung des scholastischen Denkens durch wiederholende Darstellung von Joseph Kleutgen bis Joseph Gredt, die zweite der historisch vertieften Kenntnisnahme der Scholastik von Heinrich Denifle bis Martin Grabmann und Franz Pelster, schließlich die entscheidende dritte des lebendigen Gesprächs mit der modernen Philosophie. Rahner präzisiert diese Aufgabe folgendermaßen:

> die eigene Philosophie so zu verstehen, daß man von ihr selbst aus und aus ihrer eigenen Dynamik ein inneres Verständnis für die moderne Philosophie gewinnt, und diese nicht erst nachträglich von außen in einer Auseinandersetzung an das eigene Erbgut herangetragen werden muß.[1]

Rahner skizziert zunächst ungenügende Versuche katholischen Denkens, – erstens diejenigen, die aus dem Denkhorizont der Moderne ohne Rücksicht auf die Scholastik die Aufgabe lösen wollten (Anton Günther, Martin Deutinger, Georg Hermes, Bernard Bolzano); die genannten Unternehmungen werden als „mißglückte Versuche" etikettiert[2] (der „mittlere [Max] Scheler" wird noch genannt, wobei nicht ganz klar wird, ob auch ihm die-

---

[1] Vgl.: Begleittext zu „Geist in Welt"; in: SW 2 (1996) 430–437, 433 (SW = *Karl Rahner*, Sämtliche Werke, Freiburg 1995 ff.).

[2] Es ist interessant, dass Maurice Blondel hier nicht genannt wird, obwohl die Unbezüglichkeit zur Scholastik für ihn auch gilt.

se Etikettierung gilt); eine zweite Denkergruppe, die die Scholastik zwar kennt, aber ihre eigene Philosophie dagegen relativ frei entwickelt, wird positiv gesehen, löst aber das Problem nicht, wie die *Schulphilosophie* weiterentwickelt werden kann. Sie lassen sich von dieser nicht „verdauen". Erich Przywara und Peter Wust werden genannt. Eine eklektische Neuscholastik mit ungenügendem metaphysischen Tiefgang – Joseph Geyser wird genannt – kann das Problem ebenso wenig lösen wie die vierte Gruppe, die sich rein abwehrend verhält.

Unter der Voraussetzung der Notwendigkeit eines katholischen Denkens *schul*mäßiger Prägung – man kann übersetzen: in der faktischen Situation, in der der Thomismus normativ vorgeschrieben war – ist das Problem nur so zu lösen, dass die großen Scholastiker – also vor allem Thomas von Aquin – so dargestellt werden, „daß der mit der modernen Philosophie vertraute Leser sofort merkt, daß hier ein Philosoph in seiner Sprache die gleichen Probleme denkt, die auch einen Kant oder Hegel beschäftigt haben" (SW 2 [1996] 435). Eine solche Umsetzung der Fragestellung – nicht der Ergebnisse – in einen zeitgenössischen Problemhorizont hält Rahner für wesentlich und dazu will er einen Beitrag leisten. Weggefährten werden hier nicht genannt. Man wird aber sicher Pierre Rousselot und Joseph Maréchal als solche nennen dürfen und natürlich das Bemühen der Freiburger Studienkollegen hinzuzählen: Johann Baptist Lotz, Max Müller, Gustav Siewerth – erst später reiht sich ja auch Bernhard Welte hier ein.

Mir scheint wichtig, dass die Intention aus einer *faktischen kirchlichen Notwendigkeit* herkommt. Rahner stellt sich der Vorgabe eines normativen Thomismus, sogar mit einem gewissen „Triumphalismus": „Der Verfasser ist Thomist, sogar im Sinn der ‚24 Thesen'" (SW 2 [1996] 436). Dem Bekenntnis, das „Endergebnis" von Kant, Hegel, Heidegger ebenso entschieden wie nur irgendein anderer Scholastiker abzulehnen, folgt der Satz: „er freut sich aber doch, bei diesen großen Philosophen wenigstens die gleichen Fragen zu finden, die auch sein Herz und seinen Geist bewegen" (SW 2 [1996] 437). Dies ist die andere Seite des Problems – neben der kirchlichen Notwendigkeit des thomistischen Standpunkts –, nämlich das Vertrauen in die Wahrheit einer *philosophia perennis*, die bei jedem großen Denker zu finden sein muss. Diese ermöglicht ein denkendes Gespräch zwischen den maßgeblichen Positionen. Als Muster eines solchen Gesprächs könnte man auch gleich Heideggers Interpretationsarbeit heranziehen, die ja keineswegs philologisch – und deshalb auch vielgescholten – war, aber gerade darin doch die großen philosophischen Traditionen (vgl. etwa Plato, Aristoteles, Augustinus, Thomas, Suárez, Descartes usw. in *Die Grundbegriffe der Metaphysik*[3]) in ein Sachgespräch gebracht hat[4] – wenn man Heidegger hier einen Einfluss zubilligt.

„Die Arbeit will fachphilosophisch sein" (SW 2 [1996] 436), betont Rahner dabei ausdrücklich. Auf die tatsächlich geführte Diskussion, ob und wie es sich bei *Geist in Welt* um Philosophie handle, möchte ich hier nicht im einzelnen eingehen. Wer es bestreitet, hat zumindest Rahner gegen sich. Sachlich gesehen sehe ich aber auch keinen Grund zu einer solchen Bestreitung: Die Tatsache, dass die Philosophie des Thomas nur aus seiner Theologie zu erheben ist, formuliert Rahner seinerseits. Sie ändert nichts daran, dass eben die *Philosophie* des Thomas erhoben wird. Die möglichen spirituellen Quellen für die Philosophie Rahners ändern nichts daran, dass sie Anstöße für eine *Philosophie,* nicht materiale Gehalte einer bloßen Weltanschauung sind. Und die theologische Intention Rahners – bei einem Jesuiten ja nicht ungewöhnlich –, die insbesondere am Schluss der Arbeit deutlich formuliert wird, ändert nichts daran, dass sie philosophisch ausgearbeitet wird. Und im übrigen: Welcher große Philosoph von Plato bis Heidegger oder Wittgenstein hatte denn keine theologische Intention?

2. Die Voraussetzung von Rahners Thomasinterpretation – Rousselot und Maréchal

Rahner kommt erst als Dreißigjähriger nach Freiburg zum Promotionsstudium. *Geist in Welt* ist daher kein Jugendwerk, sondern wird von einem bereits durch eine gründliche Ausbildung geformten Denker in Angriff genommen. Auch für seine Thomas-Interpretation setzt Rahner nicht neu an. Bekannt ist, dass sie von Joseph Maréchal geprägt ist, dessen Cahier V *Le thomisme devant la philosophie critique* aus seinem großen Werk *Le*

[3] *M. Heidegger*, Gesamtausgabe. II. Abtlg., Bd. 29/30, Frankfurt ²1992.

[4] Nur nebenbei sei darauf hingewiesen, dass das Verhältnis Rahners zur Schul*theologie* im Prinzip auch nicht anders war. Sie wurde in ihren eigenen Möglichkeiten durchdacht und in Bezug gesetzt zu den Fragen der Gegenwart. Auch hier könnte man die entsprechenden Lösungsversuche eines Neuansatzes durchgehen, bis hin zu Hans Urs von Balthasars Ansiedlung außerhalb der Schultheologie. Aber dies ist nicht unser Thema.

point de départ de la métaphysique Rahner schon 1927 in seinem wesentlichen Argumentationsgang zusammengefasst und in seiner Freiburger Studienzeit auch nachweislich weiter benutzt hat[5]. Daneben beruft sich Rahner in seiner Arbeit auf Pierre Rousselot: „Wenn Pierre Rousselot und Joseph Maréchal vor allem angeführt werden, so soll damit zum Ausdruck gebracht sein, daß diese Arbeit sich dem Geist ihrer Thomasinterpretation vorzüglich verpflichtet fühlt"[6].

Dem Einfluss Maréchals ist man bislang wesentlich intensiver nachgegangen als dem Rousselots[7], was wohl auch durch Rahners spätere Selbstaussagen begründet ist. Wegen der Thematik dieser Tagung kann ich das Thema hier auch auslassen, da es schon von kundigerer Seite behandelt ist. Der wesentliche Punkt dieser Zusammenfassung Maréchals von 1927 – die metaphysische Reichweite der Vernunft – ist für Rahner ein bleibendes Ergebnis. Der Maréchal-Aufsatz sucht eine transzendentale Deduktion der Seins-Affirmation durchzuführen und erkennt auch die Analogie zu Fichte (was Rahner gegenüber Hans Urs von Balthasars Paralellisierung seines eigenen Ansatzes zu diesem später als ‚meta-literarischen' Einfluss kommentiert[8]), – von Maréchal aus gesehen wird man auch an Blondel denken dürfen.

Gegenüber Maréchal wurde Rousselots Bedeutung für Rahners Thomas-Interpretation bislang vielleicht doch zu wenig gewürdigt. Mir scheint, dass Rousselot eigentlich den ontologischen Rahmen eröffnet, wie er bei Rahner im 1. Kapitel des zweiten Teils von *Geist in Welt* eher thetisch vorausgesetzt als entwickelt wird[9]. Im Gegensatz zu Rahners Maréchal-Text, der

[5] Vgl. „Grundlagen einer Erkenntnistheorie bei Joseph Maréchal"; in: SW 2 (1996) 373–406. Max Müller hat gelegentlich berichtet, dass der Maréchal-Text in Freiburg präsent war.

[6] Geist in Welt (=GiW), Innsbruck 1939, V (2. Aufl. München 1957 [= ²], 9) = SW 2 (1996) 5 (auch ²6).

[7] Vgl. etwa *Peter Eicher*, Die anthropologische Wende: Karl Rahners philosophischer Weg vom Wesen des Menschen zur personalen Existenz. Freiburg/Schweiz 1970, 72 und Reg. – Wenngleich *Vincent Berning*, Martin Honecker, Weilheim-Bierbronnen 2003, Rousselot nennt, so übersieht er doch an der entscheidenden Stelle dessen Einfluss (438) zugunsten Hegels, was besser in das „Schema" passt. Im Grunde ist das Buch eine „Denunziation" Rahners.

[8] „Nachdem ‚Geist in Welt' erschienen war, schrieb Hans Urs von Balthasar in einer Rezension, ich sei von Fichte inspiriert, obwohl ich nie eine Zeile von ihm gelesen habe." *Karl Rahner*, Glaube in winterlicher Zeit, Düsseldorf 1986, 65.

[9] Dass *Rahner* GiW 42, Anm. 17 (²82) = SW 2 (1996) 62, auch einen inkorrekten Beleg von *Rousselot* übernimmt, beweist dies indirekt.

erkenntnistheoretisch angelegt ist und erst am Schluss auf die erkenntnismetaphysischen Konsequenzen ausgeht, setzt Rahner in seiner erkenntnismetaphysischen Interpretation in *Geist in Welt* nach den Überlegungen zur Seinsfrage mit einem Begriff von Erkennen ein, der dieses nicht als eine nachträgliche, zufällige Beziehung, ein Stoßen auf etwas fasst, sondern als eine ursprüngliche Einheit von Sein und Erkennen, „Erkennen als Beisichsein des Seins", als „Subjektivität", in seiner Seinsmächtigkeit bestimmt durch den Grad des Beisichseins, durch die „reditio super seipsum"[10]. Der „Sinn des Seins" ist Beisichsein[11]. – Dass Rousselot hier zitiert wird und seine Belege benutzt werden, scheint mir nicht zufällig.

Rousselot hat in seinem *Intellectualisme de saint Thomas* die bei Rahner thetisch gesetzten Aussagen im ersten Kapitel *L'intellection en soi* breiter entfaltet. Das Buch beginnt ja mit der Erläuterung, er verstehe unter *Intellektualismus* eine Lehre, die den ganzen Wert, die ganze Intensität des Lebens, ja selbst das Wesen des Guten – identisch mit dem Sein – in den Akt des Geistes verlegt, während alles Übrige nur durch Partizipation gut sein kann[12]. Ein Hauptbezugstext bei Thomas ist *Summa contra Gentiles* IV, 11: *Est igitur supremus et perfectus gradus vitae qui est secundum intellectum: nam intellectus in seipsum reflectitur, et seipsum intelligere potest [Also ist der höchste und vollkommene Lebensgrad jener, welcher dem Verstand entspricht. Der Verstand nämlich wendet sich auf sich selbst und vermag sich selbst zu verstehen]*[13]. Die Entfaltung bei Rousselot können wir hier nicht verfolgen (der Intellekt ist die Fähigkeit des *Anderen* wie die des *Seins* – er ist nicht univok, *sondern gestuft* – höchste *Intensität* und *Immanenz* fallen zusammen – Immanenz und Ergreifen des Anderen wachsen *parallel* – Erkennen und Sein fallen bei *Gott* ineins ...).

Für den Augenblick mag es nur wichtig sein, dass Rahner am Beginn seiner Arbeit hier anknüpft. Die Unterschiede im Weiteren fallen schnell ins Auge. Rousselots „Intellektualismus" ist

---

[10] GiW 42; ²82 = SW 2 (1996) 62.

[11] GiW 49; ²93 = SW 2 (1996) 70.

[12] „J'entends ici par intellectualisme une doctrine qui met toute la valeur, toute l'intensité de la vie, et l'essence même du bien, identique à l'être, dans l'acte d'intelligence, le reste ne pouvant être bon que par participation." *Pierre Rousselot*, L'intellectualisme de saint Thomas, Paris 1908, XI.

[13] *Thomas von Aquin*, Summe gegen die Heiden, Bd. 4, Darmstadt 1996, 84/85.

eine Philosophie der Engel. Um dem Menschen gerecht zu werden, benötigt er ein eigenes Kapitel *L'intelligence et l'action humaine.* Rahner sucht dagegen von Anfang an einen auf die Sinnlichkeit angewiesenen, einen inkarnierten Intellekt zu denken. Aber die formalen Bestimmungen nimmt er aus den gleichen Thomasstellen.

3. Das Gespräch mit Heidegger

Das Verhältnis Rahners bzw. von „Geist in Welt" zu Heidegger ist umstritten[14]. Einerseits wird gelegentlich mit etwas zu viel Selbstverständlichkeit von Erich Przywaras Epitheton der katholischen Heideggerschule an bis ins jüngste Heidegger-Handbuch[15] eine Abhängigkeit gesehen, ohne dass diese genügend konkret bestimmt wäre; andere wollen aus denunziatorischen Absichten Rahner möglichst nahe an Heidegger heranrücken – der dort natürlich als besonders verderblich angesehen wird[16] –; anderseits versucht man wiederum aus unterschiedlichen Gründen Rahner möglichst weit von Heidegger wegzurücken[17]. Vielleicht sollte man an Heideggers Aussage denken: „‚Abhängigkeit' ist kein möglicher Begriff, um das Verhältnis der Großen untereinander zu fassen"[18].

Auch mit Rahners Selbstaussagen zu dem Verhältnis wird dabei unterschiedlich umgegangen. Selbst wenn man generell den späten Deutungen reserviert hinsichtlich ihres historischen Gehalts gegenüberstehen mag[19], muss man immerhin die außerordentlich emphatische Selbstaussage Rahners zur Kenntnis nehmen, „daß er zwar viele gute Schulmeister des mündlichen Wor-

[14] Vgl. auch *Otto Muck*, „Heidegger und Karl Rahner"; in: Zeitschrift für katholische Theologie 116 (1994) 257–269.

[15] *Matthias Jung*, „Heidegger und die Theologie"; in: Heidegger-Handbuch, hg. v. *Dieter Thomä*, Stuttgart 2003, 474–481, 479.

[16] Vgl. etwa das genannte Buch von *Vincent Berning* (s. Anm.7).

[17] Eine Variante der ersten Haltung wäre noch, Rahner gewissermaßen für Heidegger mithaftbar zu machen.

[18] *Martin Heidegger*, Nietzsche, Bd. 1, Pfullingen 1961, 45.

[19] Das betrifft auch das Verhältnis zu anderen Denkern, etwa Rahners Selbstaussagen zu Blondel, vgl. *Albert Raffelt*, „Rahner und Blondel", in: Was den Glauben in Bewegung bringt. Fundamentaltheologie in der Spur Jesu Christi (Festschrift für K. H. Neufeld), hg. von *Andreas R. Batlogg, Mariano Delgado, Roman A. Siebenrock*, Freiburg 2004, 17–33.

tes hatte, aber doch nur einen, den er als seinen Lehrer verehren kann, eben Martin Heidegger“[20].

Der gerade Weg ist aber immer noch die Analyse der entsprechenden Materialien, die zumeist ja in SW 2 (1996) ediert sind. Sie zeigen zum einen ein intensives Heidegger-Studium. Rahners Aufzeichnungen haben es sogar noch ermöglicht, einen Text zu identifizieren, der auch den akribischen Recherchen Hugo Otts entgangen war[21]; Rahners Heidegger-Aufsatz zeigt darüber hinaus, dass er auch Kenntnis von Vorlesungsnachschriften gehabt hat, die von früheren Freiburger Vorlesungen vorhanden waren[22]. Schließlich ist deutlich, dass Rahners Sprache in *Geist in Welt* sich deutlich unterscheidet von den früheren Texten, auch von den zweifellos für seine philosophische Entwicklung bedeutsamen *Grundlagen einer Erkenntnistheorie bei Joseph Maréchal*[23]. Selbst wenn man hier Rahners Philosophie schon weitgehend grundgelegt sieht[24], ist dies doch frappierend[25]. Mit der Sprache stellt sich Rahner aber auch einem Gespräch. Er hat das selbst in der Einleitung angedeutet, indem er schreibt, dass seine Fragestellung von der Problematik der *heutigen* Philosophie bestimmt ist und verweist ausdrücklich auf die „neuen Formulierungen, die eben von den neuen Fragestellungen bedingt sind“[26]. Wenn schließlich noch erwähnt wird, dass eine „ausdrückliche“ Konfrontation mit der modernen Philosophie von Kant bis Heidegger nicht geleistet werden konnte und dem Leser mit auf den Weg gegeben wird „Wer die neuere Philosophie kennt, wird hoffentlich auch so diese Berührungspunkte herausmerken“[27], dann ist wohl Anlass genug gegeben, sich selbst zu fragen, ob man dazu imstande ist.

Dass Heidegger dabei eine Sonderstellung hat, wird auch aus Rahners Skizzen zu eigenen Vorträgen deutlich, die in SW 2

---

[20] „Über Martin Heidegger“; in: Martin Heidegger im Gespräch, hg. v. *Richard Wisser*, Freiburg / München 1970, 48–50, 48.

[21] Vgl. dazu SW 2 (1996) XXIX.

[22] Vgl. den editorischen Hinweis SW 2 (1996) 473 f.

[23] Vgl. SW 2 (1996) 373–406.

[24] Vgl. z. B. *Roman A. Siebenrock*, in: *Andreas R. Batlogg u. a.*, Der Denkweg Karl Rahners, Mainz 2003, 55 ff.

[25] Dass Rahner auch andere Einflüsse aufgenommen hat – *Karl Heinz Neufeld*, Die Brüder Rahner, Freiburg 1994, 115 verweist auf Peter Lippert und Erich Przywara – sei unbestritten. Aber das eigentümliche Vokabular von „Geist in Welt“ ähnelt nicht diesen Autoren.

[26] GiW XIII, ^{2}14 = SW 2 (1996) 14.

[27] ebd.

(1996) abgedruckt sind[28]. Als weitere gegenwärtige Philosophen kommen in diesen Materialien, die wohl aus der Studienzeit oder deren unmittelbarer Folge stammen, noch Karl Jaspers[29], Ludwig Klages, Hans Heyse[30] und Nicolai Hartmann[31] vor; Max Scheler ist nicht mit edierbaren Texten Rahners vertreten, aber gehört in dieser Zeit selbstverständlich zu den Autoren, die von Rahner wahrgenommen wurden. Bereits Heinrich Fries[32] hatte das Rahnersche Unternehmen in *Hörer des Wortes* in die Nähe Schelers gerückt[33]. Mir scheint der Einfluss allerdings doch eher peripher[34]. Dass Rahner zudem die Gesamtbreite der zeitgenössischen kontinentalen Philosophie bewusst war – vom Marburger und badischen Neukatianismus bis zum Wiener Kreis und der Logistik –, zeigen andere Aufzeichnungen[36].

In *Geist in Welt* wird man aber den Einfluss der übrigen genannten Philosophen m. E. kaum finden. Welche Bedeutung dagegen Heidegger hatte, wird man bei einem Durchgang durch die Arbeit selbst ermitteln können. Sein Name kommt allerdings nur dort vor[37], wo Rahner sagt, dass eine ausdrückliche Konfrontation mit der modernen Philosophie von Kant bis Heidegger in dem Werk nicht geleistet werden konnte. Aber schon Hans Urs von Balthasars frühe Bemerkung dazu sollte hellhörig machen, nämlich „während Maréchal die ‚Transposition‘ Thomas – Kant versucht“ habe, stelle „Rahner diejenige von Hegel und Heidegger auf die thomistische Basis“[38].

---

[28] SW 2 (1996) 438 f.

[29] Zu ihm ein Exzerpt in SW 2 (1996) 461 f.; vgl. auch 451.

[30] Zu dem Göttinger Philosophen, der mit den Nationalsozialisten kooperierte, auch das Exzerpt SW 2 (1996) 462 und 452.

[31] Nach Auskunft von J. B. Lotz sollte sein und Rahners Philosophiestudium bei Hartmann fortgesetzt werden, worauf Heideggers wegen verzichtet wurde.

[32] Vgl. *Heinrich Fries*, Die katholische Religionsphilosophie der Gegenwart, Heidelberg 1949, 253–260.

[33] Argumente dafür sucht auch *Theo Kobusch*, „Phänomenologie und Fundamentaltheologie: Zum Einfluss Schelers auf Rahners Frühwerk“, in: Kirche sein: nachkonziliare Theologie im Dienst der Kirchenreform; für Hermann Josef Pottmeyer, hg. v. *Wilhelm Geerlings u. a.*, Freiburg 1994, 111–116.

[34] *Vincent Bernings* Hinweis, a. a. O. (s. Anm. 7), 400 z. B. ist m. E. nicht überzeugend. Das Gespräch mit Heidegger genügt völlig als „Rahmen“ für die zitierte Stelle.

[36] SW 2 [1996] 442.

[37] GiW XIII, ²14 = SW 2 (1996) 14.

[38] Stimmen der Zeit 136 (1939) 133 f., 133. Vgl. seine umfangreichere Rezension in der Zeitschrift für katholische Theologie 63 (1939) 371–379, 372.

4. *Der Ausgangspunkt: Die metaphysische Frage*[39]

Geist in Welt will zunächst als eine Thomas-Interpretation verstanden werden. Im Grunde geht es um das Verständnis eines relativ kurzen Textes aus der *Summa theologiae:* Utrum intellectus possit actu intelligere per species intelligibiles quas penes se habet, non convertendo se ad phantasmata (Kann der Intellekt wirklich etwas erkennen durch die Vernunftbilder, die er bei sich hat, ohne sich den Sinnesbildern zuzukehren? S. th. I, q. 84, a. 7).

Das eigentliche systematische Interesse und der Denkhorizont der Arbeit zeigen sich mit Beginn des zweiten Teils. Diese Perspektive ist allerdings im Text der zweiten Auflage von *Geist in Welt* (1957) überlagert. Denn J. B. Metz – dem, wie Rahner im Vorwort bemerkt, diese Neuauflage alles verdankt, was sie von der ersten unterscheidet[40] – hat gerade zu Beginn des zweiten Teils Korrekturen vorgenommen, die eine andere systematische Richtung nahelegen könnten. Der einleitende Abschnitt „Der Ausgangspunkt“ erhält den Zusatz „die metaphysische Frage“ und beginnt nun mit einem Passus, in dem – ähnlich wie in der „Metaphysik“ von Emerich Coreth[41] – eine retorsive Absicherung der „Frage überhaupt“ als unhintergehbarer Ausgangspunkt der Philosophie vorgenommen wird[42].

Wie auch noch in der ersten Auflage von *Hörer des Wortes* (1941; = HdW) erkennbar, geht es Rahner an diesem Punkt aber nicht um die Fixierung eines unhinterfragbaren Anfangs (bei Maréchal, Lotz u. a. „des Urteils“, hier also „der Frage“ an sich), sondern um die Frage *nach dem Sein des Seienden*[43]. Dementsprechend beginnt der ursprüngliche Text: „Jede Frage hat ein Woher ihres Beginnens. Also auch die metaphysische Frage. Aber damit sind wir schon mitten in der Fraglichkeit der metaphysischen Frage. Denn von woher sollte solches Fragen seinen Gang antreten? Die metaphysische Frage geht doch nicht auf Dieses oder Jenes, sondern auf alles zumal, auf das Sein im Gan-

[39] Im folgenden übernehme ich verändert einige Ausführungen aus: *Albert Raffelt / Hansjürgen Verweyen*, Karl Rahner, München 1997, 34 ff.

[40] GiW ²9 f. = SW 2 (1996) 6 f.

[41] Innsbruck 1961, 82 ff.

[42] GiW ²71 f. = SW 2 (1996) 54.

[43] 1. Aufl. München 1941, 48; anders 2. Aufl. München 1963 (= ²), 53 und 51, Anm. 2 = SW 4 (1997) 56 bzw. 57 mit Anm. 25. Es ist eine interessante Frage, inwieweit Metz' spätere Kritik der Rahnerschen Transzendentalphilosophie von seiner eigenen Interpretation derselben geprägt ist!

zen. Kann solches Fragen noch beginnen, da es nicht hat, von wo es ausgehen könnte?"[44].

Rahner kannte Heideggers Freiburger Antrittsvorlesung „Was ist Metaphysik?"genau. Er hat sie in extenso studiert und exzerpiert (SW 2 [1996] 455–460). Er nennt sie „eine kurze Vorlesung, die – gründlich analysiert – eine sehr gute Einführung in seine Philosophie darstellte. Sie enthält sie im Keim in einer grandiosen Einfachheit wirklich vollständig" (SW 2 [1996] 321). Dieser Text bildet offensichtlich einen möglichen Hintergrund für den Einstieg in seine Thomasinterpretation. Man könnte andere Texte Heideggers hinzunehmen, vor allem die Freiburger Vorlesung *Grundbegriffe der Metaphysik* (1929/30)[45], die Rahner zwar nicht gehört, aber ziemlich sicher gelesen hat[46].

Dass diese Perspektive hinsichtlich Thomas nicht willkürlich gewählt ist, betont Rahner sogleich im nächsten Absatz: „Oder hat Thomas vielleicht nicht so zu fragen gewagt? Doch. Metaphysik handelt nach Thomas de ente in communi, zur Metaphysik gehört die universalis dubitatio de veritate so notwendig, wie die universalis consideratio de veritate (In III. Metaph. lect. 1, n. 343)" (SW 2 [1996] 468).

Zum Verständnis der nächsten Abschnitte ist wiederum Heideggers „Was ist Metaphysik?" wichtig, wo die Frage nach dem *Sein* der nach dem *Nichts* gleichgestellt wird[47].

> Aber dieses Fragen nach allem zumal [...] ist nicht ein leeres Sichherumtreiben, ein Suchen nach allem und jedem und so nach nichts. Es fragt nach einem sehr Bestimmten, eben nach der Frage nach dem Sein im Ganzen selbst als dem Müssen des Menschen, das er selber ist [...] Wenn der Mensch nach allem zu fragen wagt, geht er von „nichts" aus. Und doch kann dieses „„nichts" nicht eine Leere sein, die der Mensch nach Laune und Willkür füllen, von der aus er hinschweifen könnte, wohin es ihm beliebte. Denn es ist ihm aufgegeben, nach dem Sein im Ganzen zu fragen[48].

---

[44] SW 2 (1996) 55 und 468; der ganze erste Abschnitt der 2. Aufl. ist vorgeschaltet.

[45] Jetzt in *Martin Heidegger*, Gesamtausgabe, II. Abtlg., Bd. 29/30. Die Frage, woher und wie umfassend er Kenntnis von dieser Vorlesung hatte, wird sich nicht ganz klar entscheiden lassen. Dem Herausgeber der Heidegger-Gesamtausgabe stand u. a. auch eine nach einem Stenogramm maschinenschriftlich ausgearbeitete Abschrift der Vorlesung von Simon Moser zur Verfügung, vgl. a. a. O., 538.

[46] Er zitiert aus ihr in seinem Heidegger-Aufsatz, vgl. SW 2 (1996) 322 f.

[47] vgl. *Martin Heidegger*, Gesamtausgabe 9, 120.

[48] GiW 33 f.; ^{2}75 verändert = SW 2 (1996) 468^{d} und 57.

Nicht nur die Thematisierung des „Nichts" bei Heidegger steht im Hintergrund dieses Fragens (als „Negativfolie", der gegenüber Rahner sich abgrenzen zu müssen meint). Vor allem die positive Richtung ist von Heidegger vorgezeichnet: Wenn der Mensch das

> nichtige Woher seines Fragens bestimmen [könnte], wäre er schon so beim Sein im Ganzen, daß er seiner mächtig wäre und nicht mehr zu fragen hätte. Welches ist daher das Seiende, bei dem immer schon notwendig seiend der Mensch vor das Sein im Ganzen gerufen ist? Die Dinge der Welt, er selbst mit seiner Leiblichkeit mit allem, was zum Raum und der Umwelt dieses leiblichen Lebens gehört. [...] der Mensch ist vor dem Sein im Ganzen, insofern er sich in der Welt vorfindet[49].

Die „Dinge der Welt" – in ihrer Nichtigkeit und doch zugleich in ihrer Verheißung von Sein –: dies ist der Horizont, in dem sich der Mensch notwendig bewegt und der das Woher und Wohin seines Fragens bestimmt.

So sehr Rahner durch ständige Textverweise seine Ausführungen am Werk des Aquinaten verifiziert: schon die terminologischen Besonderheiten zeigen, dass der Rahmen des Fragens, in dem diese Interpretation zu stehen kommt, Heidegger entlehnt ist. In den früheren philosophischen Texten Rahners wurde der Welt-Begriff nie in diesem Sinn verwendet – ganz abgesehen von der Gewaltsamkeit der Bindestrich-Kombinationen, wie sie von Heideggers „Schon-sein-bei-der-Welt" oder „In-der-Welt-sein" bekannt sind. Thomas wird hier in eine moderne Denkbewegung hineingenommen. Allerdings in eine *selbständige* Denkbewegung Rahners, die sich zwar der Sprachwelt Heideggers bedient, aber keineswegs dessen Intentionen zu verfolgen sucht und auch keinesfalls bei sprachlicher Übereinstimmung sachlich identisch bleibt.

In den folgenden Schritten geht es um die Klärung des Ausgangspunkts beim Fragenden. Die „sinnliche Erkenntnis" ist – anders als beim Tier – beim Menschen Teil einer umgreifenden einheitlichen Erkenntnis. Es geht gerade darum, diese Einheit des „animal rationale", des „vernünftigen Lebewesens" zu begreifen. „Es lassen sich nicht Aussagen über die Sinnlichkeit machen, die deren Wesen ganz erfassen, ohne daß man schon das Wesen des Denkens mitausspricht"[50].

[49] GiW 37; ²75 f. = SW 2 (1996) 57.
[50] GiW 40; ²80 = SW 2 (1996) 61, vgl. auch die folgenden Seiten.

Der entscheidende Punkt dabei ist die Einheit von Erkennen und Erkanntem. Das „In-der-Welt-sein" ist ein Sein des Menschen beim Ganzen im Sein beim einzelnen Seienden. Hier wird nun Heideggersche Phänomenologie in den Dienst der von Rousselot und Maréchal gewonnenen Thomasinterpretation gestellt. Erkennen ist kein Stoßen auf etwas. Die Einheit von Sein und Erkennen ist ursprünglicher: *Quidquid enim esse potest, intelligi potest;* Was sein kann, kann auch erkannt werden (S.c.g. II, 98). Dieses Thomaszitat dient als wichtige Brücke zur Versöhnung von scholastischem und transzendentalem Denken: „Sein und Erkennen ist dasselbe", „Erkennen ist Beisichsein des Seins, und dieses Beisichsein ist das Sein des Seienden"[51].

Auf den Rousselot-Bezug wurde oben schon hingewiesen. Damit ist allerdings der systematische Ort dieser Aussagen noch nicht bestimmt. Die Interpreten tun sich hier schwer[52]. Wenn Kreutzer mit Eicher die Identifizierung als „in transzendentaler Deduktion aus dem aktuellen Erkenntnisvollzug gewonnene Schlußfolgerungen"[53] anspricht (so zu den parallelen Ausführungen in *Hörer des Wortes),* wird er die Intention Rahners treffen. Faktisch steht aber doch ein ontologisches Partizipationsdenken hinter den Ausführungen, wie auch Kreutzer bemerkt.

Von diesen Grundaussagen über Erkennen und Erkanntes muss der Begriff des Anschauungsbildes (species) wie der Materie entwickelt werden. Die angesprochene Einheit ist aber aus der *Fraglichkeit* gewonnen und hebt diese nicht auf. Im Fragen ist der Fragende zwar beim Sein im Ganzen, aber nicht besitzend. Seine „Seinsmächtigkeit" ist endlich, das Sein nicht im Begriff „fixierbar". Daher gibt es eine Stufung des Beisichseins, der Seinsmächtigkeit des Geistes.

Aus dieser Einsicht lässt sich zunächst der Begriff der „materia prima", der reinen Materialität entwickeln, in der Sein *nicht* bei sich ist. Sie gibt nur das unbestimmte Worin von Sein her, in dem ein Beisichsein im *anderen* bei *sich* sein kann. Hier aber liegt das eigentliche Problem der Erkenntnis. Die Grundfrage der Erkenntnismetaphysik ist ja kein „Brückenproblem" („Wie ge-

---

[51] GiW 41 f.; ²82 = SW 2 (1996) 62.

[52] Vgl. die Deutung und Zusammenfassungen bei *Karsten Kreutzer*, Transzendentales versus hermeneutisches Denken, Regensburg 2002, 177 ff.

[53] A. a. O. (s. Anm. 39), 180.

langt ein Erkennen zu einem Gegenstand?"). Problematisch ist vielmehr gerade, dass es solch eine zu überwindende Kluft überhaupt geben kann. Ein Geistwesen, das keinen Bezug zur Materie hätte, wäre damit auch schon bei sich. Wie aber kann Geist, Beisichsein, in einem *anderen* bei sich sein – und so etwas anderes erkennen?

Genau dies ist aber Sinnlichkeit: „Beisichsein als Bei-einem-andern-sein". Menschliches Erkennen als hinnehmendes, von der Sinnlichkeit ausgehendes steht genau in dieser Spannung, es ist *Geist in Welt:* „Je schon von sich weg durch die Sinnlichkeit in die Welt, in das andere gestellt, findet sich der Mensch vor, wenn er nach dem Sein im Ganzen zu fragen beginnt"[54]. Er steht in der Schwebe zwischen der Materie und dem reinen Selbstbesitz.

Die Analysen der apriorischen Strukturen der „Sinnlichkeit" – Raum und Zeit – lesen Thomas mit den Augen Kants. Rahner sucht aufzuweisen, dass die hochscholastische Erkenntnistheorie transzendentaler denkt, als eine bloß beschreibende Philosophiegeschichtsschreibung wahrhaben wollte [in dieser Intention Rahners liegt m. E. der nicht auflösbare Gegensatz zu einer „bloß" philologischen Interpretation]. Die Analyse der Sinnlichkeit hat aber nur vorbereitenden Charakter. Erst wo das sinnliche Andere – das der sinnlich Erkennende „ist" – *gegenübergestellt* wird, ist Denken, beginnt Metaphysik. Hier kann Rahner unmittelbar an die Abstraktionslehre des Thomas anknüpfen. „Abstractio" ist einerseits Loslösung von der Welt, ein Kommen von der Welt – nach Thomas die Leistung des „intellectus agens", des „tätigen Intellekts", das „Erkenntnisbild" aus dem „Sinnenbild" zu gewinnen. Anderseits zeigt sich in ihr erst die Möglichkeit der denkenden Zuwendung zur Welt, der „conversio ad phantasmata".

Indem der „tätige Intellekt" das „Erkenntnisbild" aus dem „Sinnenbild" „abstrahiert", zeigt sich aber noch mehr: im Abstrahieren *übergreift* er zugleich das in der Sinnlichkeit konkret Erfasste. Dieses Übergreifen bezeichnet Rahner mit einem für ihn später durchgehend zentralen Terminus: „Vorgriff". Auch dieser Terminus ist M. Heidegger entlehnt[55], wenngleich nicht in dessen Sinn. Thomas verwendet ein analoges Bild: „excessus", Überschritt. Was bei Heidegger eine fundamentale phänomenologische Struktur des „Daseins" ist, wird nun von Rahner in eine metaphysische Erkenntnisanalyse übertragen.

---

[54] GiW 79; ^{2}129 = SW 2 (1996) 98.

[55] *Martin Heidegger*, Sein und Zeit, Halle 1927, 150 ff.

Der Vorgriff geht nicht auf einen Gegenstand; er ist vielmehr die Bedingung der Möglichkeit gegenständlicher Erkenntnis. In ihm enthüllt sich das Sein der Gegenstände. Indem er diese bejahend ergreift, sie im Hinblick auf das in ihnen zum Ausdruck kommende Sein aber als defizitär erkennt, ist er eine „Hinbewegung des Geistes auf das Ganze seiner möglichen Gegenstände“[56]. Damit stellt sich aber die Frage, ob er auf das Unendliche der *Sinnlichkeit,* der reinen Anschauung von Raum und Zeit, eingegrenzt ist. Rahner weist nun in einem gegenseitigen Durchdringen von systematischen Überlegungen und Thomas-Interpretation auf, dass der Vorgriff auf das „esse“, das Sein als solches, nicht auf die durch die Sinnlichkeit eröffnete (und begrenzte) Raum-Zeit geht. Ginge er nur auf diese, so würde er – ihre Endlichkeit enthüllend – auf „Nichts“ vorgreifen. Das ergäbe zwar „logisch“, in der Aussage über die Gegenstände, keinen Widerspruch, wohl aber in der Dynamik des Vorgriffs selbst: die maréchalsche Unterscheidung zwischen dem bloß propositionalen Sinn des „ist“ als Kopula und dessen „transzendentalpragmatischer“ Intention auf das Sein kommt hier zur Geltung. „Der Vorgriff geht demnach auf ein esse, das schlechthin von negativer Ungegrenztheit ist. Damit hat der Vorgriff als grundlegende Handlung menschlichen Erkennens seine entscheidende Auszeichnung erfahren: die menschliche Erkenntnis ist als vorgreifend auf das schlechthin Unendliche ausgerichtet, und darum ist der Mensch Geist. Er hat dieses Unendliche immer nur im Vorgriff, und darum ist er endlicher Geist“[57].

Man kann diese Texte auch als Versuch lesen, mit Heidegger gewissermaßen gegen ihn zu denken. Die in der zweiten Auflage gestrichenen Bemerkungen zu Heidegger in *Hörer des Wortes* könnten das noch deutlicher machen, in denen der Vorgriff auf das „Nichts“ bei Heidegger als unvollziehbare Annahme zurückgewiesen wird. In *Hörer des Wortes* wird dies relativ grobthetisch ausgeführt[58]. Rahners Heidegger-Analysen (veröffentlicht in: SW 2 [1996] 459) sind da differenzierter („Das Nichts als transzendentales Apriori der Verneinung. [ist gegenüber dem Seienden richtig; gegenüber dem Sein falsch!]“ – die Klammer ist der Kommentar zum Exzerpt), zeigen aber genau so deutlich, dass Rahner hier bewusst gegen Heidegger denkt.

---

[56] GiW 100; ²155 = SW 2 (1996) 117.

[57] GiW 131; ²195 = SW 2 (1996) 146.

[58] HdW 79 und 81; ²80 und 82 = SW 4 (1997) 94 und 98.

Auch wenn wir der detaillierten Entfaltung der Thematik anhand der Texte des Aquinaten nicht weiter nachgehen können: Schon die kurzen Hinweise zeigen, dass hier ein Gespräch versucht wird, das sich aus sehr verschiedenen Quellen speist. Durch die vielen minutiösen Einzelschritte wird beim Lesen vielleicht der große Wurf zu sehr verdeckt: Der Selbstvollzug des Geistes, der sich an die Materie als sein Anderes weggibt und von ihr aus in einem Prozess der Aneignung und des Überschreitens zu sich selbst kommt. Rahner hatte in dieser Zeit auch Hegels „Phänomenologie“ durchgearbeitet (vgl. z. B. SW 2 [1996] 407 ff.). Auch diese Lektüre ist nicht ohne Einfluss geblieben. Aber wie Maréchal bleibt Rahner bewusst transzendental im Sinne Kants: er thematisiert den endlichen Geist, ohne dessen Dynamismus in die Selbstbewegung des Absoluten auflösen zu wollen.

6. Das Programm: Metaphysik auf dem Boden der imaginatio

Programmatischen Charakter hat – nach den Einzelanalysen – wieder der dritte Teils des Werks: „Die Möglichkeit der Metaphysik auf dem Boden der Imaginatio“. Auch hier schließt sich Rahner an Thomas an. Er bestimmt Metaphysik als die Wissenschaft vom Sein als solchen, die aber ausgerichtet ist auf den letzten Grund des Seins und das letzte Ziel der Erkenntnis, die Erkenntnis Gottes. „Letztes Ziel“ heißt aber bei Rahner *nur* finis ultimus.

> Die Metaphysik erreicht Gott nur [!] als Grund (principium) ihres Gegenstandes, des ens commune, und es ist ihr wesentlich unmöglich, diesen so erreichten Grund dannn in einer eigenen Disziplin selbst wieder zum ‚Gegenstand‘ zu machen [...] Jede theologia naturalis [...] als gesonderte Disziplin ist daher Wiederholung der allgemeinen Ontologie oder Anmaßung dessen, was nur einer theologia Sacrae Scripturae möglich sein kann[59].

Ich denke, dass man die „Summe einer philosophischen Gotteslehre“ von hier aus kaum schreiben kann und dass das Ergebnis gegenüber der „Metaphysik des Transzendenten“ (SW 2 [1996] 406) im Maréchal-Text doch sehr vorsichtig formuliert ist.

Es gibt keine Anschauung metaphysischer Gegenstände. Es gibt keine angeborenen Ideen oder ewigen Wahrheiten, die einen solchen Überschritt ermöglichten. Aber jede Einzelerkenntnis ist in einen Dynamismus des Geistes hineingenommen, der über den

---

[59] GiW 282; ²389 = SW 2 (1996) 287.

Bereich der sinnlichen Anschauung hinausgreift, sosehr sie auch an diese gebunden bleibt. „Gebunden“ in dem Sinn, dass sie den „hingenommenen“ Gegenstand sich entgegensetzt und beurteilt und auf diesem Wege zu sich selbst in der Erkenntnis zurückkommt. Die Möglichkeit eines wahren Urteils gründet im Vorgriff auf das Sein überhaupt.

Insofern der Vorgriff die Bedingung seiner eigenen Möglichkeit bejaht, zu dieser aber das Woraufhin des Vorgriffs gehört, bejaht er das Sein schlechthin als außerhalb von Welt mögliches und wirkliches. Damit ist ein Sein jenseits des Raumes der imaginatio bejaht, welche Bejahung die Bedingung der Möglichkeit gegenständlicher Erkenntnis von Welt ist, da sie in *dem* Vorgriff geschieht, der allererst eine solche gegenständliche Welthabe ermöglicht[60].

Der Schlussabschnitt von *Geist in Welt* bietet allerdings einen kurzen Hinweis *in theologischer Richtung:* In der Hinwendung des Menschen zur Welt geschieht die Eröffnung des Seins überhaupt und ist ein Wissen von Gott *vollzogen,* wenn auch nicht in gegenständlicher Weise. Der Ausgriff auf das Sein in der Hinwendung zum einzelnen eröffnet einen *verborgenen* Gott.

Ist der Mensch so verstanden, kann er horchen, ob Gott nicht etwa spreche, weil er weiß, daß Gott ist; kann Gott reden, weil er der Unbekannte ist. Und wenn Christentum nicht Idee ewigen, immer gegenwärtigen Geistes ist, sondern Jesus von Nazareth, dann ist des Thomas Metaphysik der Erkenntnis christlich, wenn sie den Menschen zurückruft in das Da und Jetzt seiner endlichen Welt, da auch der Ewige in sie einging, damit der Mensch ihn finde[61].

Der Schritt von der hinnehmenden Erkenntnis zum Hören in die Geschichte ist zumindest überraschend. Leider lässt sich nicht feststellen, ob dies eine Aussage des Manuskripts von 1936 ist oder ob es nachträglich angefügt ist: *Hörer des Wortes* stellt die Entfaltung des hier Angedeuteten dar.

7. Nochmals Heidegger

Auch wenn es mir fern liegt, Rahner zu einem Heideggerianer machen zu wollen, möchte ich doch die These, dass *Geist in Welt* in ständiger intensiver Auseinandersetzung mit Heidegger geschrieben ist und gleichzeitig Rahners Denken von ihm kräftige Anregungen bekommen hat, noch von einer anderen Seite deut-

---

[60] GiW 289; ²397 = SW 2 (1996) 293.
[61] GiW 296; ²407 = SW 2 (1996) 300.

lich machen: In dem versehentlich unter dem Namen des damals berühmteren Bruders Hugo veröffentlichten Aufsatz *Introduction au concept de philosophie existentiale chez Heidegger* (1940) stellt Rahner Heideggers Philosophie nach dem ersten Band von *Sein und Zeit* (dessen Fortsetzung ja damals noch erwartet wurde) als existenziale Analytik des Daseins dar, die als Grundlage einer Ontologie dienen soll.

Es ist dabei bemerkenswert, wie Rahner Heideggers Position als offene darstellt (SW 2 [1996] 345); er unterscheidet sich damit m. E. deutlich von der damaligen katholischen Heidegger-Rezeption (außerhalb des Schülerkreises); es ist für ihn zwar denkbar oder sogar zu befürchten, dass sie als Ontologie der Endlichkeit zu einem radikalen Atheismus weitergeführt werden könnte. Demgegenüber steht aber als zweite Möglichkeit ein

> *Zutiefst religiöser* und christlicher *Sinn,* wenn im letzten Stadium dieser Analytik das erste *a priori* der menschlichen *Transzendenz* sich als die Unendlichkeit des Absoluten offenbart, wenn das wirkliche Geschick des Menschen dann eine Wahl zwischen dem ewigen Tod und dem ewigen Leben vor Gott würde und nicht eine bloße Entschlossenheit zum Nichts. Den Menschen von der reinen Idee zu lösen und ihn in seine eigene Existenz und die Geschichte zu werfen, wie es Heidegger tut, hieße dann, ihn im Grunde vorzubereiten und im Voraus aufmerksam zu machen auf die – historische und existentielle – Tatsache einer göttlichen Offenbarung, ihn für den „Gott Abrahams, Isaaks und Jakobs" zu öffen, das „vernommene, beschaute und – von den Händen der Menschen – berührte Wort des Lebens, Jesus von Nazareth" [...] (SW 2 [1996] 345 f.).

Vergleicht man diese positive Lösung mit dem Schluss von *Geist in Welt,* dann ist sie die Vorzeichnung des eigenen Weges, den Karl Rahner von da aus genommen hatte: Die Philosophie als Eröffnung des Weges zum Hören in die konkrete Geschichte auf eine Offenbarung Gottes. Verblüffend ist höchstens noch der Einbau der *option*[62] zwischen ewigem Tod und ewigem Leben.

In *Hörer des Wortes* hat Rahner dies durchzuführen versucht. Martin Heidegger hat das Buch übrigens wahrgenommen und zwar durchaus mit Sympathie. Seine Kritik daran war, dass die Analyse noch nicht ursprünglich genug durchgeführt worden sei: „Ich habe jetzt auch K. Rahners Buch ‚Hörer des Wortes' kennen gelernt. Es ist seltsam dialektisch und in der Auseinandersetzung mit Hegel noch nicht durchgekommen. Im Grundansatz schön,

[62] Im veröffentlichten Text, der allerdings nur eine Übersetzung ist, heißt es *choix*.

aber noch zu wenig einfach, zu wenig unmittelbar aus der Sache […]"[63]

8. Die verschiedenen Interpretationsebenen von Geist in Welt

Die Analyse von *Geist in Welt* steht vor der Schwierigkeit, dass sich verschiedene Interpretationsebenen überschneiden. Zwar sucht Rahner eine thomistische Fragestellung auszuarbeiten. Wie schon am Anfang ausgeführt, geht es dabei aber gleichzeitig um den Problemkreis, der auch in der neuzeitlichen Philosophie behandelt wird. Die Begrifflichkeit der thomistischen Philosophie wird daher immer in eine Terminologie übersetzt, die dem Sprachgebrauch nachkantianischer Philosophie entstammt. Die Interpretation Rahners hängt sich dann an der sachlichen Problematik auf und sucht an verschiedenen Stellen nachträglich zu verifizieren, dass die Auslegung thomistisch geblieben ist[64]. Daher lässt sich sowohl Kritik wie Interpretation von *Geist in Welt* unter verschiedenen Voraussetzungen durchführen und ist ja auch wohl von Anfang an so durchgeführt worden.

Martin Honecker hat wohl eine philologische Lektüre Thomas von Aquins gewünscht und daher die Arbeit nicht so akzeptieren wollen[65]. Hans Urs von Balthasar las sie als Transpositionsauf-

---

[63] An B. Welte, 12. 5. 1946; vgl. *Martin Heidegger / Bernhard Welte*, Briefe und Begegnungen, Stuttgart 2003, 12. Es gibt noch einen Brief Heideggers zu Hörer des Wortes vom 10. 5. 1946 an *Gottfried Dümpelmann SJ* (Hinweis SW 4 [1997] XVI).

[64] Vgl. z. B. GiW 56; ²101 = SW 2 (1996) 77: „Daß diese hier aus thomistischen Voraussetzungen [!] erschlossene These auch unmittelbar thomistisch ist, kann [...] erst später gezeigt werden"; oder: GiW 86; ²138 = SW 2 (1996) 104: „Der Nachweis, daß diese gegebene Entwicklung der thomistischen Auffassung entspricht, ist nun noch kurz nachzuholen"; oder GiW 207; ²290 = SW 2 (1996) 215 in bewusster Weiterführung: „Darüber hinaus läßt sich eine ausdrückliche und ausführliche Zusammenschau dessen, was Thomas unter den beiden Titeln der abstractio und des Entspringens des Sinnlichen aus dem Geist je für sich allein behandelt, bei Thomas unmittelbar nicht mehr nachweisen" u. ö.

[65] Auch aus der genannten Arbeit *Bernings* (s. Anm. 7) kann man sehen, dass das Problem der Ablehnung nicht nur dasjenige Rahners war; er interpretiert dieses Phänomen aber allemal zu Lasten Rahners, was so sicher falsch ist. Dass praktisch von allen heute renommierten Schülern Honeckers eine entsprechende Problematik berichtet wird (Max Müller, Johannes B. Lotz, Gustav Siewerth, auch Edith Stein), muss nicht gegen Honecker sprechen, zeigt aber, dass er unglücklicherweise nicht die Schüler hatte, die seiner For-

gabe – soweit noch in Rahners Rahmen –, setzt aber andere Schwerpunkte[66]. Bei neueren Interpreten setzt sich das fort. Eicher[67] z. B. sieht sie einfach als eigenen Ansatz, quer zu Thomas. Wie Heidegger sie gelesen *hätte,* hat sich Max Müller gefragt – unter der falschen Voraussetzung, dass er an der Vorbegutachtung beteiligt war[68] ...

Der Rahnerschen Problematik wird man m. E. erst gerecht, wenn man die Aufgabe darin sieht, christliches Denken für die Gegenwart zu ermöglichen unter der Voraussetzung der eigenen Tradition, die zudem einen verpflichtenden Charakter hatte. Anders ausgedrückt, sie ist ein Versuch im Rahmen einer weiterentwickelten „neuscholastischen" Schulphilosophie nachzuweisen, dass es dieser möglich ist, auf der Fragehöhe der Gegenwartsphilosophie mitzusprechen[69]. Eine rein beschreibende Historiographie kann das nicht leisten. Sie ist daher für Rahner von vornherein keine Alternative. Vielmehr bewegt sich die Interpretation in einem Dreieck von Fragestellung, Nachvollzug thomanischen Denkens und Reflexion, die sich wiederum an den thomanischen Texten zu vergewissern und durch solche Texte auszudrücken sucht. Die Frage, welche Einzelheiten des Rahnerschen Entwurfs als „thomanisch" gelesen werden dürfen oder ob der ganze „Systementwurf" einen thomistischen Rahmen ausfüllt, ist dabei in sich diffizil und wird auch immer wieder unterschiedlich beantwortet[70]. Ebenso lässt sich dieses Spiel auf verschiedenen Ebenen seitens der transzendentalphilosophischen Fragestellung kritisch analysieren und auf Brüche und systematische Schwächen hin analysieren. Allerdings sollte man dabei den

---

schungsrichtung entsprachen. Ihn zu einem quasi prophetischen Vorherseher der schrecklichen Entwicklung der Theologie zu machen, für die Rahner verantwortlich gemacht wird, verortet Honecker aber unbegründet in einem traditionalistischen Kontext, was seinen eigenen Arbeiten nicht entspricht.

66 Stimmen der Zeit 136 (1939) 133.

67 *Peter Eicher*, Die anthropologische Wende (s. Anm. 7), 72 ff.

68 *Max Müller*, „Zu Karl Rahners ‚Geist in Welt'"; in: Bilder eines Lebens, hg. v. *Paul Imhof u. Hubert Biallowons,* Freiburg 1985, 28–31.

69 Ob man das dann noch „Neuscholastik" nennt, ist eine terminologische Frage. Eine katholische „Schulphilosophie" fordert Rahner jedenfalls noch 1983 auf der Tagung „Ontologie und Existenz. Colloquium zum 80. Geburtstag von Johannes B. Lotz" in Freiburg in seinem Vortrag: „Einige Bemerkungen über das Verhältnis von Philosophie und Theologie" (Karl Rahner-Archiv, Innsbruck, I B 396).

70 Recht positiv übrigens jüngst *Francis J. Caponi*, „Karl Rahner and the metaphysics of participation", in: The Thomist 67 (2003) 375–408.

Zeitindex beachten. Da Rahner gewissermaßen die Profession gewechselt hat, hat er nicht mehr selbst diesen Grundentwurf seines Denkens auf philosophischer Ebene weitergebaut, sondern nur implizit in seiner Theologie aus diesem Horizont einen weiteren Weg abgeschritten.

9. Die Einzelinterpretationen von Geist in Welt im theologischen Werk Rahners

Es ist vielleicht eine Nebenfrage, aber sie soll doch gestellt werden: Wo ist die mit hohem Aufwand durchgeführte Interpretation thomistischer Termini in Rahners Werk verwendet worden?

Dass die Grundstukturen präsent sind, ist nicht überraschend und entspricht auch Rahners Selbstverständnis. Dazu gehören einerseits Themen, die Rahner vermutlich auch außerhalb der Interpretationen von *Geist in Welt* zur Verfügung gestanden hätten – man vergleiche etwa die Ausführungen zu *anima forma corporis* –, von den Spezifika dieses Buches aber vor allem die Thematik der Dynamik des Geistes mit dem „Etikett“ des „Vorgriffs“ usw. – Wo diese im späteren Werk explizit angesprochen werden – etwa gerade der „Vorgriff“ –, ist die Verwendung oft schematisch; die Begründungen werden gewissermaßen vorausgesetzt. *Geist in Welt* ist so zweifellos eine der Grundlagenschriften des gesamten Œuvres, die in ihren Strukturen im rahnerschen Denken präsent ist. Von hier aus wird man Rahners Selbstaussage im Vorwort zur 2. Auflage lesen müssen: „[...] meine Grundkonzeption ist durchaus die gleiche geblieben“[71].

Dagegen ist die so aufwendig durchgeführte Interpretation einzelner thomistischer Termini – phantasma, species, resolutio, concretio, conversio, reditio, intellectus agens ... – nur in bestimmten Kontexten und nur über einen gewissen Zeitraum (grob gesagt: vorkonziliar) präsent. Sie spielen vor allem im Rahmen der Gotteslehre, der Gnadenlehre, der Grundbegriffe der Spiritualität (Ignatius!) eine Rolle; hier werden vor allem auch die spekulativen Überlegungen zur Kausalität, die ja in *Geist in Welt* einen großen Raum einnehmen und im ganzen Werke tragend bleiben, fruchtbar.

Als kleines Beispiel für die speziellere thomanische Terminologie sei der *species*-Begriff gewählt. In „Zur scholastischen Begrifflichkeit der ungeschaffenen Gnade“ (1939) denkt Rahner im

[71] GiW ²9 = SW 2 (1996) 6.

Rahmen seiner Thomas-Interpretation und verwendet selbstverständlich die Begrifflichkeit, um die Ontologie der *visio beatifica* darzustellen. Wie Rahner 1948 noch die thomistische Erkenntnis-*psychologie* verwendet, kann z. B. in „Über Visionen und verwandte Erscheinungen"[72] gesehen werden, wo direkt mit der *species-impressa*-Terminologie gearbeitet wird. In „Zur Theologie des Symbols" von 1959 dient die Begrifflichkeit dann als Rückversicherung des Gedankens bei Thomas[73], stützt also das vorher sachlich Entwickelte. 1967 (Anschauung Gottes) bzw. 1969 (Selbstmitteilung Gottes) wird im „Sacramentum mundi" die Begrifflichkeit noch lexikalisch als Datum der Schultheologie referiert[74]. Dafür ließen sich auch andere Beispiele nennen. Im „Grundkurs" (zeitlich parallel, als Buch 1976) schließlich fehlt die Begrifflichkeit völlig. Das Beispiel ist nicht auf *alle* schultheologischen und thomanischen Termini zu übertragen. Rahner behält bestimmte grundlegende Begriffe selbstverständlich bei und zum anderen hat er sich auch nie gescheut, alte Texte weiterzuverwenden. Das Beispiel zeigt aber doch eine Tendenz, die man durchaus mit Weiterem belegen könnte, nämlich dass eine im engeren Sinne „schulsprachliche" Terminologie immer stärker ersetzt wird.

Der Umbruch der Theologie, der in grober Kennzeichnung mit vor-/nachvatikanisch bezeichnet werden kann, spielt so auch in der Terminologie des Rahnerschen Werkes eine wichtige Rolle; die Kontinuität liegt nicht immer auf der Hand. Für den nicht theologiegeschichtlich vorgebildeten Leser gibt es dadurch im Werk Rahners selbst einen Traditionsbruch, der freilich sachlich bei Rahner unterfangen wird von dem Fundus seines Denkens, das hier immer noch zugrundegelegt wird. Dies dürfte inzwischen ein gewichtiges Rezeptionsproblem für die späten Texte darstellen. Jedenfalls ist das Gewicht des Rahnerschen Werkes m. E. nur zu vermitteln, wenn man auch ganz entschieden die vorkonziliaren Werkphasen wahrnimmt.

10. Ist „Geist in Welt" Rahners Philosophie?

Wenn man m. E. auch nicht bestreiten kann, dass es philosophische Grundschriften Rahners gibt – ich würde mit dem Autor

---

[72] Geist und Leben 21 (1948) 179–213.

[73] Jetzt: SW 18 (2003) 423–457.

[74] Vgl. SW 17/2 (2002) 800 bzw. 1281.

selbst auch *Hörer des Wortes* dieses Epitheton nicht abstreiten, sosehr er es gleichzeitig als Lösung einer fundamentaltheologischen Aufgabe sieht –, so ist zweifellos die „Philosophie" Rahners späterhin aus seinem *theologischen* Werk zu erheben, wie eben bei Thomas von Aquin auch. Nun hat Rahner in seinem späteren Werk kein Interesse mehr daran gezeigt, seine philosophische Position exakter zu durchdenken. Dass er seine beiden Grundlagenwerke nicht selbst überarbeitet hat, zeugt davon. Dass er sie überhaupt hat überarbeiten lassen, zeigt aber, dass er wohl der Meinung war, sich weiterentwickelt zu haben. Die Frage lässt sich nun in zwei Probleme aufteilen: Inwieweit ist die Grundkonzeption verändert? Und die andere: Inwieweit stellt *Geist in Welt* die Grundkonzeption Rahners umfassend dar? Ich möchte dazu nur noch eine Andeutung machen.

Den Ansatz seiner Erkenntnismetaphysik hat Rahner in späten Schriften vielfach kurz formuliert und – wie schon gesagt – oft ziemlich schematisch dargestellt. Diese Formulierungen bleiben oft unbefriedigend, weil sie im Grunde das anderswo Geleistete nur zitieren, eine genauere Ausarbeitung aber nicht mehr in Angriff nehmen.

Nun war *Geist in Welt* auf ein bzw. das *erkenntnismetaphysische* Problem beschränkt, die Möglichkeit einer Metaphysik auf dem Boden der Imaginatio. Die Durchführung ist nochmals eingeschränkt, insofern sie die Interpretation eines thomanischen Artikels ist.

Die Lösung des „Vorgriffs" auf das Sein wird aus diesen Vorgegebenheiten auf den Vorgriff auf das „verum" beschränkt; das „bonum" wird kaum eigens bedacht[75]. Späte Formulierungen spüren dieses Manko, ergänzen es aber oft auch nur verbal. Auch wenn *Hörer des Wortes* in manchem eine Weiterführung ist, setzt sich doch in Kurzformulierungen *Geist in Welt* durch. – Die zitierte Bemerkung aus dem Heidegger-Artikel zeigt schon, dass Rahner auch andere Perspektiven im Blick hatte. Dies ist vor allem auch gegenüber Kritikern festzuhalten, die selbst zwar programmatische Forderungen an Rahner gestellt, aber eben selbst die Durchführung nicht versucht haben.

Ein sehr schöner Text in dieser Hinsicht ist von Rahner an einer ungewöhnlichen Stelle formuliert worden, in seinem Aufsatz über die Kirchengliedschaft:

> Jede Freiheitstat des Menschen geschieht wesentlich und notwendig im Dynamismus des Geistes auf das Gute schlechthin, also in der unbegrenzten wil-

[75] vgl. aber GiW 204 ff.; ²286 ff. = SW 2 (1996) 212 ff.

lentlichen Transzendenz des freien Geistes, so daß das einzelne Gut nur frei gewollt werden kann, insofern der Mensch (immer und unvermeidlich) „aus ist“ auf das Sein und Gute schlechthin. Damit ist aber gesagt, daß jede Freiheitsentscheidung nicht nur faktisch im Alltag, sondern wesentlich immer und aus dem Wesen einer endlichen, am einzelnen Gegenstand sich realisierenden Freiheit heraus Tat ins Unübersehbare, Übergabe oder Selbstverweigerung vor dem Unbeherrschbaren und Unüberschaubaren, (blinder) Gehorsam oder Ungehorsam, Bereitschaft oder Verweigerung ist, über sich vom unbekannten Größeren her verfügen zu lassen. Von daher gesehen darf man nicht sagen, daß das Nichtgewußte (d. h. nicht im Modus des gegenständlich und reflex Gegebenen Gewußte) für die Qualität der freien, verantwortlichen Handlung *als* einer solchen schlechterdings nicht in Frage komme. Man kann nur sagen: dasjenige, was selbst schlechthin ein Endliches ist und so gerade *nicht* zu dem gehört, auf dessen unübersehbare Weite hin die Freiheitstat am Endlichen geschieht, kann ungewußt für sie als solche nicht von Bedeutung sein (wenn diese auch noch weitere Folgen hat in der Dimension des nicht vorausgewußten Endlichen). Aber eben dieser Fall liegt hier nicht vor: der Gehorsam gegen die Unübersehbarkeit Gottes, der in jeder gerechten Freiheitstat liegt, kann auch als solcher sehr wohl bestimmt sein durch eine Wirklichkeit, die, obwohl endlich und konkret, eben doch die *Gottes selbst* ist (SW 10 [2003] 67, Anm. 95).[76]

Der Text ist im Zusammenhang der Frage nach der Heilsmöglichkeit der Nichtchristen formuliert. Er sollte nur angeführt werden, weil er zeigt, dass Rahner im konkreten Theologisieren häufig genauer philosophische Fragen umreißt, als in eher schematischen Formulierungen, in denen er seinen „Ansatz“ skizziert. Aber eine umfassendere Darstellung hat er eben nicht mehr gegeben[77].

Man wird daher eher in den großen theologischen Aufsätzen, in den verschiedenen Ausführungen über Ethik, Existentialethik, Freiheit, Symbol, Geheimnis, Einzelfragen der Anthropologie – z. B. Herz, Hören, Sehen ... – etc. die differenzierteren Äußerungen finden. Die eigentliche „Philosophie“ Rahners steckt – nicht anders als bei Thomas – in seiner Theologie.

---

[76] Aus: „Die Gliedschaft in der Kirche nach der Lehre der Enzyklika Pius' XII. ‚Mystici Corporis‘“; in: Schriften zur Theologie II (1955) 7–94, 88, Anm. 95; SW 10 (2003) 3–71.

[77] Ein hinsichtlich des „Fundortes“ vielleicht noch extremeres Beispiel sind die schönen Ausführungen über Freiheit und Entscheidung, die sich in dem für SW 9 vorgesehenen Aufsatz „Die Weihe an Maria in den Marianischen Kongregationen“ in: Quatrième Centenaire des Congrégations Mariales, Rom 1963, 57–82, finden.

Max Müllers Frage, „was es bedeutet hat, daß in einer ziemlich genau parallelen Entwicklungsphase Heidegger auf Maurice Blondels ‚Action', Rahner aber auf Joseph Maréchals ‚Point de départ de la métaphysique' (Cahier V) gestoßen ist, und welche Folgen für beide sich daraus ergaben"[78], kann man vielleicht umdrehen: Rahner zu lesen bedeutet auch, ihn nicht zu fixieren von eingeschränkten Formulierungen her; dann zeigt sich nämlich, dass Einschränkungen seines Ausgangspunktes durchaus in vielen Fällen in der konkreten Denkarbeit überwunden werden.

Die „Philosophie" Rahners zu schreiben, wäre jedenfalls durchaus noch eine interessante Aufgabe, die sich nicht auf eine Analyse der philosophischen Schriften beschränken dürfte, sondern etwa gerade Rahners Bedenken der menschlichen Freiheit in vielfältigen Kontexten miteinbeziehen müsste, daneben natürlich auch die phänomenologischen Bemühungen um die konkrete Alltagswirklichkeit. Auch hier ließe sich wieder die Frage nach Anregungen aus der Phänomenologie Heideggers stellen. Sie sind vielfach noch indirekter, aber an wichtigen Punkten dennoch vorhanden (Gestimmtheit, Befindlichkeit usw.); aber auch wichtige Unterschiede würden deutlich: anders als Heidegger sieht Rahner Alltag (schon in den frühen Notizen zu Heidegger dokumentiert) nicht als Verfallsphänomen usw.

Zu einer philosophischen Anthropologie in theologischer Absicht hat Rahner jedenfalls viel beizutragen. Dies ist nicht mehr mein Thema. Bei der Beschäftigung mit *Geist in Welt* sollte man aber nicht außer Acht lassen, dass auch dieses Buch nicht der ganze Rahner ist.

---

[78] *Max Müller*, „Zu Karl Rahners ‚Geist in Welt'" (s. Anm. 48), 31.

Karl Rahners „Hörer des Wortes" und Maurice Blondels „L'Action"

Peter Henrici SJ, Chur

Karl Rahners 1937 verfasste, aber erst 1941 veröffentlichte Schrift „Hörer des Wortes" kann mit Fug und Recht als ein Schwellenwerk bezeichnet werden: Es markiert in Rahners Biographie die Schwelle zwischen seinen philosophischen Studien und seinem Lebenswerk als Lehrer der Theologie. Im gleichen Jahr 1937, in dem er die Vorträge im Rahmen der Salzburger Hochschulwochen hielt, welche „Hörer des Wortes" zu Grunde liegen, vollendete Rahner seine theologische Habilitation und wurde Privatdozent in Innsbruck. „Hörer des Wortes" ist zunächst nichts anderes als eine Auswertung der in „Geist in Welt" erarbeiteten thomistischen Erkenntnismetaphysik für die Fundamentaltheologie.

1. Rahners Fragestellung

„Hörer des Wortes" markiert jedoch auch in der Geschichte der katholischen Fundamentaltheologie eine Schwelle, zumindest im deutschsprachigen Raum. Das Rahmenthema der Hochschulwochen, in das Rahner seine Vorlesungsreihe einbauen musste, lautete: „Theologie als Wissenschaft" – ein auch heute noch aktuelles Thema. Karl Rahner ging dieses Thema jedoch nicht als Theologe an, sondern als Philosoph, der er ja offiziell immer noch war. Er behandelte die mit dem Rahmenthema gestellte Frage, indem er, wie er das so gerne tat, eine andere Frage aufwarf, die Frage nach dem Verhältnis zwischen Theologie und Religionsphilosophie. Religionsphilosophie war in den 20er und 30er Jahren, also zur Zeit der Studien Karl Rahners ein Thema an der Tagesordnung. Nach dem Vorbild von Max Scheler („Vom Ewigen im Menschen" 1920) und Erich Przywara („Religionsbegründung" 1923) erschienen 1927 im „Handbuch der Philosophie" gleichzeitig Emil Brunners „Religionsphilosophie evangelischer Theologie" und Erich Przywaras „Religionsphilosophie katholischer Theologie". Zwei Jahre später, 1929, veröffentlichen dann Heinrich Straubinger seine „Einführung in die Religionsphilosophie" und Hans Leisegang eine „Religionsphilosophie der Gegenwart". Ein Jahrzehnt später ist das Thema immer noch nicht erschöpft, wie die Religionsphilosophien von Alois Dempf (1937) und Bernhard Rosenmöller (^{2}1939) beweisen, um nur zwei aus einer großen Familie zu nennen.

Rahner selbst versteht die Religionsphilosophie weder im Sinne Hegels als „Philosophie der Religion" (welche die Religion als Gegenstand philosophischen Fragens an den Universitäten allererst salonfähig gemacht hat) noch im heutigen, vorwiegend religionsphänomenologischen Sinn, sondern im Sinne seines Ordensbruders Sigmund Storchenau, der vermutlich den Namen „Religionsphilosophie" (1771) allererst eingeführt hat. Mit diesem neuen Namen bezeichnete er die traditionelle philosophische Grundlegung, welche als Teil der Apologetik oder Fundamentaltheologie (wie man heute sagt) den eigentlich theologischen Traktaten vorangestellt wurde. Im gleichen Sinne fasst auch Karl Rahner die Religionsphilosophie als einen, ja als *den* philosophischen Vor- oder Unterbau der katholischen Fundamentaltheologie auf.

Es ist die klassische scholastische (neuscholastische) Fundamentaltheologie, wie Rahner sie in seiner Studienzeit in Valkenburg (Niederlande) kennen gelernt hat, welche den Ausgangspunkt und „Die Fragestellung" in Hörer des Wortes bestimmt:

So wie nun der übliche Gang der Fundamentaltheologie von statten geht, wird zunächst die Tatsache der Existenz eines persönlichen, überweltlichen Gottes aus der speziellen Metaphysik (aus der theologia naturalis oder theodicea) als bewiesen schon vorausgesetzt. Es wird dann in der Fundamentaltheologie selbst die Möglichkeit einer Offenbarung von seiten Gottes aufgewiesen, d. h. es wird wenigstens negativ abwehrend gezeigt, daß es Geheimnisse geben könne, die dem Menschen von ihm selbst aus unzugänglich sind und die einen möglichen Gegenstand für eine Selbsterschließung Gottes durch Offenbarung abgeben; es wird dann nachgewiesen, daß es für Gott physisch und moralisch möglich ist, ein solches Geheimnis dem Menschen zu offenbaren; daß dies dem Menschen angemessen, ja in gewisser Hinsicht und unter bestimmten Voraussetzungen notwendig ist; es wird schließlich in diesem ersten Teil einer Fundamentaltheologie dargetan, daß der offenbarende Gott einerseits in einer prophetischen Inspiration dem Offenbarungsträger das Wissen dieser Geheimnisse vermitteln könne und anderseits den Menschen, an die diese Offenbarung gerichtet ist, das tatsächliche Ergangensein einer solchen Offenbarung durch Wunder hinlänglich sicher und unbezweifelbar machen könne und müsse. Danach unternimmt es die Fundamentaltheologie in einem zweiten Teil, den Beweis zu erbringen, daß eine solche Offenbarung in Jesus

Christus tatsächlich ergangen ist und daß sie durch das Lehramt der Kirche weiterverkündet und unverändert bewahrt wird.[1]

Dieser Text musste in seiner ganzen Länge zitiert werden; denn das traditionelle Verständnis katholischer Fundamentaltheologie ist und bleibt der Hintergrund der rahnerschen Gedanken, auch wenn Rahner in einer ganz anderen Richtung weiterdenkt und dafür auch einen anderen Ansatz wählt. Er fährt nämlich fort: „In diesem üblichen Gang der Fundamentaltheologie ist nun ein Stück einer idealen Glaubensbegründung nur sehr wenig oder gar nicht ausdrücklich gemacht."[2]

Was fehlt, ist die anthropologische Begründung dafür, dass der Mensch grundsätzlich für eine Offenbarung Gottes empfänglich ist, ja dass er in seinem ganzen Sein auf eine solche Offenbarung ausgerichtet ist, und zwar in einer Weise, die erklärt, „warum der Mensch apriori aus seiner Wesenskonstitution heraus auf diese Erfüllung seines Wesens gerade durch freie Offenbarung und nur durch sie hingeordnet ist."[3]

Als zweiter Aspekt des fehlenden Stücks

ist in der üblichen Fundamentaltheologie nur sehr wenig ausdrücklich davon die Rede, daß der Mensch kraft seines Wesens schon in die Geschichte verwiesen ist. Auch hier gilt: Bevor überhaupt irgendeine geschichtliche Tatsache bewiesen wird [...], muß die Pflicht des Menschen aus seinem Wesen heraus dargetan werden, sich überhaupt mit solchen geschichtlichen Wahrheiten zu beschäftigen.[4]

Dieses fehlende Stück in der katholischen Fundamentaltheologie soll nun „Hörer des Wortes" nachliefern in Form einer „Religionsphilosophie", welche „ein inneres Moment der Seinslehre selbst und gleichzeitig eine metaphysische Anthropologie" ist, und in der „nach dem Wesen des Menschen gefragt wird als des Seienden, das in seiner Geschichte auf eine möglicherweise er-

---

1 *Karl Rahner*, Hörer des Wortes. Zur Grundlegung einer Religionsphilosophie, München 1941 (= HdW), 26 f.; wieder abgedruckt in: Sämtliche Werke (= SW), Bd. 4, Freiburg 1997, 30–32 [nicht in ²]. Sämtliche Stellenangaben beziehen sich auf die einzig wirklich „authentische" erste Auflage des Werkes. [In eckigen Klammern wird mit ² auf die entsprechende Stelle in der 2. Aufl. verwiesen.]

2 Ebd. [²32].

3 HdW 29 [²34]= SW 4 (1997) 34.

4 HdW 31 [verändert ²35 f.] = SW 4 (1997) 36.

gehende Offenbarung des weltüberlegenen, freien Gottes hören oder, besser gesagt, horchen muß."[5]

Die „metaphysische Anthropologie" Rahners muss hier nicht nachgezeichnet werden. Sie ist bereits in „Geist in Welt" enthalten. Sie soll hier vielmehr mit einem anderen Versuch ähnlicher Stoßrichtung verglichen werden, von dem Rahner, bewusst oder unbewusst, jedenfalls zumindest indirekt zu seinem Weiterdenken veranlasst wurde. Und wie Karl Rahner, thomistisch geschult, seine Gedankengänge jeweils von einem „videtur quod non" vorantreiben ließ, so werden auch die folgenden Überlegungen einen dialektischen Gang nehmen, indem zuerst die Geistesverwandtschaft der beiden Werke aufzuzeigen ist, dann ihre grundlegenden philosophischen Verschiedenheiten, um schließlich zu ihrer gemeinsamen, aber nicht mehr rein philosophischen Wurzel vorzustoßen.

2. Zwei geistesverwandte Werke

Ziemlich genau ein halbes Jahrhundert vor Rahners „Hörer des Wortes" (1941) hatte der Franzose Maurice Blondel 1893 sein Erstlings- und Hauptwerk „L'Action. Essai d'une critique de la vie et d'une science de la pratique" veröffentlicht. Auch dieses war, wie Rahners „Geist in Welt", eine akademische Promotionsarbeit. In ihrer kurzen, aber dichten Rahnerbiographie haben Raffelt und Verweyen bereits unüberhörbar auf die Geistesverwandtschaft des Werkes Karl Rahners mit jenem Maurice Blondels hingewiesen.[6] Sie haben auch eruiert, dass eine direkte Abhängigkeit Rahners von Blondel kaum in Frage kommt[7], wohl aber eine indirekte.

Denn hinter den für Rahners Thomasinterpretation maßgebenden Werken von Pierre Rousselot und Joseph Maréchal steht Maurice Blondel als ihr Anreger. Dessen indirekter Einfluss hat sich wohl auch noch auf einem zweiten Weg auf Karl Rahner ausgewirkt. Rahners philosophischer Lehrer, Martin Heidegger, hatte nämlich schon in seiner Jugend „en cachette chez les jésuites" Blondels „Action" gelesen, wie er einem französischen

---

[5] HdW 25 [nicht in ²] = SW 4 (1997) 30.

[6] *Albert Raffelt / Hansjürgen Verweyen*, Karl Rahner, München 1997, 17–21; 41–44.

[7] Ebd. 19.

Kollegen 1945 bezeugte, und er hielt damals Blondel immer noch für den bedeutendsten Philosophen in Frankreich.[8]

Wie Raffelt und Verweyen weiter nachweisen, hatte Rahner schon früh Blondels „Le problème de la philosophie catholique" (1932) gelesen, sowie seinen „Itinéraire philosophique" von 1928.[9] Die kurzen Ausführungen in „Hörer des Wortes" zum Problem einer „christlichen Philosophie" decken sich weitgehend mit der Meinung Blondels und mögen von dieser beeinflusst sein. Ob auch „L'Itinéraire philosophique" einen Einfluss auf Rahner ausgeübt hat, ist später noch zu erörtern.

Wichtiger als diese möglichen oder inexistenten Abhängigkeiten des jüngeren Philosophen von seinem Vorgänger ist die innere Geistesverwandtschaft ihrer beiden Werke. Beide gehen, grundlegend und zentral, dem einen und gleichen Anliegen nach. Sie wollen die innere und wesensnotwendige Hinordnung des Menschen, eines jeden Menschen, auf eine freie Selbstübergabe, ein Gnadengeschenk Gottes aufweisen. Ein solche Hinordnung, die ein Wesenszug eines jeden Menschen sein soll, welcher somit Christen wie Nichtchristen gleicherweise betrifft, muss noch vor ihrem offenbarungstheologischen Aufweis auch auf rein und streng philosophischem Wege nachweisbar sein – und gerade diesen philosophischen Nachweis hat die „Religionsphilosophie" als Vorbereitung und Grundlegung für den theologischen Diskurs zu erbringen. Rahner und Blondel argumentieren deshalb beide, unbeschadet ihrer christlichen Grundeinstellung und der letztlich fundamentaltheologischen Abzweckung ihrer Gedankengänge, rein als *Philosophen*. Ihre Argumente und Gedankengänge sollen für jeden philosophisch Denkenden, gleich welcher Obödienz grundsätzlich nachvollziehbar sein.

Die Methode der Argumentation beider Denker ist, wie wir noch sehen werden, sehr verschieden; ihr Ausgangspunkt ist es auch, obwohl beide, wie sich das für Philosophen gehört, von einer *Frage* ausgehen. Bei Rahner ist das die Seinsfrage, bei Blondel die Sinnfrage. Was sie anzielen, ist jedoch bei beiden das gleiche, und gleich ist auch ihr Bemühen, trotz des Aufweises einer wesensnotwendigen Hinordnung der Menschen auf ein Gnadengeschenk Gottes die absolute Freiheit Gottes und völlige

---

[8] Mündliches Zeugnis durch Prof. *Marcel Méry*, Aix-en-Provence. Das Zeugnis ist umso glaubwürdiger, als Heidegger zur Zeit des Gesprächs nicht wusste, dass Méry an der gleichen Fakultät wie einst Blondel lehrte und ein großer Verehrer Blondels war.

[9] A. a. O. (s. Anm. 6), 20.

Ungeschuldetheit des göttlichen Geschenks der „Offenbarung", wie Rahner sagt, oder des „Übernatürlichen", wie Blondel sagt, voll und ganz zu wahren.

Damit haben wir einige Verschiedenheiten der beiden Werke bereits angedeutet. Diese sind für ein vertieftes Verständnis ihres Denkens noch aufschlussreicher als ihre Geistesverwandtschaft – wobei es hier in erster Linie um ein vertieftes Verständnis von „Hörer des Wortes" gehen soll.

3. Zwei grundverschiedene Werke

1. Ein erster und grundlegender Unterschied springt auch dem unbefangensten Leser schon auf den ersten Seiten der rahnerschen Schrift in die Augen. Dort erklärt Rahner, dass seine Untersuchung

> eine metaphysische ist. Und zwar [...] in dem Sinn, daß die Metaphysik diese Wissenschaften [Theologie und Religionsphilosophie] auch schon immer ursprünglich dadurch in ein bestimmtes Verhältnis gebracht hat, daß sie als eine ursprüngliche ἐπιστήμη diese Einzelwissenschaften erstmals konstituiert.[10]

Erst zwei Seiten später erwähnt Rahner dann fast beiläufig, diese „wissenschaftstheoretische Frage" sei „nicht eine harmlose Neugierde nach irgend etwas, sondern eine existentielle Angelegenheit des Menschen selbst."[11] Er leitet dies davon ab, dass „die wissenschaftstheoretische Frage immer auch die Frage nach dem eigentlichen Wesen der Wissenschaft als eines *menschlichen* Handelns ist"; folglich „fragt sie als metaphysische immer auch nach dem Wesen des Menschen."[12]

Gerade in dieser, mit der Erwähnung des „menschlichen *Handelns*" vielleicht beabsichtigten, jedenfalls terminologisch auffälligen Annäherung an Blondel wird nun ein grundlegender Unterschied sichtbar. Rahner setzt, scheinbar höchst unbefangen, voraus, die *Metaphysik* sei der richtige, wohl auch der einzige Boden für die Lösung einer *wissenschaftstheoretischen* Frage (wogegen wir Heutige wohl einige Bedenken anzumelden hätten). Er geht deshalb zunächst von den Strukturen der Metaphysik aus und betrachtet die Wissenschaft sozusagen erst in zweiter Linie (auch) als ein „menschliches Handeln". Im Werk Blondels da-

---

[10] HdW 12 [verändert ²17 f.] = SW 4 (1997) 12.

[11] HdW 14 [verändert ²19] = SW 4 (1997) 12.

[12] HdW 13 [²18 f.] = SW 4 (1997) 12.

gegen treten die Wissenschaften zunächst überhaupt nur als eine der grundlegenden Formen der „action", des menschlichen Handelns, auf, und zwar werden sie in der „Ersten Etappe" des zentralen Dritten Teils der „Action"[13] gerade deshalb angesprochen und eingehend diskutiert, weil sie es scheinbar erlauben, einer metaphysischen Antwort auf die menschliche Sinnfrage aus dem Wege zu gehen. Von Metaphysik wagt Blondel überhaupt erst auf den allerletzten Seiten seines Werkes zu reden, und auch da noch als von etwas, das über das in einem philosophischen Werk Sagbare hinausgeht. Er spricht dort von „einer Art Metaphysik in zweiter Potenz", welche das wirkliche und nicht bloß das erscheinende Sein der Phänomene zum Gegenstand hätte.[14] Im Corpus der „Action" selbst hatte er in der „Metaphysik", so wie sie gemeinhin verstanden wird, auch nicht mehr als ein „Phänomen" gesehen, d. h. als eines der möglichen Objekte menschlichen Wollens und Handelns.

2. Aus dieser, zumindest methodisch, grundverschiedenen Einstufung der Metaphysik ergibt sich, zweitens, eine grundlegend verschiedene *Argumentationsweise* beider Autoren. Zwar will auch Karl Rahner den Weg „von unten nach oben" gehen, „von dem natürlich erkennenden Menschen [...] zu einer Analytik der Möglichkeit, die Offenbarung Gottes zu vernehmen [...]"[15] Dennoch bleibt Rahners denkerische Vorgehensweise durchwegs *deduktiv*, bzw. „retorsiv".[16] Sie leitet apriorische Notwendigkeiten des menschlichen Erkennens (und damit auch des Menschseins) in strenger Folgerichtigkeit Schritt für Schritt aus der Urfrage ab, welche für Rahner die Seinsfrage ist. In dieser bewundernswert strengen Deduktivität liegt nicht nur die Eigenart, sondern auch der kaum zu überbietende Wert des rahnerschen Werkes, in welchem sich ein Denken von außergewöhnlicher speku-

---

[13] *Maurice Blondel*, L'Action. Essai d'une critique de la vie et d'une science de la pratique, Paris 1893, 18 ss.; wieder abgedruckt in: Œuvres complètes, vol. 1, Paris 1995, 82 ss.; deutsche Übersetzung: Die Aktion, übersetzt von *Robert Scherer*, Freiburg 1965, 72 ff. Ich zitiere im folgenden jeweils die Seitenzahl der Originalausgabe, der Œuvres complètes und der deutschen Übersetzung in dieser Reihenfolge.

[14] L'Action, 464/498/490.

[15] HdW 19 [²24 f.] = SW 4 (1997) 20.

[16] Unter „Retorsion" versteht man die von Aristoteles eingeführte und besonders in der maréchalschen Neuscholastik beliebte Argumentationsweise, welche etwas direkt nicht Beweisbares (z. B. die ersten Prinzipien) dadurch einsichtig macht, dass sie die Unmöglichkeit der gegenteiligen Behauptung aufweist.

lativer Kraft offenbart. Manchmal kann man sich fragen, wie weit wohl seinerzeit Rahners Zuhörer diesen steilen Gedankengängen zu folgen vermochten.

Blondels Untersuchung dagegen geht zwar auch streng Schritt für Schritt vor, „per gradus debitos", wie er in Anlehnung an Francis Bacon zu sagen liebt. Doch das bedeutet für ihn, dass er sich *induktiv* von der jeweils geringst möglichen Annahme zu einer weiteren, vertieften und umfassenderen fortzuschreiten zwingen lässt. Sein Ausgangspunkt ist nicht die Seinsfrage, sondern die Sinnfrage in ihrer voraussetzungslosesten Form: „Ja oder nein, hat das menschliche Leben [überhaupt] einen Sinn und hat der Mensch eine Bestimmung?"[17] Blondel geht nun davon aus, dass man auf die Sinnfrage soweit wie möglich eine verneinende Antwort zu geben versucht, und er macht diesen immer neuen Verneinungsversuch zu seinem methodischen Leitprinzip, so dass man die „Action" auch als eine immer weiter vorangetriebenen Retorsion bezeichnen könnte. Bei Karl Rahner dagegen kommt das Thema der Verneinung erst gegen Schluss seines Werkes erstmals zur Sprache. Aus Blondels Vorgehen ergibt sich als Folge, dass er alles, was in seinem Diskurs nach und nach aufscheint, als bloße „Erscheinung", als „phénomène" qualifizieren muss. Über das mögliche Sein, über einen möglicherweise ontologischen Wert dieser „phénomènes" kann erst im letzten Schritt der Untersuchung diskutiert werden, und erst im allerletzten Satz seines Werkes kann ihr wirkliches Sein tatsächlich bejaht werden. Denn diese Bejahung überschreitet für Blondel den Kompetenzbereich jeder Philosophie, weil sie, ähnlich wie Rahners Horchen auf eine möglicherweise ergehende Offenbarung, eine freie Willensentscheidung einschließt, ja sogar einen zumindest impliziten Glaubensakt. Das abschließende, unübersetzbare „C'est" der „Action"[18] ist sowohl Seinsbejahung wie auch Zustimmung zum geoffenbarten christlichen Glauben.

3. Daraus ergibt sich nun zweierlei: Einerseits sind sich beide Autoren darin einig, dass im Erkennen eine unlösbare Einheit vorliegt zwischen Erkennendem und Erkanntem, welche sich wechselseitig bedingen, „so dass die Struktur des Erkennenden als eines Seienden die Struktur des Erkannten ist und umgekehrt", wie Rahner schreibt.[19] Eine ähnliche Struktureinheit nimmt auch Blondel an; doch sie ergibt sich für ihn daraus, dass

[17] L'Action VII/5/9.

[18] L'Action, 492/526/517.

[19] HdW 158 [²157] = SW 4 (1997) 190.

das „Erscheinen“ der „phénomènes“ ebensosehr und unabtrennbar von dem bestimmt ist, was erscheint, als von dem, welchem es erscheint. Rahner dagegen denkt an die eine und gemeinsame Seinsstruktur von (wirklich) Erkennendem und (wirklich) Erkanntem.

Das bedeutet aber, und damit kommen wir zum dritten und wichtigsten Unterschied, dass Rahner und Blondel ein im wörtlichsten Sinne grund-verschiedenes *Verständnis von „Sein“* haben. Für Rahner besagt das Sein, auf welches der „Vorgriff“ geht, „die absolute Weite der erkennbaren Gegenstände überhaupt“[20], „das Sein überhaupt, das an sich keine innere Grenze hat und so auch das absolute Sein Gottes einschließt.“[21] Im kennzeichnenden „überhaupt“ tönt eine Sprachgewohnheit Kants nach; die nachdrücklich wiederholte Definition des Seins als des Umfassendsten, als die unbegrenzte Weite des Erkennbaren ist dagegen wohl den suarezianischen Eierschalen zuzurechnen, die den Thomisten unter den deutschen Jesuiten noch lange anhafteten.

Im Gegensatz dazu bedeutet „Sein“ für Blondel, verbal und nicht nominal aufgefasst, die nicht rückgängig zu machende Wirklichsetzung, die Grundlage dafür, dass „quod factum est infectum fieri nequit“, nach der Formel des hl. Bernhard von Clairvaux, welche Blondel übernimmt,[22] aber auch ganz im Sinne des thomistischen „actus essendi“. Dieses „Sein“ kann nur in freier Zustimmung zu allem, was es mit sich bringt und einschließt, bejaht werden. Das ist der Grund, weshalb die Seinsfrage erst ganz zum Schluss des Durchgangs durch alle „phénomènes“, durch alle aufscheinende Wirklichkeit gestellt werden kann. Doch auch da noch unterscheidet Blondel zwischen der „connaissance de l'être“, die sich theoretisch erreichen lässt, und dem „être dans la connaissance“, welches die praktische, „gläubige“ Zustimmung zu aller Wirklichkeit voraussetzt. Erst abkünftig von dieser Zustimmung, und im philosophischen Diskurs erst hinterher, kann und muss der Gesamtheit der „phénomènes“ und eines jeden einzelnen von ihnen „sein“ zugeschrieben werden. Damit trifft sich Blondel zuletzt sachlich wieder mit Karl Rahner und mit dessen wiederholter Versicherung, dass gerade das Sin-

---

[20] HdW 76 [verändert ²78] = SW 4 (1997) 92.

[21] HdW 79 [nicht in ²] = SW 4 (1997) 94.

[22] L'Action, 370/404/395. Quelle ist *Berhard von Clairvaux*, De Consideratione V, XII, 26; vgl. auch *René Descartes*, Meditationes VI, und Principia philosophiae I, 49.

nenfällige und nur es (in der *conversio ad phantasma*) für den Menschen Ort der Seinserkenntnis sein könne.

4. In diesem Zusammentreffen ist jedoch nochmals auf zwei weitere Verschiedenheiten aufmerksam zu machen, und diese führen uns wieder zu unserem eigentlichen Thema, zur Religionsphilosophie zurück. Die eine betrifft die genaue *Zielsetzung* der beiden Untersuchungen.

„Hörer des Wortes" will aufweisen, dass der Mensch notwendig auf eine Wortoffenbarung Gottes wartet, wie schon der zum geflügelten Wort gewordene Titel anzeigt. Rahner entwickelt, nach seinen eigenen Worten, eine „Ontologie der potentia oboedientialis für die freie Offenbarung Gottes."[23]

In Absetzung von letztlich auf Blondel zurückgehenden Tendenzen präzisiert er dabei jedoch:

> Bei dieser Formulierung muß schon jetzt beachtet werden, daß es sich uns nicht um die potentia oboedientialis für die *Übernatur* als der seinshaften Erhebung des Menschen zur Teilhabe am Leben Gottes handelt, sondern nur [man beachte dieses „nur"] um die potentia oboedientialis des Hörens auf eine möglicherweise erfolgende Rede Gottes, die, falls sie geschieht, mindestens zunächst einmal auch im Bereich seines natürlichen Erkennens, d. h. durch menschliche Begriffe und Worte erfolgt[24] –

welch Letzteres auch Blondel ausdrücklich zum Thema macht.[25]

Diese wohl ausdrücklichste Bezugnahme auf Blondel und die ihm folgenden französischen Theologen, die sich in „Hörer des Wortes" findet, klammert nun gerade das aus, was Blondels „Action" aufweisen will: die Ausrichtung des Menschen auf eine gnadenhafte Erhebung zur Teilhabe am Leben Gottes, d. h. auf die „Übernatur" oder, wie Blondel richtiger sagt, das „Übernatürliche". Dies allerdings nicht im Sinne einer philosophisch wie auch immer erkenn- und definierbaren „potentia oboedientialis", sondern als ein Sich-Ausstrecken des Menschen nach etwas ihm gleicherweise Unerreichbaren wie Unentbehrlichen: „Absolument impossible et absolument nécessaire à l'homme: c'est là proprement la notion du surnaturel." „Absolut unmöglich und absolut notwendig für den Menschen: das ist genau der Begriff des Übernatürlichen."[26]

---

[23] HdW 33 [²37] = SW 4 (1997) 38.

[24] ebd. [verändert ²37].

[25] L'Action, 394 ss./428 ss./420 ff.

[26] L'Action, 388/422/412.

So lautet der damals wie heute meistzitierte und der umstrittenste Satz der „Action". Dabei weist schon der von uns soeben angedeutete sprachliche Unterschied auf eine grundlegend verschiedene Sichtweise unserer beiden Autoren hin. Rahner gebraucht unbefangen das Substantiv „Übernatur" und deutet damit einen zumindest theologisch fassbaren ontologischen Bereich, ein „Seiendes" an. Blondel dagegen spricht adjektivisch vom „Übernatürlichen" und bleibt dabei seiner phänomenologischen Sichtweise treu: Als „übernatürlich" ist das zu bezeichnen, was sich phänomenologisch als für den Menschen „absolut unmöglich und absolut notwendig" erweist. Als Kronzeugen für seine Sichtweise ruft Blondel im nächstfolgenden Satz Pascal an, allerdings ohne ihn ausdrücklich zu nennen, indem er auf dessen „L'homme passe infiniment l'homme" anspielt[27] und auf seine Forderung nach einer Selbstüberschreitung der Vernunft: „Das Tun des Menschen geht weit über den Menschen hinaus, und das ganze Bemühen seiner Vernunft zielt auf die Einsicht ab, daß es ihm weder möglich noch erlaubt ist, sich an die Vernunft allein zu halten."[28]

Mit diesen Präzisierungen ist auch schon eine weitere Verschiedenheit angedeutet: Während Rahner in seinem ontologisch-theologischen Denken die Ungeschuldetheit der Offenbarung an der souveränen Entscheidungsfreiheit Gottes festmacht, gehört für Blondel die Gratuität, die absolute Ungeschuldetheit konstitutiv und definitorisch zum Begriff des Übernatürlichen selbst.

Die Verschiedenheit in der Zielsetzung der beiden Werke liegt jedoch noch viel tiefer, als wir bisher feststellen konnten. Die für Rahners Überlegungen von Anfang an wegweisende Möglichkeit einer *Offenbarung* kommt bei Blondel nicht nur erst gegen Ende seiner Untersuchungen, im ersten Kapitel des Fünften und letzten Teils der „Action" zur Sprache; sie ist für ihn darüber hinaus nur eines, und zwar das weniger entscheidende Kennzeichen der christlichen Religion. Vor allem aber wird sie von Blondel in genau umgekehrter Fragerichtung angegangen wie von Rahner. Rahner fragt, wie der Mensch in seiner Erkenntnisfähigkeit strukturiert sein müsse, damit er auf eine möglicherweise ergehende Wortoffenbarung Gottes horchen könne und müsse. Blondel dagegen fragt genau umgekehrt, wie denn eine göttliche Offenbarung beschaffen sein müsse, damit sie für den Menschen als Of-

[27] *Blaise Pascal*, Pensées, ed. Brunschvicg, 434.

[28] L'Action, 388/422/412 in eigener Übersetzung.

fenbarung erkennbar sei und ihm überhaupt als sinnvoll und ernstlich in Betracht zu ziehen erscheine.

Das ist nun allerdings eine höchst verwegene Fragestellung. Rahner würde gegen sie zweifellos und zu Recht den Vorwurf erheben, sie unterwerfe die absolute Freiheit Gottes einem menschlichen Apriori. Blondel kann diese Verwegenheit nur wagen und Rahners Vorwurf entgehen, weil er an diesem Punkt die Richtung seines Denkens umgekehrt hat und seine Fragen nur noch „hypothetisch“ stellt – „hypothetisch“ nicht im rahnerschen Sinn einer „möglicherweise ergehenden“ Offenbarung, sondern im klassischen Sinne Platons, als nachträgliche philosophische Erhellung eines bereits anderweitig, außerphilosophisch bekannten Faktums. Zu Beginn seiner beiden eigentlich religionsphilosophischen Kapitel erklärt Blondel:

> Es wäre seltsam, wenn es wissenschaftlich sein sollte, den Buchstaben und den Geist aller Religionen zu erforschen mit Ausnahme der einen [christlichen]. [...] Nicht als ob wir das Recht hätten, uns zu erkühnen, mit der bloßen Vernunft das entdecken zu wollen, was geoffenbart sein muss, um erkannt zu werden. Aber wir haben das Recht, unsere Untersuchung bis zu dem Punkt voranzutreiben, wo wir spüren, dass wir in unserem Inneren etwas Ähnliches ersehnen müssen, wie das, was uns die Dogmen von außen vorlegen. Wir haben das Recht, diese Dogmen zwar zunächst nicht als geoffenbart, aber doch als offenbarend zu betrachten; d. h. sie Aug in Aug zu den tiefsten Bedürfnissen unseres Wollens zu stellen, und in ihnen, wenn es denn in ihnen liegt, das Spiegelbild unserer wirklichen Bedürfnisse zu entdecken und die Antwort, auf die wir warten. Wir haben das Recht, diese Dogmen als Hypothesen einzusetzen, wie die Mathematiker das tun, wenn sie ein Problem als gelöst voraussetzen und dann diese angenommene Lösung auf analytischem Weg nachprüfen.[29]

Mit dieser seiner hypothetischen Methode will Blondel allerdings nicht nur die menschlich relevanten Strukturen einer möglicherweise ergehenden Offenbarung Gottes erhellen; er fragt sich darüber hinaus, und das ist seine letzte Zielsetzung, unter welchen Voraussetzungen und durch welche Mittel eine tatsächliche *Teilhabe* des Menschen am Leben und Wirken Gottes, und zwar schon in diesem Leben, überhaupt denkbar ist. Die gleiche Zweitrangigkeit der Offenbarung gegenüber der übernatürlichen Teilhabe am Leben Gottes hat Blondel später einmal auf eine prägnante Formel gebracht, welche in der Frage des göttlichen Heilswillens die Theologie des II. Vatikanums vorwegnimmt: „Die scheinbaren Misserfolge der Offenbarung (Révélation) in

[29] L'Action, 391/425/417 in eigener Übersetzung.

dieser Welt schränken die gegenwärtigen und künftigen Auswirkungen der Erlösung (Rédemption) nicht ein."[30]

5. Aus der Verschiedenheit der Zielsetzung – hier Ersehnen einer den Menschen vollendenden, aber vom Menschen nicht einforderbaren Teilhabe am Leben und Wirken Gottes, dort Horchen auf eine freie Offenbarung Gottes – ergibt sich schließlich noch eine fünfte und letzte Verschiedenheit beider Autoren, und zwar gerade an dem Punkt, wo sie sich vielleicht am nächsten kommen. Beide lassen in christlichem Vorverständnis ihre Argumentation darauf hinauslaufen, dass die Bezugnahme zwischen Gott und Mensch nur vermittels eines dem Menschen zugänglichen *Sinnlich-Konkreten* geschehen kann, was soviel heißt wie in der *Geschichte* des Menschen. Das zielt bei beiden Autoren in letzter Instanz, wenn auch unausgesprochen, auf die *Menschwerdung des göttlichen Logos* ab.

Für Rahner, der primär eine Offenbarung Gottes im Blick hat, ist dieses Sinnlich-Konkrete in der Geschichte des Menschen das *„Wort"*, „jene geschichtliche Erscheinung, die wir Wort nennen, [...] jenes Wort, das selber wieder die Synthesis einer innerweltlichen, geschichtlichen Gegenständlichkeit und einer Verneinung ist."[31]

Weniger dialektisch, aber umfassender hat Blondel zwar auch Zeichen, Symbole und Wunder als notwendige Vermittler einer Offenbarung Gottes aufgezeigt; er postuliert jedoch darüber hinaus vor allem genau umschriebene *Handlungen*, in denen das Zusammenwirken von Gott und Mensch zeichenhaft und wirkkräftig zum Ausdruck kommen kann. Diese „pratique littérale" umfasst nicht nur göttliche Gebote, welche „wörtlich" zu erfüllen sind, sondern vor allem *sakramentale* Handlungen, bis hin zur Sakramentalität der kirchlichen Tradition und Gemeinschaft, bis hin zum Sakrament der Eucharistie, welches der letzte, unausgesprochene Zielpunkt der blondelschen „Fundamentaltheologie"

---

[30] Brief Blondels an Bremond vom 23. Juli 1903: „Au reste, les échecs apparents de la Révélation en ce monde n'empêchent pas les effets présents et futurs de la Rédemption; et cette pensée suffit à nous armer d'une invincible sérénité." (*Henri Bremond – Maurice Blondel*, Correspondance. Établie, présentée et annotée par *André Blanchet*. Bd. I, Paris 1970, 468 s.) Die gleiche Unterscheidung macht Blondel dann auch in „Geschichte und Dogma": „Die nur für die Erwählten bestimmte Gabe der Offenbarung [...] kann [...] nicht die allen zugängliche Erlösung vergessen lassen [...]" (*Maurice Blondel*, Geschichte und Dogma, 1904, deutsch von *Antonia Schlette*, Mainz 1963, 90).

[31] HdW 196 [^{2}192] = SW 4 (1997) 238.

ist, wie Mario Antonelli in seiner Dissertation nachgewiesen hat.[32]

6. Zusammenfassend können wir also sagen, dass „Hörer des Wortes“ und Blondels „Action“ zwar ein nah verwandtes, ja nahezu identisches Anliegen vertreten, dass sie dies jedoch auf dem Hintergrund zweier verschieden akzentuierter Theologien tun und im Rahmen zweier verschieden strukturierter Philosophien. Rahners *Theologie* ist theo-logisch im wörtlichsten Sinne des Wortes; sie ist ganz zentral ein Nachdenken über Gott, über den freien Unbekannten und über sein freies Tun, während im Hintergrund Blondels, der nicht Theologe ist, ein christozentrisches und sakramental-ekklesiologisches, und damit spezifisch katholisches Glaubensverständnis steht. Dieses ist Rahner selbstverständlich nicht fremd, aber er hat es nicht in dieser Weise thematisiert.

Die *philosophische* Herkunft und Ausbildung der beiden Denker hätte dagegen kaum verschiedener sein können. Rahner kommt aus einer streng scholastischen bzw. neuscholastischen Schule und bleibt, eigentlich zeitlebens, ein Scholastiker, trotz Einflüssen von Kant und Heidegger. Schließlich dürfte man ja Kant als den letzten großen Scholastiker betrachten und Heideggers Anfänge standen ebenfalls im Zeichen der Neuscholastik.[33] Blondel dagegen kennt in den Jahren der Abfassung von „L'Action“ die Scholastik und Thomas von Aquin praktisch überhaupt nicht. Er philosophiert im Gefolge von Descartes und namentlich von Maine de Biran in der ersten und nicht in der dritten Person Singular; er kennt Aristoteles zwar historisch und Kant durch die Vermittlung Lacheliers; doch fühlt er sich eher Leibniz verbunden und richtet sich methodologisch am szientistischen Phänomenismus eines Hippolyte Taine und eines Claude Bernard aus.

Dementsprechend waren die beiden Werke für ganz verschiedene Adressatenkreise vorgesehen. Rahner schreibt für Theologen und für scholastisch gebildete Katholiken, Blondel dagegen für laizistisch-positivistisch denkende Intellektuelle aus der französischen Universitätstradition, und es war sein eigentliches Unglück, dass seine „Action“ stattdessen vom ungefähr gleichen

[32] *Mario Antonelli*, L'Eucaristia nell'„Action“ (1893) di Blondel. La chiave di volta di un'apologetica filosofica, Milano 1993.

[33] In der letzten erschienen Auflage von *Friedrich Überwegs* Geschichte der Philosophie (Bd. IV, Berlin 1923) findet sich der Hinweis auf Heidegger pikanterweise im Kapitel „Die Philosophie in der katholischen Kirche. Der Neuthomismus“ (692 f.).

Leserkreis gelesen wurde wie ein halbes Jahrhundert später „Hörer des Wortes“.

Diese Verschiedenheit der philosophischen Grundprägung ist für ein kritisches Verständnis der beiden Werke wichtiger als der zunächst ins Auge springende Unterschied zwischen einer Philosophie des Seins und des Erkennens und einer Philosophie des Willens und des Handelns. Auch Rahner bezieht ja schon in „Hörer des Wortes“ das menschliche Handeln und eine Willenskomponente in seine Gedankengänge ein, während Blondel sich später veranlasst sehen wird, seine Philosophie der „action“ durch eine Philosophie des Erkennens, des Denkens und des Seins zu ergänzen.

Hier darf nun, gleichsam in Klammern, auch auf eine „atmosphärische“ Verschiedenheit zwischen Karl Rahner und Joseph Maréchal hingewiesen werden – jenem Neuscholastiker, der Rahner am meisten blondelsches Gedankengut vermittelt hat. Aus den Texten lässt sich diese Verschiedenheit kaum erheben; ich musste sie jedoch beim Übergang von der Schule von Pullach in die Schule von Löwen sozusagen am eigenen Leib erfahren. Der maréchal-thomistische „Dynamismus“ kann nämlich auf zwei ganz verschiedene Weisen aufgefasst werden. Während man ihn im deutschsprachigen Raum vorwiegend als Antrieb auf ein Ziel hin verstand, verstanden ihn die Belgier als Anlockung durch ein Ziel – ganz im ursprünglichen Sinne des aristotelisch-thomistischen „motus“, der mehr mit „Motivation“ als mit „Fortbewegung“ zu tun hat. Die Folgen dieser verschiedenen Akzentsetzung sind beispielsweise in der Gnadenlehre leicht abzusehen. Diese sieht wesentlich anders aus, wenn man die Gnade (sagen wir einmal suarezianisch) primär als Anstoß versteht oder (augustinisch) als Anlockung durch Gott. Diese Andeutungen müssen hier genügen; ihre Ausführung würde eine eigene, ganz anders aufzubauende Abhandlung erfordern.

Was hier noch erfordert ist, ist eine Rückbesinnung darauf, dass trotz all den aufgezeigten Verschiedenheiten Rahners „Hörer des Wortes“ und Blondels „Action“ nicht nur die substantiell gleiche Zielsetzung hatten, sondern dass sie zutiefst auch aus den gleichen Wurzeln hervorgingen.

4. Zwei Werke aus gleichen Wurzeln

1. Zwei äußerliche Beobachtungen können zu dieser Thematik hinführen. Zum einen wird ein Leser, der die beiden Werke in

Kenntnis des je anderen liest, nicht wenige Übereinstimmungen im Detail bemerken, ja er mag geradezu den Eindruck gewinnen, dass die beiden Werke sich *wechselseitig begründen*. So nimmt beispielsweise Blondels auf psychophysische Beobachtungen sich abstützender Aufweis des in jeder bewussten Wahrnehmung notwendig aufscheinenden Unendlichen, des „infini",[34] Rahners „Vorgriff" vorweg und begründet ihn phänomenologisch. Ferner zeigen Blondels „Platzanweisungen" für die traditionelle Metaphysik und für die Erkenntnis des „Einzig Notwendigen", wo Karl Rahners Ausführungen ihren Platz im menschlichen Daseinsvollzug haben und wo sie tatsächlich unersetzlich sind, während umgekehrt Rahners Urteilsanalyse im 5. Kapitel von „Hörer des Wortes"[35] in manchem wie eine Fortschreibung der blondelschen Spannung zwischen „volonté voulue" und „volonté voulante" anmutet.

Vor allem aber liefert Rahners Erkenntnismetaphysik die bei Blondel fehlende Begründung der Erkennbarkeit des Erkannten. Ferner bemühen sich beide Denker gleicherweise um eine *Philosophie des Sinnlich-Konkreten*, schon bevor ihnen dies für ihre religionsphilosophischen Überlegungen unentbehrlich wird. Einerseits kann eine Offenbarung Gottes nur durch die Vermittlung des Sinnlich-Konkreten erfolgen, darin sind sich beide Denker einig, nicht zuletzt auf Grund ihrer gemeinsamen katholischen Herkunft. Doch andererseits tritt schon das Sein dem Menschen überhaupt nur in sinnlich-konkreter Gestalt entgegen, wie Rahner und Blondel wiederum übereinstimmend unterstreichen. Ist es verwegen anzunehmen, dass Karl Rahner in dieser für einen Erkenntnismetaphysiker doch eher erstaunlichen Akzentsetzung nicht zuletzt durch die frühe Lektüre von Blondels „Itinéraire philosophique" bestärkt wurde, in der dieser mit Nachdruck eine Philosophie des Konkreten fordert, weil sich das Sein immer nur im Konkreten, der Einheit von „universel" und „singulier" finde?[36]

2. Damit haben wir bereits eine zweite Beobachtung angedeutet. Beide Philosophen wollen eine ausdrücklich *christliche Philosophie* vorlegen, und zwar beide im wesentlich gleichen Sinn. Das braucht nicht zu verwundern, hat Karl Rahner doch in seiner Studienzeit zusammen mit Blondels „Itinéraire" auch, und wahr-

---

[34] L'Action, 117–124/151–158/143–151.

[35] HdW 73–77 [verändert ²75–79] = SW 4 (1997) 88–92.

[36] *Maurice Blondel*, L'Itinéraire philosophique, Paris 1928, 76; Neudruck Paris 1966, 44 s.

scheinlich noch intensiver, dessen „Le problème de la philosophie catholique“ von 1932 gleich nach Erscheinen gelesen. In einem Satz, der geradezu als Resümee des blondelschen Denkens aufgefasst werden könnte, meint Rahner,

daß die „Christlichkeit“ einer Philosophie sich darin zeigen muß, daß sie gerade als echte, als „bloße“ Philosophie über sich hinaus und den Menschen hinweist in die Haltung des Achtens auf eine möglicherweise ergehende Offenbarung, daß sie wird zur praeparatio evangelii in dem Sinn, daß sie den Menschen von sich aus begreift als „naturaliter christianus“, als den für eine Offenbarung Aufnahmebereiten, so daß diese Bestimmung nicht nachträglich zum begriffenen Wesen des Menschen hinzutritt, bloß weil tatsächlich eine Offenbarung ergangen ist, sondern der Mensch damit allererst in seinem Wesen ursprünglich und endgültig metaphysisch begriffen ist.[37]

Blondel hätte dem bloß noch hinzuzufügen, dass er seine Philosophie eben deswegen lieber nicht als „christliche“, sondern als „katholische Philosophie“ bezeichnen möchte, weil jedes echte, bis ans Ende des Denkbaren weiterdenkende Philosophieren schließlich über sich selbst hinausführt und hinausführen muss auf das bloß menschlich nicht mehr einzufangende „katholische“ Ganze.

Konkret zeigt sich die Christlichkeit ihrer Philosophie bei Rahner wie bei Blondel vor allem darin, dass sie letztlich auf eine *Philosophie der Liebe* hinausläuft. Erst die Liebe ist, wie Rahner formuliert, „die Leuchte der Erkenntnis“[38], ja „die Logik kommt nur in der Logik der Liebe zum Begreifen des freien Seins“[39], während Blondel noch radikaler feststellt: „L'être est amour; l'on ne connaît donc rien si l'on n'aime. Et c'est pour cela que la charité est l'organe de la parfaite connaissance [...]“ „Das Sein ist Liebe; man erkennt nichts, wenn man nicht liebt. Das ist der Grund, weshalb die Nächstenliebe das Organ für vollkommene Erkenntnis ist [...]“[40] Es würde sich lohnen, diese beiden gleicherweise kurzen, aber dichten Ausführungen über die Liebe als Organ der Erkenntnis einmal eingehend miteinander zu vergleichen. Dies ist hier nicht mehr möglich; denn es steht noch ein letzter Schritt im Vergleich der beiden Werke an, ein Schritt, der über die beiden Texte hinaus, bzw. hinter sie zurück führt.

Sowohl Rahner wie auch Blondel wollen „echte“, „bloße“ oder „reine“ Philosophie betreiben. Beide tun das jedoch in aus-

---

37 HdW 33–34 [verändert ²38] = SW 4 (1997) 38–40.

38 HdW 125 [²124] = SW 4 (1997) 150.

39 HdW 126 [verändert ²124] = SW 4 (1997) 150.

40 L'Action, 443/477/469, in eigener Übersetzung.

drücklichem *Wissen um die christliche Offenbarung*, und sie verheimlichen dies auch nicht. Rahner spricht oft genug von der Theologie, um sich auch als Theologe zu erkennen zu geben. Blondel macht seine glaubensmäßige Vorgabe gar noch ausdrücklicher als Rahner; denn er argumentiert, wie wir gesehen haben, im fünften und letzten, dem eigentlich religionsphilosophischen Teil seines Werkes überhaupt nur „hypothetisch", indem er im Licht des von den Christen vorgelebten Christentums zu erhellen sucht, wie eine den tieferen Strukturen des menschlichen Wollens entsprechende Religion strukturiert sein müsste.

Diese hermeneutische Vorgabe Blondels weist, wenn auch verhüllt und ohne anderweitige Kenntnisse kaum entzifferbar, auf das hin, was die beiden Denker im Letzten und im Tiefsten verbindet. Beide philosophieren aus ihrer persönlichen religiösen, *christlichen Erfahrung* heraus, und sie bemühen sich, etwas von dieser Erfahrung in einen philosophischen Diskurs umzusetzen. So wollen sie beide anderen Menschen, Gläubigen wie auch Nichtgläubigen, diese ihre Erfahrung irgendwie zugänglich machen. Erst aus diesem, zugleich seelsorgerlichen und letztlich „mystischen" Erfahrungshintergrund heraus lassen sich die beiden Werke adäquat verstehen. Ohne das „Tagebuch vor Gott", die „Carnets Intimes" Blondels bliebe dem Leser manches, und vielleicht das Wichtigste der „Action" verschlossen, und in gleicher Weise kann „Hörer des Wortes" erst auf dem Hintergrund der gleichzeitig geschriebenen „Worte ins Schweigen" sowie des gleichzeitigen Aufsatzes über „Die ignatianische Mystik der Weltfreudigkeit" in seiner ganzen Sinnträchtigkeit verstanden werden. Erst aus diesem anderen Schriften erhalten zunächst abstrakt und blutlos begrifflich klingende Worte wie „Gott", „Wort", „Geist", „Liebe", „Warten" und „Welt" ihren vollen Klang und ihre wahre Bedeutung. Erst aus diesen Schriften lässt sich verstehen, was Karl Rahner seinen damaligen Zuhörern und auch noch den heutigen Lesern von seiner eigenen geistlichen wie philosophischen Erfahrung mitteilen will. Nur ein Textbeispiel möge für viel stehen:

Denn alle meine Endlichkeit versänke in ihrer eigenen dumpfen, sich selbst verborgenen Enge, sie könnte nicht zum sehnenden Schmerz und nicht zum entschlossenen Sichabfinden werden, hätte nicht der wissende Geist sich immer schon hinausgeschwungen über seine eigene Endlichkeit, hinaus in die lautlosen Weiten, die du, schweigende Unendlichkeit erfüllst. Wohin also soll ich fliehen vor dir, wenn alle Sehnsucht nach dem Grenzenlosen und aller Mut zu meiner Endlichkeit dich bekennt?[41]

Es wäre zweifellos aufschlussreich, Karl Rahners Werke auf dem Hintergrund seiner geistlichen Erfahrung zu lesen, wie dies für Blondel teilweise schon geschehen ist. Neue philosophische und theologische Perspektiven könnten sich eröffnen. Hier soll nur das etwas mühselig Analysierte in dem einen Wort zusammengefasst werden, mit dem Karl Rahner zwei Jahre vor seinem Tod die Einleitung zu den geistlichen Texten seines Mitbruders und Freundes Alfred Delp beschlossen hat – ein Wort, das für ihn wie für Maurice Blondel gleicherweise gelten kann:

Nochmals: Was jemand schreibt, erhält seinen letzten Sinn und sein wahres Gewicht durch das, was er lebt. Mindestens von Gott her hat alles in einem menschlichen Leben eine letzte Einheit, in der alle Einzelheiten eines Lebens sich gegenseitig mitbestimmen und jede Teilwirklichkeit aus dem einen ganzen des Lebens herkommt.[42]

---

[41] *Karl Rahner*, Worte ins Schweigen, Innsbruck 1938, 10; jetzt neu in: Gebete des Lebens, Freiburg 1984, 27.

[42] *Karl Rahner*, Einleitung zu den Texten, in: *Alfred Delp*, Geistliche Schriften. (Gesammelte Schriften, Bd. 1), Frankfurt 1982, 50.

Freiheit zum Tode
Zu einem Kernstück von Karl Rahners Anthropo-Theologie

Jörg Splett, Frankfurt a. M.

Für seine Arbeit über Rahners „philosophische[n] Weg zur personalen Existenz" erhielt seinerzeit Peter Eicher von seinem Autor einen Geleitbrief,[1] den dieser fünf Jahre später in seine „Schriften zur Theologie" aufgenommen hat, dort mit dem Titel „Einfache Klarstellung zum eigenen Werk".[2] Darin heißt es eingangs: „Ich selbst möchte ein Theologe sein und eigentlich sonst nichts, einfach, weil ich kein Philosoph bin." Hier ist also mit „Theologie" nicht eine philosophische Disziplin gemeint (die ihren Namen Platon verdankt[3]), sondern kirchliches Glaubensdenken. Von Philosophie anderseits spricht Rahner, „insofern sie wissenschaftlich genau und gelehrt sein will". Solch „wirklich gelehrte Philosophie voll Fachwissenschaftlichkeit wird zu einer existentiell leeren und ineffizienten Philosophie" (600). Also gäbe es doch auch eine andere?

Auf diesen Disput – der seit je zum Wesen der Philosophie gehört[4] – müssen wir uns jetzt nicht einlassen. Anderwärts nämlich liest man bei Rahner selbst – wie zu erwarten –, „daß so etwas wie Philosophie ein inneres Moment in Theologie (und somit in Offenbarung) ist".[5] Und er „definiert" dort (94), dass „auch die Philosophie im strengsten Sinn nichts anderes sein kann als die methodisch genaue, reflektierte und tunlichst kontrollierte Darstellung und Artikulation [eines] ursprünglicheren

---

[1] *Peter Eicher*, Die anthropologische Wende. Karl Rahners philosophischer Weg vom Wesen des Menschen zur personalen Existenz, Freiburg (Schweiz) 1970, IX–XIV.

[2] Schriften zur Theologie (= Schriften; insgesamt 16 Bde., Einsiedeln 1954–1984) XII (1975) 599–604.

[3] Politeia II 379 a. Siehe *Werner Jaeger*, Die Theologie der frühen griechischen Denker, Stuttgart 1953, Kap. 1, bes. 12 ff.

[4] *Robert Spaemann*, „Die kontroverse Natur der Philosophie", in: Philosophische Essays. Erw. Ausg. Stuttgart 1994, 104–129.

[5] „Philosophie und Theologie", in: Schriften VI (1965) 91–167, 95.

und nie ganz eingeholten Selbstverständnisses" des Menschen. Darum heißt es dann lapidar: „Eine unphilosophische Theologie wäre eine schlechte Theologie. Und eine Theologie, die schlecht ist, kann ihren notwendigen Dienst für die Verkündigung der Offenbarung nicht leisten" (101).

Nun liegt eine „Schwierigkeit darin, daß die unerläßliche *ancilla theologiae* nur eine solche sein kann, wenn sie zugleich in sich selber *domina* ist und das erste nicht ein Nebenberuf des zweiten, der Herrschaft ist, vielmehr diese Herrschaft ist gerade erst zur Dienstleistung der Theologie befähigt" (95). Darum gibt es in der theologischen Ausbildung eigens Philosophie-Professoren, deren einer ja auch Rahner werden sollte.[6] Aber wäre es damit getan, dann wäre Philosophie kein „inneres Moment" der Theologie. Die Theologen selber müssen vielmehr Philosophen sein; ihr eigenes Theologie-Treiben wäre, wenn unphilosophisch, schlechte Theologie.

Damit sieht trotz jenem Brief der Philosoph sich berechtigt, bei Rahner über Freiheit und Tod nachzulesen und im Untertitel „Anthropo-theologie" nicht bloß interfakultativ, sondern im Sinn philosophischer Disziplinen zu nehmen. Allerdings (noch eine letzte Vorbemerkung) im Bewusstsein, dass er es mit der Philosophie eines Theologen zu tun hat. Wirft bereits „christliche Philosophie" Probleme auf – und nicht bloß für „wissenschaftliches" Philosophieren im obigen Sinn, sondern bekanntlich gerade auch bei Denkern jenseits der science –, freilich durchaus redlich lösbar[7], so würde hier der Versuch, das Philosophische von allen theologischen Verknüpfungen zu „reinigen", es selbst beschädigen.[8] Wer jedoch auf Theologie-Reste allergisch reagiert, der sei gefragt, wie er es mit der Fülle natur- und humanwissenschaftlicher Daten in seiner Philosophie halten wolle. So sehr

---

[6] Siehe auch *Karl Lehmann*, „Philosophisches Denken im Werk Karl Rahners", in: Karl Rahner in Erinnerung, hg. v. *Albert Raffelt*, Düsseldorf 1994, 10–27.

[7] Siehe zuletzt *Jörg Splett*, Hölzernes Eisen – Stachel im Fleisch? Christliches Philosophieren, Münster 2001.

[8] Das droht ja bereits beim christlichen Philosophieren: Statt es als Un-Philosophie zu verdächtigen, hätte man eher umgekehrt vom „Dilemma einer Philosophie" zu sprechen, „die weder Mythos noch Theologie kennt, und die dennoch, noch immer, das zu sein beansprucht, was Pythagoras-Platon-Aristoteles ‚Philosophie' genannt haben." *Josef Pieper*, „Über das Dilemma einer nicht-christlichen Philosophie", in: *ders.*, Schriften zum Philosophiebegriff (Werke in acht Bänden, 3), Hamburg 1995, 300–307, 304.

Philosophie auf ihrer Autonomie zu bestehen hat, so wenig ist sie autark.

Nehmen wir also mit Rahner den Menschen als Freiheits-Wesen in den Blick.

I. Freiheit

Dabei soll es weniger um Rahners Denkweg gehen, von „Geist in Welt" über „Hörer des Wortes" zu den späteren Arbeiten,[9] besonders dem „Grundkurs", sondern um eine systematische Skizze.

1. „Wahl- (Entscheidungs-) Freiheit läßt sich als eine Grundverfassung der Person nur schwer definieren. Sie ist die Möglichkeit der Person, so über sich selbst zu verfügen, daß diese Verfügung in ihrer Konkretheit nicht restlos nach rückwärts in ein von ihr Verschiedenes aufgelöst werden kann, von dem sie ableitbar wäre, so daß sie wäre und so wäre, weil gerade ihre Voraussetzungen so und nicht anders sind".[10] Im Freiheitshandeln (Denken, Reden Tun) bestimmt Person sich selbst, indem sie aus mehreren, von zwei bis zu unzählbar vielen Möglichkeiten jeweils eine zur Verwirklichung wählt. Ihre Offenheit übergreift also das, was zur Wahl steht. Darum kann Wahlgegenstand einzig Endliches sein, Unendliches nur, insofern es als endlich vorgestellt wird.

Das heißt aber nicht, dass Freiheit es allein mit Endlichem zu tun hätte. Die Analyse der Wahl entdeckt vielmehr eine Kaskade gesteigerter, sich übersteigender Verweise. – Und dies wenigstens in doppelter Hinsicht: *Im einzelnen* könnte man der Frage nachgehen, warum gerade dies vor jenem gewählt wird, warum sodann (bzw. dem zuvor) gerade die Gründe für dieses mehr zählen als die für jenes, und nochmals: worauf dieses „Mehr-zählen" sich stütze ... und so weiter bis zu welchem Ende.

Grundsätzlich aber und uns wichtiger verläuft der Frageweg in Gegenrichtung: In der Wahl des einen Gegenstandes oder Gutes, im Verwirklichen der einen Möglichkeit ist es der Freiheit nicht so sehr um dieses Einzelgut zu tun als vielmehr um sich selbst. Das heißt, Person wählt sich als die, die dieses (und nicht

---

[9] Siehe *Peter Eicher* (Anm. 1) 342.

[10] „Würde und Freiheit des Menschen", in: Schriften II (1955) 247–277, 259.

jenes), und aus diesen (und nicht jenen) Gründen wählt. Darum war von Selbst-Verfügung und -Bestimmung die Rede.

Diese Selbstbestimmung indes kann ihrerseits nicht das Erst/Letzte, total und absolut sein. Sie ist es nicht einmal in Sartres seinerzeit so bekannter wie paradoxer Programm-Formel, dass die Existenz der Essenz vorangehe.[11] Und zwar nicht bloß bezüglich der materialen Vorgaben und Bedingungen seiner Wahl, sondern – worauf es vor allem ankommt, und worum es auch in Sartres Vortrag von 1946 ging, aus dem die Programm-Formel stammt – im Blick auf die Menschlichkeit des Menschen. Sartre vertrat die These, der Existentialismus sei ein Humanismus.[12] „Menschlich/Menschlichkeit" hat ja eine Doppelbedeutung; einmal heißt der Gegensatz „Nichtmenschlich(keit)", sodann und gewichtiger: „Unmenschlich(keit)".

Diese Doppelung ist dem Menschen nicht weniger vorgegeben als seine äußeren Umstände. Darum sah Sartre sich ja zu seinem Vortrag genötigt. Er berief sich darin auf „Selbstverantwortung" für sich selbst wie gar für die Menschheit (24/12). Man müsse sich immer fragen, was geschehen würde, wenn alle Welt so handle wie man selber ... (28 f./13). Inwiefern „muss" man dies? Man *muss* natürlich nicht (nur sterben muss man), man *soll* (d. h. statt nicht anders zu *können*, *darf* man nicht anders – im Deutschen sollte man, jedenfalls philosophisch, scharf unterscheiden, was das Französische [wie das Latein] – „on doit [debet]" – in eins nimmt). Und so spricht Sartre einen Satz weiter gar vom Gewissen (29/13) und von „mauvaise foi (Böswilligkeit; besser: Unaufrichtigkeit)" (29/13).

Nach diesem kleinen Umweg kehren wir zu Rahner zurück. Der Theologe ist nämlich (darum der Einschub) umstandslos von den endlichen Gütern zu folgendem Satz fortgegangen: „Insofern freilich gerade durch die richtige oder falsche Stellungnahme zu endlichen [...] Gütern in ihrer gottentspringenden Ordnung, kraft der die Freiheit tragenden notwendigen Bezogenheit des Geistes auf das Absolute, eine bejahende oder verneinende Haltung zum absoluten Gott geschieht, ist die Freiheit im letzten durch das Endliche hindurch die Möglichkeit der selbstgetanen und selbst-

[11] *Jean-Paul Sartre*, L'Existentialisme est un humanisme, Paris (1946) 1952, 17–22.

[12] Die deutsche Übersetzung hat merkwürdigerweise die Frageform gewählt: Ist der Existentialismus ein Humanismus? Hier nach dem Ullstein Buch: Drei Essays, Berlin 1960; die genannte Passage: 9–11 (im folgenden nach Schrägstrich).

verantworteten Stellung zu Gott selbst“ (Schriften II [1955] 259). Doch ist dies kein (fach-)theologischer Satz.

Sartre erklärt zwar einige Seiten nach dem Zitierten, nirgends stehe „geschrieben, daß das Gute existiert, daß man ehrenhaft sein soll, daß man nicht lügen soll; genau aus dem Grund, weil wir auf einer Ebene uns befinden, wo es nur Menschen gibt“ (36/16). Und er beruft sich auf Dostojewski: „Wenn Gott nicht existierte, wäre alles erlaubt“ (ebd.). Aber erst einmal abgesehen von Gott: Wieso nennt er die Unaufrichtigkeit „mauvaise“, warum soll man verantwortlich handeln, anstatt dass alles erlaubt ist? – Mit anderen Worten, von „der die Freiheit tragenden notwendigen Bezogenheit des Geistes auf das Absolute“ handelt der Existentialist nicht weniger als der Theologe.

2. Und nun zur Gottesfrage. De facto widerspricht Sartre ja dem von ihm berufenen russischen Dichter – wie ihm noch entschiedener Albert Camus widerspräche. In der Tat aber hat man es lange so gesehen wie Dostojewski. Aus dem Grund hat etwa John Locke in seiner Toleranzschrift außer den Katholiken (wegen ihrer Abhängigkeit von einem ausländischen Souverän) die Atheisten von der Duldung ausgenommen.[13] Doch sollte man keineswegs Atheisten aus ihrer Gewissensverpflichtung entlassen.

Darüber hinaus aber wäre statt von Gott auf den kategorischen Imperativ hin umgekehrt von dieser sittlichen Erfahrung her auf Gott hin zu denken. Und zwar nicht erst wie bei Kant als Hoffnungspostulat im Blick auf die Ermöglichung von Gewissensgehorsam, sondern in Reflexion auf das Wovon-her des Sollens. Das kann hier nicht ausführlich geschehen.[14] Es muss bei einem knappen Hinweis bleiben:[15]

Erstens richtet ein kategorischer Anspruch sich nicht bloß allein *an* Personen, statt an Unterpersonales; als unbedingtes Gemeintsein muss er auch seiner Herkunft nach personal sein. Das heißt, er kann nicht erst vom Hörer als Anspruch vermeint und aufgefasst werden, er muss ursprünglich als solcher gemeint sein

---

[13] *John Locke*, Ein Brief über die Toleranz [1667/1689]. Englisch-deutsch, hg. v. *Julius Ebbinghaus*, Hamburg 1957, 93–97.

[14] Siehe *Jörg Splett*, Denken vor Gott. Philosophie als Wahrheits-Liebe, Frankfurt 1996, Kap. 3: Vernunft im Dienst „vernünftigen Dienstes“; *ders.*, Gott-ergriffen. Grundkapitel einer Religionsanthropologie, Köln ²2003, Kap. 2: Gotteserfahrung im Gewissen.

[15] Nach: Gott-ergriffen (s. Anm. 14), 32–34.

(und selbstverständlich nicht vom Gemeinten; denn wie sollte das ihn unbedingt verpflichten?). Aus Fakten, Strukturen, auch aus erfühlten Werten als solchen kann niemals ein schlechthin frageloses „Du-sollst“ ergehen. (So schön es ist, „sich“ aus etwas „ein Gewissen zu machen“, hier geht es darum, dass man eben dies fraglos soll.)

Zweitens ein Blick auf die eingeforderte Antwort: Ich soll nicht bloß – befehlsgemäß – mich innerweltlich/zwischenmenschlich engagieren, sondern ich habe darin zugleich und zuvor dem Anruf selbst zu entsprechen, oder richtiger: der Instanz, die mich darin anspricht. Im Disput soll ich nicht bloß den Gegner achten, wir haben beide *der Wahrheit die Ehre zu geben*.

Das Bannwort der Moderne heißt hier Heteronomie. Erfahren aber wird tatsächlich (anstatt fremder Andersheit, die uns unterwürfe) das eigene Anders-Sein – im Lichte des „non-aliud“. Wir nämlich sind uns – wie noch zu bedenken – entfremdet, so sehr, dass wir das Selbstverständlich-Gute eigens sollen müssen. Doch das uns Gebotene ist in sich gut; es ist/wird uns einsichtigerweise geboten.[16]

Gleichwohl begründen nicht Warum und Wozu die fraglose Unbedingtheit des Gebots; denn Begründungen sind niemals fraglos. Eben diese Verbindung von Einsichtigkeit und Unbedingtheitsanspruch aber, die – ohne dass sich eines auf das andere zurückführen ließe – die unvergleichliche Eigenqualität des Sittlichen ausmacht, „nimmt den Charakter des rein [= bloß, d. h. empirisch] Faktischen und nicht weiter Begreifbaren an, sobald man unterstellt: non est Deus“ (Bruno Schüller).[17]

---

[16] Es geht nämlich nicht um konkrete Imperative, über die sich streiten ließe, sondern um Anspruch und Selbstgerechtfertigtsein von prinzipiell Gebotenem: Liebe, Mitmenschlichkeit, Wahrheitswille überhaupt. So sehr – gerade deswegen – alsbald der Streit um die konkreten Wege anhebt. Der aber steht nochmals selbst unter diesem Imperativ. Darum ist schließlich „Imperativ“ recht zu lesen. Zwar *gründet* Ethik mitnichten auf einem „Ich will“; der Wille *entspricht* (selbstredend willig) einem Geheiß. Doch dem in der Tat nicht zuletzt *als* purem Befehl (schon gar nicht, wie gesagt, als „Muss“), sondern ob seiner *„Herrlichkeit“* und Heiligkeit.

[17] Der menschliche Mensch. Aufsätze zur Metaethik und zur Sprache der Moral, Düsseldorf 1982, 88 (Sittliche Forderung und Erkenntnis Gottes; dazu den Folge-Aufsatz: Dezisionismus, Moralität, Glaube an Gott). – Damit wird übrigens nicht das Gewissen umstandslos zur „Stimme Gottes“ erklärt. Wie könnte es dann irren? Das gölte höchstens vom (unfehlbaren) „Prinzipiengewissen“ (*synderesis*), nicht vom konkreten Normenbewusstsein (*conscientia*). Vgl. *Johannes Stelzenberger*, Das Gewissen. Besinnliches zur Klarstellung eines

Entweder muss man dann – rationalistisch – den Anspruchs-Charakter bestreiten (es handelt sich nur um kluges Wollen) oder man leugnet die innere Einsichtigkeit – und muss das gebieterische Moment im Gewissen als autoritäres Über-Ich deuten statt als wahre Autorität. Beides zugleich wird vom Dezisionismus preisgegeben.

Insofern führt, mit Kants Worten, Moral „unumgänglich zur Religion".[18] Einmal in dem Sinn, in dem F. W. J. Schelling das Gewissen den „einzigen offnen Punkt" nennt, „durch den der Himmel hereinscheint".[19] Und in dem er („der ursprünglichen Wortbedeutung nach") Gewissenhaftigkeit als „Religiosität" bezeichnet:

Wir verstehen darunter nicht, was ein krankhaftes Zeitalter so nennt, müßiges Brüten, andächtelndes Ahnden, oder Fühlenwollen des Göttlichen. Denn Gott ist in uns die klare Erkenntnis oder das geistige Licht selber, in welchem erst alles andere klar wird [...] und in wem diese Erkenntnis ist, den läßt sie wahrlich nicht müßig sein oder feiern.[20]

Darüber hinaus ist das Verhältnis zum Gebietenden selbst gemeint.[21]

3. Unsere Freiheit ist also „Freiheit zu einem Ja und Nein auf einen Anruf, nicht absolut schöpferische Freiheit" (Schriften II [1955] 260). Ich würde sogar formulieren wollen: Freiheit zum Ja – die allerdings als Freiheit die Bejahung unterlassen und sie pervers ins Nein kehren kann. Ist doch das Nein keine gleichberechtigte Alternative, sondern nur die Un- und Wider-Möglichkeit der Selbstzerstörung. Darum bedeutet das „sittliche Gesetz als solches (im Gegensatz zu seiner erzwungenen Beobachtung) [...] keine Einschränkung der Freiheit, da es ja in seinem eigenen

---

Begriffes, Paderborn 1961, bes. 60–69. (John Henry Newman, bei dem dies – von Augustinus her – begegnet, spricht anderenorts von „Echo" [Denken vor Gott (Anm. 14), 184 f.]; noch besser wäre: *Hören* des Worts.)

[18] Religion innerhalb der Grenzen der bloßen Vernunft B X, Anm. (Werke in sechs Bdn., hg. v. *Wilhelm Weischedel*, IV 652; Akad.-Ausg. VI 8).

[19] Über den Zusammenhang der Natur mit der Geisterwelt: Sämtl. Werke, Stuttgart–Augsburg 1860 ff., Abt. I/9, 17.

[20] Über das Wesen der menschlichen Freiheit: Sämtl. Werke, Abt. I/7, 392.

[21] Und die weitere Frage nach dem Verhältnis von Gottesbezug und Verhältnis zu Welt und Mensch. Dazu *Jörg Splett*, „Über die Einheit von Nächsten- und Gottesliebe – laienhaft (Idiota de unitate [...])", in: Wagnis Theologie. Erfahrungen mit der Theologie Karl Rahners (FS K. Rahner), hg. v. *Herbert Vorgrimler*, Freiburg 1979, 299–310.

Wesen die Freiheit voraussetzt, sich an sie wendet (da es nur erfüllt ist, wenn es frei getan wird) und die Freiheit auf ihr eigenes Wesensziel, den echten Vollzug der Person, hinrichtet" (262). So zeigt Freiheit sich nicht erst/nur im (fach-)„theologischen Verstand" als Freiheit „von Gott her und auf Gott hin".[22]

Darum ist sie kein „in sich neutrales Vermögen, dieses oder jenes zu tun in beliebiger Reihenfolge und in einer Zeitlichkeit, die nur von außen abgebrochen würde, obwohl sie, von der Freiheit her gesehen, ins Unbestimmte weiterlaufen könnte, sondern Freiheit ist das Vermögen, sich selbst ein für alle Mal zu tun, das Vermögen, das von seinem Wesen her auf die frei getane Endgültigkeit des Subjekts als solchen geht" (Schriften VI [1965] 221).

„Die Freiheit ist zunächst einmal ‚Seinsfreiheit'. Sie ist nicht bloß die Qualität eines zuweilen in Vollzug gesetzten Aktes und dessen Vermögens, sondern eine transzendentale Auszeichnung des Menschseins selber" (222). Im Anklang an bekannte Wendungen bei Kierkegaard wie Heidegger formuliert Rahner: Der „Mensch ist jenes Seiende, dem es in seinem Sein um dieses selber geht, das immer schon ein Verhältnis zu sich selbst hat, Subjektivität und nie einfach Natur, immer schon Person, nie einfach ‚vorfindlich', sondern schon immer ‚für sich', ‚befindlich' ist" (223).

Dies macht die Unvergleichlichkeit jedes Einzelnen, seine Unantastbarkeit aus, doch zugleich auch seine Einsamkeit und Ungeborgenheit. Er selbst macht sich – als „causa sui"[23] – zu

---

[22] „Theologie der Freiheit", in: Schriften VI (1965) 215–237, 216.

[23] *Josef de Vries*, in: Der Mensch vor dem Anspruch der Wahrheit und der Freiheit (FS J. B. Lotz), hg. v. *Josef de Vries u. Walter Brugger*, Frankfurt 1973, zu meinem Beitrag: „Antwort gerufener Freiheit. Philosophisches zum Gebet" (239–255), 243, Anm. 8: „Ursprünglich ist das Wort ‚homo liber sui causa est' allerdings Übersetzung des aristotelischen ἄνθρωπος ἐλεύθερος ὁ ἑαυτοῦ ἕνεκα ... ὤν (Met. I 2, 982 b, 25 f.), d. h. der (soziologisch) Freie (im Gegensatz zum Sklaven) ist jener, der um seiner selbst willen da ist (nicht um eines anderen willen), das lat. ‚causa' ist als Übersetzung des griech. ἕνεκα grammatisch als Ablativ, nicht als Nominativ aufzufassen, sachlich ist die gemeinte Kausalität die des Zieles (‚um willen'). So versteht Thomas das Wort nicht nur in seinem Kommentar zur eigentlichen Fundstelle (d. h. In I Met., lect. 3, n. 58), sondern z. B. auch in: De regimine principum 1, 2, n. 5 (Opuscula philosophica, ed. Perrier, p. 224); so wohl auch noch ScG . III 112, 3. Absatz. – An anderen Stellen dagegen fasst Thomas das ‚causa sui' als ‚Ursache seiner selbst', d. h. ‚causa' grammatisch als Nominativ, sachlich als *wirkende* Ursache. Die ‚causa sui' wäre also eine Ursache, die sich selbst

dem, der er durch sein Handeln wird, schließlich geworden sein wird.

Aber damit ist die Situation noch ungenügend beschrieben. Die Einsamkeit selbst nämlich stellt sich durchaus als komplex dar, insofern die „Freiheit als Selbstverfügung des Subjektes zu sich selbst auf Endgültigkeit hin notwendig vermittelt ist durch eine [sich] von sich her aposteriorisch und unverfügbar und letztlich ungeplant gebende Um- und Mitwelt. Der Mensch vollzieht seine ursprüngliche Freiheit zu sich selbst immer nur im hinnehmenden Durchgang durch seine ihm auferlegte Geschichte, die vorgegeben und auferlegt ist“ (233).

Diese Geschichte ist nun nach christlicher Lehre – Erbsünde, Konkupiszenz – „immer und unausweichlich von der Schuld mitbestimmt“ (234). Gegen eine solche belastende „Mythologie“ meldet die Moderne geschlossen Protest an, auch und erst recht die Postmoderne. Selbst unter christlichen Theologen mehren sich heute die Stimmen, wonach „gegenüber den Erkenntnissen zu Geburt und Evolution des Universums ein Schöpfungsfall nach etwa 15 Milliarden Jahren und ein Menschenfall nach langem evolutivem Wachstum nur noch abstrus“ sei.[24] An die Stelle eines Risses in der Schöpfung und vor allem im Menschen tritt eine riskante Weltentwicklung mit den harten Gesetzen des Lebens und Überlebens, in der „alles zählt, nicht allein der Mensch“ (161; 166).

Doch meldet sich hierzu nicht nach wie vor Pascals bekanntes Wort? „Sicher befremdet uns nichts härter als diese Lehre; und doch bleiben wir ohne dieses unverständlichste aller Geheimnisse

---

schlechthin, d. h. zu ihrem ersten Sein, hervorbringt. Die sachliche Berechtigung, eine ‚causa sui‘ in diesem Sinn anzunehmen, wird aber von Thomas stets abgelehnt. So schon De ente et essentia, c. 4, n. 22 (nach der Zählung von Perrier, a. a. O. p. 41). – Ohne Zweifel gibt es aber auch Stellen, in denen Thomas das ‚causa sui‘ von der (über das erste Sein hinausgehenden, weiteren) Selbstverwirklichung, wie sie im freien Wirken erfolgt, gebraucht, also ‚causa sui‘ grammatisch als Nominativ, sachlich als Wirkursache versteht und ihm doch einen berechtigten Sinn zuerkennt; so Sth. I-II 108, 1 ad 2; II-II 19, 4; ScG. I 148, Absatz Item; IV 22, Absatz Considerandum. An solchen Stellen scheint der ursprüngliche (soziologische) Sinn von ‚sui causa‘ vergessen zu sein; die einprägsame Formel wird unabhängig von ihrem ursprünglichen Sinn weiter verwendet.“

[24] So beispielsweise *Klaus Kühlwein*, Schöpfung ohne Sinn? Gott und das Leid, Düsseldorf 2003, 168.

uns selber unverständlich."[25] „Es gibt zu denken, daß die neuzeitliche Philosophie unermüdlich Alternativen zur Erbsündenlehre ersonnen hat" (Schönborn 8 [s. Anm. 25]). Für einen möglichen Zugang muss in der Tat ein Personbegriff überwunden werden, „der die Natur naturalistisch und die Subjektivität spiritualistisch interpretiert" (Spaemann 63 [s. Anm. 25]). Es geht um die Solidarität des/der Menschen in Leben, Freiheit, Schuld und Heil, die übersehen wird, wenn man Person vorrangig als Individuum = Atom denkt anstatt als Bezugswirklichkeit. In der Tat kommt diese Solidarität „in Lehre und Verkündigung des Erbsündendogmas nicht eigentlich zur Geltung".[26] In einem bedenkenswerten Neuvorschlag nähert Knut Wenzel sich ihr statt vom Situiertsein des Handelnden (wie K. Rahner), das eher als Fatum erscheint, von seiner Verantwortungsübernahme im Blick auf die Folgen. Wer handeln will, übernimmt „die Verantwortung für die Bedingungen, unter denen sein Handeln in die Welt eingeht" (227 [s. Anm. 26]).

Die Rede von der natürlichen Gutheit des Menschen scheint jedenfalls durch das vergangene Jahrhundert blutig widerlegt. Des ungeachtet wird nun „der Begriff der ‚Omnipotenz' zur anthropologischen Beschreibungskategorie" (Wenzel zitiert [230] Michel Serres). Wäre dem nicht „die dann fast Züge einer prophetischen Gegen-Rede annehmende Erinnerung an die ‚Sünde als Elend' entgegenzuhalten?"[27]

Einsamkeit, Solidarität, Selbstbestimmung auf Endgültigkeit hin – von Gott her und auf ihn hin: Das sind die Schwerlinien einer so konkreten wie metaphysischen Anthropologie (methodologisch gewendet: phänomenologisch-transzendental[28]). – So

---

[25] Pensées fr. 131 (*Lafuma/Brunschvicg*: 434). Mit ihm beginnt das Vorwort Schönborns in: *Christoph Schönborn, Albert Görres, Robert Spaemann*, Zur kirchlichen Erbsündenlehre. Stellungnahmen zu einer brennenden Frage, Einsiedeln 1991.

[26] *Knut Wenzel*, „Die Erbsündenlehre als Theorie kritischer Erinnerung", in: Theologie und Philosophie 78 (2003) 212–231, 228. Tatsächlich lässt sich nicht etwa die „Ratifizierung" der Schuld durch eigene Sünde als solidarisches Handeln denken, als könnte Schuld ein gemeinsames Ziel sein.

[27] 230 f., mit Verweis auf *Paul Ricœur*, „Die ‚Erbsünde' – eine Bedeutungsstudie", in: *ders.*, Hermeneutik und Psychoanalyse, München 1974, 140–161, 157.

[28] Siehe *Jörg Splett*, „Die Bedingung der Möglichkeit. Zum transzendentalphilosophischen Ansatz der Theologie Karl Rahners", in: Erfahrung des Absoluten – Absolute Erfahrung? (FS J. Schmitz), hg. v. *Bernd Jochen Hilberath*, Düsseldorf 1990, 68–87.

dürfte es nicht überraschen, wenn sich als Schwerpunkt solcher Freiheits-Anthropologie der Tod zeigt. Heidegger hat für den Menschen den griechischen Namen des „Sterblichen“ (ὁ βροτός) wieder aufgegriffen. „Nicht umsonst kennzeichnet die Schrift die Situation des Menschen mit dem Wort, daß er in Finsternis und Todesschatten sitze (Lk 1,79)“.[29]

II. Der Tod

Die frühe Quaestio disputata (sie übernimmt den Text aus Jahrgang 1957 der Innsbrucker Zeitschrift für katholische Theologie) setzt bei der Allgemeinheit des Todes ein: dass diese unbeschadet biologischer Erklärungen uns offenbart ist. 1970 lässt Rahner dies „von vornherein [...] beiseite“, „obwohl schon diese scheinbare Binsenwahrheit sehr viele theologische Probleme impliziert“.[30] Offenbart aber ist sie uns im Zusammenhang mit dem Ur-Fall.

Philosophische Reflexion kann sich dadurch an Texte wie das Gilgamesch-Epos erinnert finden, d. h. dazu ermuntert, sich nicht mit einer biologisch-naturalistischen Perspektive zu bescheiden, für die der Tod kein Problem bedeutet, geschweige denn ein Geheimnis. Und was näherhin das Verhältnis von Tod und Sünde betrifft, so sollte Philosophie wohl nicht weghören, wenn der Theologe damit rechnet,

> daß bestimmte Interpretationen des Todes gar nicht jene bloß feststellende Objektivität besitzen, die sie sich selber zuerkennnen, sondern selbst noch einmal einer aus der Schuld der Menschheit geborenen Todesfinsternis entstammen [...], selbst wenn der einzelne Interpret persönlich unschuldig und redlich ist (Schriften X [1972] 183).

1. Die Quaestio befasst sich sodann ausführlich mit der tradierten Todes-Bestimmung „Trennung von Leib und Seele“. Das scheint mir nach wie vor nicht erledigt, nicht bloß im Blick auf Autoren wie Josef Seifert.[31] Gleichwohl handelt es sich gewiss nicht um

---

[29] *Karl Rahner*, Zur Theologie des Todes (Quaestiones disputatae 2), Freiburg 1958 (= T), 11.

[30] „Zu einer Theologie des Todes“, in: Schriften X (1972) 181–199, 183.

[31] *Josef Seifert*, Leib und Seele. Ein Beitrag zur philosophischen Anthropologie, Salzburg–München 1973; *ders.*, Das Leib-Seele-Problem und die gegenwärtige philosophische Diskussion. Eine systematisch-kritische Analyse,

eine „metaphysischen oder theologischen Ansprüchen genügende Wesensdefinition des Todes“ (T [s. Anm. 29] 19). Schon darum, weil sie gerade von Sterben und Tod schweigt; denn weder Leib noch Seele sterben, sondern der Mensch (der eben nicht – platonisch – „die Seele ist“[32]). Entsprechend schweigt sie auch zu der Frage, ob die Seele sich trennt oder ob sie getrennt wird. Rahner seinerseits entwickelt hier die (Hypo-)These von der Ausweitung des wesenhaften Materiebezugs unserer Seele ins Kosmische, die ich auf sich beruhen lassen möchte.

Wichtiger ist die Bestimmung des Todes als „Ende des Pilgerstandes“. Damit wird das Leben radikal ernst genommen: „einmalig, unwiederholbar, von einer unaufhebbaren, nicht mehr rückgängig machbaren Bedeutung“ (T 27). Der Tod ist für den Menschen „weder das Ende seines Seins noch ein bloßer Übergang aus einer Daseinsform in eine andere“ seiner fortlaufenden Geschichte, sondern er kommt an einen wirklichen „Endpunkt“, erreicht „seine endgültige Verfassung“ (28). Und im Streit der Theologen, ob diese Endgültigkeit sich erst aus Gottes Gericht ergebe oder umgekehrt dieses die vom Menschen selbst vollzogene bestätige, optiert Rahner für das zweite: „die Endgültigkeit der personalen Lebensentscheidung ist ein inneres Moment am Tod als der geistig-personalen Tat des Menschen selbst“ (29). In unauflösbarer Einheit ist der Tod so „Abbruch von außen, Zerstörung, Parzenschnitt“ und zugleich „sein ‚eigener Tod‘ von innen durch die Tat der Person selbst“ (30).

2. Die beiden weiteren Schritte von Rahners Meditatio mortis sind dezidiert theologisch. Tod als Folge der Sünde (von der Todesfreiheit Adams bis zum Tod als persönlicher Todsünde sowie „Tod und Teufel“); sodann Tod als Erscheinung des Mitsterbens mit Christus. Indes sollte auch hier gewissenhafte „Existenzerhellung“ sich nicht um mögliche Erkenntnishilfen bringen.

Darmstadt, zweite, korrigierte und erweiterte Auflage 1989.

[32] *Platon*, Alkibiades I, 129–130. – In Reaktion auf solche Abschwächung ist von evangelischen Theologen die „Ganztod-Theorie“ entwickelt worden. Rahner geht darauf nicht ein (auch nicht im Artikel *Tod* des Lexikons für Theologie und Kirche oder im Grundkurs). Angemerkt sei dazu hier nur, dass die Auferstehungshoffnung dem Sterbenden selbst gelten muss, nicht einem neugeschaffenen Double. Biblisch aber ist wohl Jesu Antwort an die Sudduzäer (Mt 22,31 f.) auch den Ganztod-Vertretern entgegenzuhalten: Gott ist kein Gott von Leichen, Nur-Gewesenen. An wen er sich erinnert (wen er sich erinnert), lebt. Offenbar wieder ein Streitpunkt, wo die Gegner weniger für sich selbst als gegen den anderen im Recht sind.

Zuerst ist darauf aufmerksam zu machen, dass es falsch wäre, den Tod nur als ein Ereignis am Lebensende zu nehmen. Das erklärt, warum Rahner sich ihm nicht vom Sterben her nähert,[33] sondern vom Gedanken der Freiheit her als des Vermögens zur Selbstdefinition. Gegen Ende der Quaestio, im Blick auf das Martyrium, heißt es ausdrücklich, dass wir das ganze Leben hindurch sterben, so dass, „was wir Tod nennen, eigentlich das Ende des Todes, der Tod des Todes" sei (T 77).

Sodann nimmt eben dies ihm keineswegs seinen tödlichen Ernst. Als es um die christliche Hoffnung im Tod geht, betont Rahner als erstes, „daß die Hoffnungslosigkeit oder (um verbale, überflüssige Widersprüche zu vermeiden) die radikale Ausweglosigkeit dieser Todessituation gerade die Voraussetzung für die Möglichkeit der Hoffnung im streng theologischen Sinne ist, also etwas ist, das der Christ sich am allerwenigsten verbergen darf" (Schriften X [1972] 193). Ist diese Hoffnung doch im Ernste „Hoffnung wider Hoffnung" (Röm 4,18).

Die theologische Verknüpfung von Tod und Sünde, so skandalös sie viele Zeitgenossen anmutet, nimmt immerhin, wie anklang, Schmerz und Protest der Betroffenen ernst, denen die Rede vom „natürlichen Tod" nur Unaufgeklärtheit, ja infantile Unreife bescheinigt.

Dabei geht es mitnichten bloß um Annahme der Endlichkeit. Denn auch im Paradies hätte ein Abschied angestanden: hinein in die Vollendung, die mit „Himmel" gemeint ist. Der Skandal des Todes ist sein Dunkel. Und zwar nicht das Selbstentzogensein (als solches) endlicher, leiblicher Freiheit (als solcher), sondern die „konkupiszente" Verdunkelung dieses Geschehens, in dem der Mensch nur so über sich selbst verfügt, dass er sich zu dem Dass und Wie verhält, wie über ihn verfügt wird.

Angesichts solcher Bedrohung wird die Versuchung zu Flucht und Verdrängung übermächtig. Man lebt, als wäre man unsterblich – oder wenn schon gestorben sein muss, dann trifft es nur die anderen. Blaise Pascal sprach von Zerstreuung, Martin Heidegger vom Man. „Wir rennen unbekümmert in den Abgrund, nachdem wir etwas vor uns aufgebaut haben, das uns hindern soll, ihn zu sehen" (Pascal).[34] Die größte Anstrengung des Lebens ist, sich nicht an den Tod zu gewöhnen" (Elias Canetti).[35]

---

[33] Eher umgekehrt, so: „Das christliche Sterben", in: Schriften XIII (1978) 269–304.

[34] Pensées fr. 166/183 (s. Anm. 25).

[35] Die Provinz des Menschen, Frankfurt 1976, 258.

Diesem Skandal durch Naturalisierung des Menschen, seine „Einbindung“ in die Natur und Verzicht auf „anthropozentrischen Speziesismus“ begegnen zu wollen – in Wirklichkeit gehe es bloß um den Überlebenstrieb alles Lebendigen – läuft auf eine Selbstabwertung hinaus, die schon darum keineswegs harmlos ist, weil sie dann auch den Umgang mit den anderen, vor allem den Schwachen und Wehrlosen bestimmt. Ein Satz wie der, dass in der Rettung oder Tötung eines Menschen eine Welt gerettet oder ausgelöscht werde,[36] verlöre jeden Sinn. Doch dem zuvor schon stellt sich die Frage nach dem Recht solcher Selbst-Sicht, ihrer Wahrheit wie ihren Motiven.[37]

Steht hinter der Flucht vor dem Tod nicht doch die Flucht vor der Schuld? Und ist der Tod unser Leben, dann verweist die skandalöse theologische Rede vom Tod als Folge und Versichtbarung der Sünde den Protestierenden auf sein eigenes Leben. Will der sich demgegenüber tatsächlich in den „Unschuldswahn“ retten? Also in Abweis von Verantwortung auf Unzurechnungsfähigkeit plädieren?

Hat man diese Perspektive mit ihren Alternativen im Blick, dann wird verständlich, dass bei Rahner der Tod des Anderen, der bei Gabriel Marcel wie dann bei Emmanuel Levinas und in den Theologien „nach Auschwitz“ im Vordergrund steht, zurücktritt. So hatte schon Kierkegaard den Todesernst an den Blick auf das eigene Sterben gebunden – gegenüber dem „Scherz“ (!) des Todes selbst, und sei dies die Stimmung, der Schmerz beim Tod eines Kindes oder der Geliebten.[38]

Mitunter scheint es in der Tat so, dass Theologen am grässlichen Leid die Schuld (dann zumeist anderer) ablesen wollen (als sei nicht schon, wer seinen Bruder hasst, ein Menschenmörder [1 Joh 3,15] und als wäre böse nicht, was aus dem Herzen kommt [Mt 15,18 f.]). Und dann braucht es nur einen weiteren Schritt,

---

[36] Talmud b, Sanh. IV 5.

[37] Auf den Punkt bringt diese Selbstabwertung (wieder einmal) *Arthur Schopenhauer*: „Wir sind im Grunde etwas, das nicht sein sollte: darum hören wir auf zu sein.“ Die Welt als Wille und Vorstellung II 41: Sämtl. Werke, hg. v. *Wolfgang v. Löhneysen*), Darmstadt 1980, II 649; Sämtl. Werke, hg. v. *Arthur Hübscher*, Bd. III, Wiesbaden ³1972, 581. (628 [Ausg. *Hübscher* 563]: „Denn im Grunde ist doch jede Individualität nur ein spezieller Irrtum, Fehltritt, etwas, das besser nicht wäre, ja wovon uns zurückzubringen der eigentliche Zweck des Lebens ist“).

[38] „An einem Grabe“, in: Erbauliche Reden 1844/45 (SV V 226–253; Scherz: 228 f.).

um gemeinsamen Schmerz gegen „privatisierende" Schuld aufzubieten.[39]

Und wirklich vereinzelt Schuld – wie der Tod. Den Ernst, unauskömmlich beim eigenen Namen gerufen zu sein, die Unabweislichkeit der Existenz als Einzelner wieder in die Welt einzuführen (die damals sich christlich: als Christenheit verstand), darin hat Sören Kierkegaard seine Sendung gesehen.[40] – Doch vor Schuld und Tod ist es die Liebe, die vereinzelt.[41] Und darauf verweist das zweite Theologoumenon Rahners: vom Tod als Mitsterben mit Christus.

3. Rahner erwägt den Tod als „Höhepunkt des Heilsempfanges und des Heilswirkens", insofern darin „‚pragmatisch' (wie Eutychius – 582 – sagte) das geschieht, was ‚mystisch' in den sakramentalen Höhepunkten des christlichen Daseins in Taufe und Eucharistie geschehen war": Teilnahme am Tod des Herrn" (T 63). Und dies geschieht in der Dreiheit von „Glaube im Dunkel", „Hoffnung wider alle Hoffnung" und Liebe als dem dreifachen Vollzug eingegossener Gnade (65).

Vom theologischen Streit um das genauere Verständnis der Heilsbedeutung und -wirkung des Todes am Kreuze muss ein Philosoph nichts wissen. Das spare ich gänzlich aus. In einem ersten Schritt aber wäre zu fragen, inwieweit der Tod grundsätzlich – anstatt „bloß" als Sich-Entrissen-werden oder bzw. und (eben darin) als Selbstvollendung im Auf-sich-Nehmen des Endes – als der Ernstfall von Menschen- = Nächstenliebe zu erkennen wäre.

Man hätte die Einsamkeit des Todes dann nicht als Verlassensein zu verstehen, sondern als Erscheinung des Ernstes reinen Bezugs: als Aufruf dazu, selber alles und alle zu verlassen – nicht in Abkehr, sondern in Zuwendung; d. h., sie in dem Sinn zu lassen, dass man ihnen Raum und Leben lässt, dass man sie *sein*

---

[39] So nach Johann Baptist Metz besonders entschieden *Walter Simonis*, Woher kommt das Böse?, Graz 1999. Er sieht das Wesen des Bösen ausdrücklich im Schmerz und tadelt das Christentum für seine Radikalisierung des Gut-Böse-Gegensatzes zum Widerspruch (213). Diese „Verböserung" des Bösen führe obendrein zur Verharmlosung seiner, nämlich einerseits dazu, es ins private Innen zu verlegen, und anderseits zur Abwertung des wirklich Bösen, des Schmerzes (215).

[40] Die Schriften über sich selbst, besonders die Beilage Der Einzelne (SV XIII 583–612).

[41] Das hat *Martin Buber* bei Kierkegaard nicht gesehen. „Die Frage an den Einzelnen", in: Werke, München–Heidelberg 1962, 215–265.

lässt. (Wo beispielsweise stünden wir, wenn die vor uns nicht Platz gemacht, nicht ihren Platz für uns geräumt hätten?)

Doch Rahner siedelt die Dialogik des Todes weniger hier an als – entsprechend dem Gegenüber Jesu zum Vater – im Gegenüber des Menschen zu Gott. Und in der Tat geht es darum. – Wie der Tod der Ernstfall des Bezugs zum Nächsten ist, kann man doch nicht mehr neben ihm daherleben – weil überhaupt nicht mehr leben, so ist er auch der Ernstfall der Haltung zum Dasein als Geschöpflichkeit und Begrenztheit überhaupt. Also auch der Haltung zum Schöpfer.

Spricht der Sterbende in seinem Tod ein so ohnmächtiges wie zugleich doch unüberhörbares Nein zu Sein und Leben als Absurditäten – oder gibt er sich trotz allem in die unsichtbaren Hände dessen, der ihm dies antut? – Zeigt das Vergehen der Dinge ihre Wertlosigkeit oder ist und bleibt es – nicht bloß „unwiderrufbar“ (Rainer Maria Rilke), sondern – gut, dass sie gewesen *sind*?

Wie erst das Ende *Vollendung* und Ganzheit ermöglicht, so erfüllt Gültigkeit sich in *Endgültigkeit*. – Meist hört man aus diesem Wort nur die Unerbittlichkeit des Vorbeiseins heraus, den Schauer des „Nevermore“ (Edgar Allen Poe). Doch jetzt kommt es gerade auf die zweite Worthälfte an: statt auf das Ende auf die Gültigkeit als „letztes Wort“ über das Zeitliche, das der Sterbende „segnet“. Und dann segnet er auch den Schöpfer.[42]

Hier ist der Ort, um an jene Erfahrungen zu erinnern, mit denen Rahner sein (zu?) viel-zitiertes Wort vom künftigen Frommen und Christen als „Mystiker“ illustriert.[43]

Gegen die heute geradezu inflationäre Rede von „Gotteserfahrung“ liest man bei ihm (VII 21):[44]

> Wenn einer es heute fertig bringt, mit diesem unbegreiflichen, schweigenden Gott zu leben, den Mut immer neu findet, ihn anzureden, in seine Finsternis glaubend, vertrauend und gelassen hineinzureden, obwohl scheinbar keine Antwort kommt als das hohle Echo der eigenen Stimme, wenn einer immer wieder den Ausgang seines Daseins freiräumt in die Unbegreiflichkeit Gottes hinein, obwohl er immer wieder zugeschüttet zu werden scheint durch die unmittelbar erfahrbare Wirklichkeit der Welt [...] ohne die Stütze der „öffent-

---

[42] Im Deutschen klingt das befremdlich, weil wir verschieden übersetzen, was hebräisch, griechisch, lateinisch das selbe Wort ist: *brk* pi., *eulogein*, *benedicere*.

[43] Siehe Denken vor Gott (Anm. 14), Kap. 8: *Karl Rahner*: Mystik?

[44] „Frömmigkeit früher und heute“, in: Schriften VII (1966) 11–31 („ein ‚Mystiker‘“: 22).

lichen Meinung“ und Sitte [...] und nicht nur als gelegentliche religiöse Anwandlung, dann ist er heute ein Frommer, ein Christ.

Wo aber er selbst von Erfahrung handelt, und zwar von Gnadenerfahrung,[45] schreibt er (106 f. – ich darf ausführlicher zitieren):

Haben wir schon einmal geschwiegen, obwohl wir uns verteidigen wollten, obwohl wir ungerecht behandelt wurden? Haben wir schon einmal verziehen, obwohl wir keinen Lohn dafür erhielten und man das schweigende Verzeihen als selbstverständlich annahm? Haben wir schon einmal gehorcht, nicht weil wir mußten und sonst Unannehmlichkeiten gehabt hätten [...] Haben wir schon einmal geopfert, ohne Dank, Anerkennung, selbst ohne das Gefühl einer inneren Befriedigung? Waren wir schon einmal restlos einsam? Haben wir uns schon einmal zu etwas entschieden, rein aus dem innersten Spruch unseres Gewissens heraus, dort, wo man es niemand mehr sagen, niemand mehr klarmachen kann, wo man ganz einsam ist und weiß, daß man eine Entscheidung fällt, die niemand einem abnimmt, die man für immer und ewig zu verantworten hat? [...] Haben wir einmal eine Pflicht getan, wo man sie scheinbar nur tun kann mit dem verbrennenden Gefühl, sich wirklich selbst zu verleugnen und auszustreichen, wo man sie scheinbar nur tun kann, indem man eine entsetzliche Dummheit tut, die einem niemand dankt? Waren wir einmal gut zu einem Menschen, von dem kein Echo der Dankbarkeit und des Verständnisses zurückkommt, und wir auch nicht durch das Gefühl belohnt werden, „selbstlos“, anständig usw. gewesen zu sein?

Einige Sätze weiter heißt es, dass „alles nach tödlichem Schweigen tönt [...] den Geschmack des Todes und des Unterganges erhält“ (108). Und dazu sei die zweite Auslassung im angeführten Abschnitt nachgetragen:

Haben wir schon einmal versucht, Gott zu lieben, dort, wo keine Welle einer gefühlvollen Begeisterung einen mehr trägt, wo man sich und seinen Lebensdrang nicht mehr mit Gott verwechseln kann, dort, wo man meint zu sterben an solcher Liebe, wo sie erscheint wie der Tod und die absolute Verneinung, dort, wo man scheinbar ins Leere und gänzlich Unerhörte zu rufen scheint, dort, wo es wie ein entsetzlicher Sprung ins Bodenlose aussieht, dort wo alles ungreifbar und scheinbar sinnlos zu werden scheint?[46]

Also unmissverständlich: Todeserfahrung. – Doch aus dem Kontext herausgenommen habe ich den Passus, weil der Tod nicht alles ist, wovon er handelt. Schon der obige Abschnitt spricht nicht nur von Nachterfahrung, sondern davon, dass *in* solcher

---

[45] „Über die Erfahrung der Gnade“, in: Schriften III (1956) 105–109.

[46] Sprachmängel wie das „Unerhörte“ und vor allem die Doppelungen von „scheinbar“ und „scheint“ lassen die emotionale Beteiligung des Autors ahnen.

Finsternis jemand hat *gut* sein können. Und so ist hier von Gottesliebe die Rede.

III. Vor Gott

In der Tat stehen bei Rahner Freiheit wie Tod von vornherein im Horizont Gottes. So beginnt der Abschnitt über Freiheit als Geheimnis mit dem Satz: „Freiheit ist zunächst einmal darum Geheimnis, weil sie nur ist von Gott her und auf Gott hin, dieser aber wesentlich das unbegreifliche Geheimnis ist" (Schriften VII [1966] 229).

1. Freiheit als Geheimnis „ist kein Datum einer empirischen Psychologie" (230). Erst recht ist dies das freie Subjekt nicht. Es, die Person, ist auch sich selbst ein Geheimnis. „Der Mensch zeitigt zwar in Freiheit und als bewußtes Subjekt seine Endgültigkeit, er kann aber dieses Ergebnis seiner Freiheit nicht noch einmal für sich selbst objektivieren" (ebd.). Denn ein derartiges Sich-Wissen und -Sagen des Freien im Vollzug seiner selbst „ist streng er selber", so dass er es nicht mehr von sich absetzen kann. Die „Aussage, die er selber ist, verschwindet gewissermaßen für ihn selbst in das Mysterium Gottes hinein" (231).

So erstaunlich dieser Selbstentzug des Selbstvollzugs anmuten mag, noch verwunderlicher = wunderbarer ist der Anfang, der sich hier vollendet.[47]

„Anfangskraft" nennt Romano Guardini die Freiheit, insofern sie nicht bloß das Glied einer Wirkreihe bildet, sondern eine neue Ursachenkette zu beginnen vermag.[48] In solchem Beginnen fängt sie aber nicht bloß etwas, etwas anderes an, sondern darin auch dieses ihr Anfangen selbst. Nicht nur anderes beginnt durch sie, sie selbst beginnt. Unsere Sprache zeigt das im doppelten Gebrauch von „anfangen": transitiv und intransitiv. Transitiv fängt man etwas an – etwa ein neues Leben oder das Leben überhaupt.

[47] Siehe *Jörg Splett*, „Anfangen", in: Zeitschrift für medizinische Ethik 42 (1996) 309–311; kritisch dazu: *Thomas Splett*, „Anfang haben, sein, machen und denken. Zur Diskussion eines Motivs", in: Mitdenken über Gott und den Menschen. Dialogische Festschrift für Jörg Splett, hg. v. *Josef Schmidt u. a.*, Münster 2001, 13–35.

[48] Freiheit Gnade Schicksal, München ^{4}1956, 23; vgl. *Immanuel Kant*, Kritik der reinen Vernunft B 473.

Intransitiv fängt man „mit" etwas an. Und das „mit" lässt sich noch streichen: jemand fängt an.

Wie aber, wenn jemand nicht mit etwas, sondern mit sich selbst anfängt? Nicht etwas mit sich anfängt, sondern schlichtweg – sich? Sich anfangen kann niemand, weil er dann schon sein müsste (siehe oben Anm. 23). Schlechthin anfangen kann etwas/jemand nur als angefangen werdend. Aber angefangen werdend, fängt das/der Angefangene seinerseits an.

Das ist, wie gesagt, höchst wunderbar. „Jedem Anfang wohnt ein Zauber inne" (Hermann Hesse). Grund des Staunens von Platon bis Hegel („dialektisch" oder genauer „spekulativ").[49]

Unproblematisch der Einstieg: Ehe etwas anfängt, ist es nicht. Sobald indes es anfängt, hat es stets schon angefangen. Den Anfang hat man nie, sondern stets „hinter sich". Was anfängt, fängt so nicht bloß angefangen *werdend* an, sondern auch je schon angefangen *habend*.

Nun aber ist in das Anfangen eine entscheidende Differenz einzutragen. So wunderbar nämlich schon das Anfangen von irgend etwas Angefangenem ist: Das Paradox potenziert sich, wenn wir das Anfangen von Anfangskraft denken sollen, den Anfang nicht von *etwas*, sondern von *jemand*, den Anfang von Freiheit.

Zwar fängt auch etwas, angefangen, an. Aber doch nicht im eindeutig strengen Sinne des Wortes: es fängt nicht „selbst" an, weil es kein Selbst ist und hat – nur „an sich" und „für uns" mit sich identisch, nicht „für sich". – Kein Etwas aber kann ein Jemand werden. Wie jedoch würde *aus* Etwas Jemand? Wie ließe das Anfangen von wahrem Anfangen(können) sich denken?

Nicht wenige meinen: gar nicht. Im Blick auf den Menschen gerät man dann vor die Alternative, ihn entweder im Kern für göttlich-ungeschaffen zu erklären oder für eigentlich doch nicht frei. Im einen wie im anderen Fall aber wären so der Eigenrang und das Geheimnis von Person in ihrer „Je-meinigkeit" verloren.

Das Dasein von Person, die zwar *in sich* und *für sich* ist, aber nicht schon seit je und *aus sich*, bleibt völlig unverständlich (und wurde darum auch von niemand gedacht), wenn man es nicht im Licht der Schöpfungsbotschaft betrachtet. Der Begriff „Person" hängt unabtrennbar an dem der „creatio".

---

[49] Siehe in *Hermann Glockners* Hegel-Lexikon unter „Anfang". – Rahner meldet das Desiderat einer Philosophie und Theologie des Anfangs an, mit Verweis auf *Adolf Darlap*, „Anfang und Ende", in: Sacramentum Mundi I 138–145.

Im Deutschen benennen wir sie mit Wörtern, die zugleich auch sonst in Gebrauch sind: Machen, Hervorbringen, Schaffen, Schöpfen. Während die hebräische Bibel ein Wort hat, das sie nur vom Schöpfergott aussagt: *bará*. Wir müssten das jetzt übersetzen als: Anfang(en-können) anfangen. Rahner spricht aus der Gegenrichtung von Kreatürlichkeit (G 83–88) und hebt stets hervor, dass hier „radikale Abhängigkeit und echte Wirklichkeit [...] im gleichen und nicht im umgekehrten Maße" wachsen (86).

Besonders ist hier Guardini zu nennen. Wie kaum ein anderer hat er den Wort-Charakter der Schöpfung betont.[50] Innerhalb dessen bestand er auf einem Unterschied, den meines Wissens die Tradition nicht so im Blick hatte: „Das Unpersönliche, Lebloses wie Lebendiges, schafft Gott einfachhin, als unmittelbares Objekt seines Wollens. Die Person kann und will er nicht so schaffen, weil es sinnlos wäre. Er schafft sie durch einen Akt, der ihre Würde vorwegnimmt und eben damit begründet, nämlich durch Anruf. Die Dinge entstehen aus Gottes Befehl; die Person aus seinem Anruf."[51]

2. Person in ihrer Freiheit versteht sich also einzig aus ihrem Gottesbezug. Anderseits aber ist sie eben darin die unverwechselbarste Offenbarung Gottes: seiner Macht – und seiner Liebe.

Auch dies ist hier nüchtern philosophisch gemeint. – Zum ersten: Welche Macht wäre größer als jene, die Freiheit aus dem Nichtsein zu rufen vermag, also Anfangen(können) anfangen kann?[52] – Zum zweiten: Lieben heißt grundlegend Sagen, Wollen, Tun: gut, dass Du bist; Du sollst sein.

Sein aber sollst Du nicht bloß im Sinn von Vorfindlichkeit (siehe oben) oder psycho-physischen Lebens. Wie für Lebewesen

---

[50] (Vgl. *Walter Kern*, „Gott schafft durch das Wort", in: Mysterium Salutis II, Einsiedeln 1967, 467–477.) Während ihn das Schöpfungsthema umtreibt (Theologische Briefe an einen Freund, Paderborn 1976, 7–14), scheint es bei Rahner ohne Eigengewicht. Er denkt Schöpfung durchgehend als Moment an Gottes Selbstmitteilung (etwa Schriften VIII [1967] 600 f.), also Welt und Mensch im Blick auf die Inkarnation, deren Möglichkeit als ihre Möglichkeitsbedingung und deren Wirklichkeit als Höhepunkt und Ziel (etwa Schriften I [1954] 182 f., IX 239): Christologie als „Anfang und Ende der Anthropologie" (Grundkurs 223 = SW 26 [1999] 217).

[51] Welt und Person, Würzburg ²1940, 114, Ausführlicher: *Jörg Splett*, „Zum Person-Begriff Romano Guardinis", in: Theologie und Philosophie 54 (1979) 80–93.

[52] Vgl. *Sören Kierkegaard*, Die Tagebücher 1834–1855, hg. v. *Th. Haecker*, München ⁴1953, 239 f.

Sein bedeutet zu leben,[53] so heißt Sein für Freiheits-Wesen wesentlich Gewissen-haben, Gut-Sein(-Sollen).[54] Darum will Liebe zentral und zuhöchst das Gut-sein und Lieben dessen, den sie bejaht. In diesem Sinn ist der Ruf zum Guten nicht sozusagen ein Nachtrag zum Ruf ins Sein, sondern das eigentlich darin Gemeinte.

Der Philosoph Emmanuel Levinas spricht von Schöpfung – „creatio ex nihilo" – im Zusammenhang mit der rigorosen In-Anspruch-nahme des Ich durch die Not des Nächsten – oder vielmehr: nicht „des Ich", allgemein, sondern („ich" kleingeschrieben) je meiner.[55] – Er sieht das abendländische Denken vom Streben nach dem Guten bestimmt, und zwar als „appetitus" zur Aneignung seiner (ich stimme ihm zu[56]). Demgegenüber fordert er eine Kehre.

Das Ziel der Sehnsucht sei nicht Gott. – Dass Freiheit nicht zu sich selbst gerufen wird, haben wir schon erwogen. Person muss zwar aus dem Nichts sowie dann aus dem Schlummer des „Chez-soi" zum Wach-Bewusstsein kommen; aber nicht, um ihrer selbst bewusst zu sein, um sich zu finden und sich selber zu verwirklichen, sondern um dem Weck-Ruf zu entsprechen.[57]

Oben hat es geheißen, der Hörer des Anrufs habe sich dem Rufer zuzuwenden. Levinas nun möchte auch das noch ändern. Er fürchtet, dass für die Christen der Nächste zu Mittel und Stufe ihres Gottes-Aufstiegs werde. Das ändere sich erst, wenn wir Gott statt als („summum bonum") höchstes Gut als Güte denken. „Die Güte des Guten [...] biegt die von ihr gerufene Bewegung ab, um sie [...] auf den Andern und so einzig auf das Gute hin

---

[53] *Aristoteles*, De anima II 4 415 b 13 (nicht als wäre Sein erst einmal Vorhandensein, mit sodann Fortbestimmungen; ein toter Löwe ist keiner, sondern ein gewesener).

[54] *Immanuel Kant*: „Ein freier Wille und ein Wille unter sittlichen Gesetzen [ist] einerlei." Grundlegung zur Metaphysik der Sitten, Originalausg. 98, Akad.-Ausg. IV 447 (Werke [Anm. 23] IV 82).

[55] *Emmanuel Levinas*, Humanismus des anderen Menschen, Hamburg 1989, 78 f.

[56] Siehe *Jörg Splett*, „Freiheitsgrund Transzendenz", in: Theologie und Philosophie 74 (1999) 545–556.

[57] „Dem Mythos von Odysseus, der nach Ithaka zurückkehrt, möchten wir die Geschichte Abrahams entgegensetzen, der für immer sein Vaterland verläßt [...]" Die Spur des Anderen, hg. v. *Wolfgang Nikolaus Krewani*, Freiburg 1983, 215 f.

auszurichten."[58] „Der Satz, in dem Gott zum ersten Mal ins Wort kommt, heißt nicht ‚ich glaube an Gott'. Die jeder religiösen Rede voraufgehende religiöse Rede ist nicht der Dialog. Sie ist das ‚*me voici* – sieh mich, hier bin ich'", womit ich mich meinem Gegenüber zur Verfügung stelle (118).

Eben dem aber entspricht die Gottes-Rede in der „vierten Woche" der Ignatianischen Exerzitien. Und ohne Kenntnis dieser Quelle seines Denkens wird man dem Jesuiten Rahner nicht gerecht.[59] Das Kernwort der vierten Woche heißt „Sendung". In der „Mystik" bei Rahner heißt wie bei seinem Ordensvater Ignatius „Gott in allen Dingen finden": Seinen Willen in jeder konkreten Situation zu erkennen (im Einklang mit Schellings Religions-„Definition" Anm. 19).

Und was für die Freiheit gilt, gilt auch für ihre Selbstvollendung im Tod. So schließt die Quaestio über den Tod mit einer Reflexion auf das Martyrium = Zeugnis. Dies Zeugnis dient der Kirche und ihrem Zeugnis, womit sie den Menschen wie Gott dient. Und wieder gilt, dass man es nicht auf den letzten Lebensabschnitt einengen sollte. (Kann nicht überhaupt für jemanden zu leben schwerer sein als für ihn zu sterben?)

Die letzte Meditation der *Exercitia spiritualia*: Betrachtung, die Liebe zu erlangen, gilt Gottes „Sich-Mühen und Arbeiten in der Welt" und dem Abstieg aller Güter und Gaben von ihm, „so wie von der Sonne die Strahlen herabsteigen, vom Quell die Wasser" (Nr. 136 f.). Das nimmt selbst schon Philosophisches: Neuplatonisches auf, müsste darum anders abgewiesen werden als schlicht mit dem Stempel „Privatfrömmigkeit".

3. Auch philosophisch gestützt wird schließlich eine letzte Akzentuierung, an der mir liegt. Manchem mag nämlich erscheinen, die vorangegangenen Schritte gingen ganz auf den Menschen und auf Menschlichkeit ihm gegenüber zu. Wenn schon nicht gleich Religion in menschliches Ethos, so habe doch Gottesliebe in Menschenliebe zu münden. Bibelkenner berufen die Gerichtsrede Mt 25; und von Kants Forderung einer ethischen Religion über Levinas' Votum, die Tora mehr zu lieben als Gott,

[58] „Gott und die Philosophie", übers. v. *Rudolf Funk*, in: Gott nennen. Phänomenologische Zugänge, hg. v. *Bernhard Casper*, Freiburg–München 1981, 81–123, 106.

[59] Siehe *Klaus Fischer*, Der Mensch als Geheimnis. Die Anthropologie Karl Rahners, Freiburg ^{2}1975; *ders.* Gotteserfahrung. Mystagogie in der Theologie Karl Rahners und in der Theologie der Befreiung, Mainz 1986.

schlägt sich der Bogen bis zur Enzyklika „Fides et Ratio". Nach deren Proömium hat Gott dem Menschen das Wahrheitsstreben „ins Herz gesenkt, damit er dadurch, daß er Ihn erkennt und liebt, auch zur vollen Wahrheit über sich selbst gelangen könne", und ihr letztes Wort vor der abschließenden Marienanrufung heißt „Selbstverwirklichung".[60]

Philosophisch nun gilt die Maxime: „amicus Plato, magis amica veritas."[61] So sehr es um den Menschen gehen soll, so sehr und mehr darum, dass er in Wort und Tat „der Wahrheit die Ehre" gebe. Biblisch steht vor aller Sorge um den Nächsten – wie um mich selbst – die Liebe zu Gott aus ganzem Herzen.

Schon die zwischenmenschliche Liebe, „wenn sie nicht Egoismus zu zweit sein soll", muss das Gegenüber selber meinen, „nicht aber seine Bedeutung für den Liebenden selbst". Wollte sie eigentlich den Dank des anderen erreichen, „dann hätte diese Liebe ihr wahres Wesen schon verloren [...] Wahre Liebe geht von sich weg, um nicht mehr zu sich zurückzukehren."[62] Und dies obwohl, nein eben weil der Mensch „sein eigenes wahres Wesen nur findet, indem er liebt, nur dann in seiner Wahrheit bei sich selber ist, wenn er sich liebend vergißt" (ebd). Erst recht bestimmt dies Prinzip die Gottesbeziehung.

Das ist angesichts unserer Herzenshärte erschreckend:

> Das Christentum kann und will uns das tödliche Erschrecken über diese Forderung auf Tod und Leben nicht abnehmen in einem billigen Optimismus, der, als ob es gar nicht anders ein könnte, Gute und Verbrecher, Mörder und Ermordete von vornherein gemeinsam in den Himmel zaubert (411).

Doch es bezeugt das Angebot von Gottes Gnade für alle und hat immer mehr verstehen gelernt, dass die Annahme dieser Gnade auch in einer Gewissenstreue und tätigen Menschlichkeit gelebt werden kann, die sich nicht auf Jesus Christus, nicht einmal bewusst auf Gott ausrichten.

Aber zugleich hält es daran fest, dass Gottesliebe und Liebe zum Nächsten, so untrennbar sie zusammengehören, nicht einfach dasselbe sind. Die unbedingte Liebe zu Gott ist „nicht identisch mit der Maxime: Rettet die Welt!" (414) „Das Christentum

---

[60] *Jörg Splett*, „‚Selbstverwirklichung' – christlich?", in: Neue Ordnung 56 (2002) 359–368.

[61] *Platon*, Phaidon 91 c: „Kümmert euch nicht um Sokrates [...]"; Republik 595 b f.; *Aristoteles*, Nikomachische Ethik I 4 1096 a.

[62] „Die unverbrauchbare Transzendenz Gottes und unsere Sorge um die Zukunft", in: Schriften XIV (1980) 405–421, 408.

gäbe sich selber auf, wenn es nicht mehr den Mut hätte, von dieser seligen Nutzlosigkeit der Liebe zu Gott zu künden."

Wo sind heute die Propheten, die laut schreien: „Suchet zuerst das Reich Gottes!", Propheten, die dieses Reich Gottes selber nicht noch einmal mit einer sublimeren Stufe des Glücks und der Wohlfahrt dieser Welt verwechseln, Propheten, die diese Verkündigung nicht darum sich leisten, weil es ihnen sowieso schon sehr erträglich in der Welt geht, sondern die ihren Ruf erheben inmitten apokalyptischer Ängste? (ebd.)

(Und nochmals: hätte man dafür einzig an Christen, christliche Theologen zu denken?)

Auf den Fragebogen-Punkt „Was verabscheuen Sie am meisten?" hat vor zwanzig Jahren Rahner erwidert: „Gottlosigkeit."[63]

Er wünscht sich eine Kirche, „die Gott die Ehre gibt und die nicht meint, Gott ist für uns da, sondern überzeugt auch in Theorie und in Praxis ist, daß wir Gott anzubeten haben, daß wir ihn um seiner selbst willen zu lieben haben."[64] Und auf die Rückfrage des Interviewers, ob nicht eben in der Predigt solchen Für-Gott-Seins ein Fehler der Kirche bestehe, während Gottes vorbehaltloses Für-uns zu kurz gekommen sei: Das sei ja selbstverständlich. „Aber sehen Sie [...] Wir müssen Gott um seinetwillen lieben, lieben, weil er der unendlich selige, heilige, unbegreiflich großartige Gott ist" (ebd.).[65]

*

Levinas sammelt Freiheit und Tod in das eine Wort „Adieu". Und er versteht das als „Eschatologie ohne Hoffnung für sich".[66] Adieu sagt nicht bloß „Zu-Gott" im Abschied von mir auf den

---

[63] Glaube in winterlicher Zeit. Gespräche mit Karl Rahner aus den letzten Lebensjahren, hg. v. *Paul Imhof u. Hubert Biallowons*, Düsseldorf 1986, 41. Mit der Erläuterung: „Aber damit ziele ich nicht auf einen Atheisten, der meint, Atheist sein zu müssen, und seiner Überzeugung redlich und treu Ausdruck gibt."

[64] *Karl Rahner*, Erinnerungen im Gespräch mit Meinold Krauss, Wien 2001, 107 f.

[65] „[...] die Tatsache, daß man das so im Durchschnitt nicht empfindet, das, meine ich, ist das fundamentalste Problem auch *heute*": Karl Rahner. Im Gespräch, Bd. 2, hg. v. *Paul Imhof u. Hubert Biallowons*, München 1983, 167 (1983: Christentum an der Schwelle zum dritten Jahrtausend).

[66] Die Spur des Anderen (Anm. 57) 217; Humanismus des anderen Menschen (Anm. 55) 136.

Anderen hin;[67] denn Gott ist nicht einmal Term der Beziehung auf ihn, „und keine Präposition unserer Sprache – nicht einmal das à, auf das wir zurückgreifen – vermag die Ergebenheit dieses Denkens zu übersetzen."[68]

Anders als der Vertreter einer „Religion für Erwachsene"[69] sieht das der Christ, für den Gott sehr wohl der Gott unserer Hoffnung ist.[70] Aber diese Hoffnung ist nicht nur eine solche „wider Hoffnung", wie erwogen, sie gilt obendrein nicht irgendwelchen Gütern von seiner Hand, sondern ihm selbst. Zwar ist unleugbar dies die Versuchung des Frommen: alles von Gott zu erwarten – außer Ihm selbst (man denke an die Dynamik des 6. Kapitels im Johannes-Evangelium, vom „Erfolg" der Brotvermehrung bis zur Krise aufgrund von Jesu Angebot seiner selbst).

Wie, wenn Freiheit sich, so gesehen, nicht bloß hier im Tod vollendete, hinein in ein ewiges Leben des „Arrivierten" (des „comprehensor", hieß es mittelalterlich), sondern wenn dieses ewige Leben selbst zugleich auch als ein ewiges Ersterben gedacht werden dürfte und sollte?

Wem das zu „weiblich" für den „männlichen" Karl Rahner klänge, der sei auf den letzten Beitrag in Bd. 14 der Schriften verwiesen (1980): „Warum läßt Gott uns leiden?" (450–466). Dort kommt er zu der Überlegung: es

> könnte in einem sublimen Sinne der ekstatische Ausbruch des kreatürlichen Subjektes aus sich selbst, um sich bedingungslos der Freiheit Gottes zu übergeben, schon in Wahrheit auch Schmerz bedeuten, mit dem auf jeden Fall die Seligkeit, von sich losgekommen zu sein, bezahlt werden muß, so daß, was wir sonst als Leid einschätzen, doch nur das Analogon dazu auf einer niedrigeren Seinsstufe wäre (Schriften XIV [1980] 465).[71]

---

[67] „Diachronie und Vergegenwärtigung", übers. v. *Ludwig Wenzler*, in: Den Anderen denken. Philosophisches Fachgespräch mit Emmanuel Levinas, hg. v. *Franz Josef Klehr*, Stuttgart 1991, 143–167, 162 f.

[68] Wenn Gott ins Denken einfällt, hg. v. *Thomas Wiemer*, Freiburg 1985, 219 f. Einzige Chiffre des Zu-Gott sei die diachrone Zeit. So ist es „nicht sicher, daß Hegels Begriff des ‚schlechten Unendlichen' keine Revision zuläßt" (220).

[69] *Emmanuel Levinas*, Schwierige Freiheit. Versuch über das Judentum, Frankfurt 1992, 21–37: „Eine Religion für Erwachsene".

[70] Z B. Schriften VIII (1967) 561–579 („Zur Theologie der Hoffnung"); Schriften XV (1983) 195–205 („Sinnfrage als Gottesfrage"). Siehe *Martin Splett*, Beobachtungen zur Hoffnung in der Theologie Karl Rahners, Diplomarbeit, Mainz 1995 (Mskr. 49 S.).

[71] Siehe dazu *Maurice Blondel* über den Schmerz als das Siegel des Anderen in uns: L'Action, Paris [1893] 1950, 374 ff. / Die Aktion, hg. v. *Robert Scherer*, Freiburg 1965, 399 ff.; *Jörg Splett*, Spiel-Ernst, Frankfurt 1993, 113–124:

Und man lese den Schluss seiner Rede zur Feier des 80. Geburtstags, über die übliche Verharmlosung der radikalen Unbegreiflichkeit dessen, „was mit ewigem Leben wirklich gemeint ist“.[72]

Freiheit, Tod und Liebe treffen sich zum Spiel vor Gott in einem Vers des großen Mystikers Maulana Dschelaleddin Rumi:[73]

> Wer die Kraft des Reigens kennt, lebt in Gott,
> Denn er weiß, wie Liebe töte.

„Leiden mögen“; *Clive Staples Lewis,* Über den Schmerz, hg. v. Josef Pieper, Köln 1954, 179: „In solchem Sinn könnte es – so wie die Hölle ihre Freuden haben mag (Gott bewahre uns davor) – im Himmel etwas geben, das dem Schmerz nicht ganz unähnlich wäre (gebe Gott, daß wir ihn bald erfahren mögen).“

[72] „Erfahrungen eines katholischen Theologen“, in: Vor dem Geheimnis Gottes den Menschen verstehen, hg. v. *Karl Lehmann*, Freiburg 1984, 105–119, 118 f.

[73] (*Friedrich Rückert*): *Annemarie Schimmel*, Rumi. Ich bin Wind und du bist Feuer, Düsseldorf 1978, 210.

Absolute Zukunft und Eschatologie
Rahner und der Marxismus

Julius Oswald SJ, München

1. Der Dialog mit dem Marxismus

Der Dialog mit dem Marxismus ist beendet, denn der Marxismus scheint tot zu sein. Nach dem Zweiten Vatikanischen Konzil (1962–1965), das die Fenster der katholischen Kirche zur Welt weit geöffnet hatte, war dies anders. In der Sowjetunion und in den Ländern Osteuropas herrschte damals der real existierende Sozialismus, in Jugoslawien praktizierte man die Arbeiterselbstverwaltung, und in Westeuropa begannen sich die Eurokommunisten zu formieren. Trotz ideologischer Meinungsverschiedenheiten verstanden sich jedoch alle Marxisten als Atheisten und standen der Religion und dem Christentum kritisch, ja ablehnend gegenüber. Um die Spannungen zwischen den Blöcken abzubauen und militärische Auseinandersetzungen zu verhindern, suchten Politiker der kapitalistischen und kommunistischen Staaten miteinander ins Gespräch zu kommen. Die Beschlüsse des Konzils ermutigten die Gläubigen, den Dialog mit den Atheisten zu suchen.

Karl Rahner hatte die Zeichen der Zeit erkannt und sagte anlässlich der Verleihung des Reuchlin-Preises am 26. Juni 1965 in Pforzheim,

> dass die Situation eines dialogischen Gegenübers unter den universellen Gesinnungen und Weltanschauungen erst heute in *unserer* geschichtlichen Stunde gegeben ist. Kein Wunder, dass das Stichwort vom Dialog in unseren Tagen zum ersten Mal ausdrücklich in einer amtlichen Verlautbarung der katholischen Kirche fällt. Natürlich gab es immer Verkündigung, Mission, Predigt, Religionsgespräche – auch in literarischer Form – angefangen (innerhalb des Christentums) vom „Dialogus cum Tryphone" des Justin und dem „Octavius" des Minucius Felix. Aber es war doch bis heute keine Zeit des Dialogs.[1]

Obwohl Rahner die Grenzen und Schwierigkeiten sah, die sich dem „Dialog in der pluralistischen Gesellschaft" entgegenstell-

---

[1] *Karl Rahner*, Sämtliche Werke (= SW), Bd. 15, Freiburg 2002, 357.

ten, hob er in seinem Vortrag zu diesem Thema ausdrücklich hervor:

> Es kann und muß heute Dialog sein. Kein feiger, kein relativistischer Dialog, in dem die Partner ihre eigene Überzeugung nicht mehr ernst nehmen und so eigentlich nicht wahrhaft reden können, weil sie nichts zu sagen haben; ein Dialog in echter Freiheit, nicht bloß in Toleranz und jener Koexistenz, die hingenommen wird, weil einem die Macht fehlt, den Gegner zu vernichten. Es muß ein Dialog sein, in dem man sich selbst wagt: gerade eine grundsätzlich universelle, sich absolut setzende Weltanschauung muß dies fertig bringen und darf es; sie kann ja solchen universalen Anspruch nur erheben, wenn sie sich allem öffnet und auch so den Grund des Neins des Gegners in sich selbst zu entdecken sucht und weiß, daß sie diesen Grund nur überwindet in ein volleres Ja, wenn sie ihm standhält und so sich selber wagt.

Eine wesentliche Voraussetzung für einen solchen Dialog war für Rahner die Liebe, die „allein das höchste Licht der Erkenntnis ist"[2]. Sie läßt die Dialogpartner zur Wahrheit gelangen. Rahner bezeichnete es als bleibende Aufgabe der Christen, „in der Kirche die ganze Wahrheit zu sagen"[3]. Dies betonte er 1965 auf einer Tagung der Paulus-Gesellschaft über das Thema: „Der Mensch – Geist und Materie", bei der sich die „Möglichkeiten und Grenzen des Dialogs" zwischen Marxisten und Christen deutlich gezeigt hatten.

Während sich die orthodoxen Vertreter des dialektischen Materialismus in der Sowjetunion weigerten, den Dialog mit den Christen aufzunehmen, waren die liberaleren Marxisten in anderen Ländern bereit, sich daran zu beteiligen. Branko Bošnjak, Philosophieprofessor in Zagreb und Mitbegründer der Praxis-Gruppe, meinte sogar, dass „der Dialog über die Religion gegen die Religion eine Aufgabe für alle bleibe, die sozialistische Auffassungen vertreten."[4] Denn der Dialog mit den Christen biete die Chance, den religiösen Gesprächspartner von seinen Illusionen zu befreien und zu revolutionärem Handeln zu ermutigen, damit er seine Selbstentfremdung überwindet und sich als freies, schöpferisches Wesen in einer sozialistischen Gesellschaft verwirklicht. Dieser Dialog über die Religion müsse *kritisch* geführt werden, weil *rücksichtslose Kritik* eine wesentliche Form revolutionärer Praxis und ein grundlegendes Prinzip marxistischer Le-

---

2 SW 15 (2002) 362.

3 SW 15 (2002) 342.

4 *Branko Bošnjak*, „Sozialismus und Religion", in: Revolutionäre Praxis. Jugoslawischer Marxismus der Gegenwart, hg. v. *Gajo Petrović*, Freiburg 1969, 224–235, 231.

bensauffassung sei. Bošnjak beteiligte sich deshalb aktiv am Dialog mit den Christen und sprach auf der Tagung der Paulus-Gesellschaft in Salzburg über das Thema: „Das Phänomen der Religion“[5]. Er veröffentlichte ein umfangreiches Buch[6], in dem er sich mit dem Christentum kritisch auseinandersetzte, und führte darüber eine vielbeachtete öffentlichen Disputation mit dem Jesuiten und späteren Zagreber Weihbischof Mijo Škvorc.[7]

Wesentlichen Anteil am Zustandekommen und Gelingen des Dialoges zwischen Christen und Marxisten hatte die Paulus-Gesellschaft, die Erich Kellner mit der Absicht gegründet hatte, zur Erneuerung der Kirche beizutragen.

Diese Erneuerung betraf ein herzustellendes Schuldbewußtsein der Kirche, was ihre Fehler oder auch Verbrechen in der Vergangenheit anbelangt, das Eingeständnis von gravierenden Versäumnissen gegenüber dem Elend der dritten Welt und eine Förderung des Dialogs mit den weltanschaulichen Gruppen, die der Kirche am reserviertesten gegenüberstanden, nämlich den Atheisten aus dem marxistischen und positivistischen Lager. Zu diesem Zweck veranstaltete die Paulus-Gesellschaft Symposien, auf denen bedeutende Naturwissenschaftler, aber auch Reformmarxisten wie E. Bloch, R. Garaudy oder R. Havemann mit dem Christentum ins Gespräch kamen.[8]

Von christlicher Seite beteiligte sich an diesen Gesprächen neben vielen anderen auch Karl Rahner mit mehreren Referaten und Diskussionsbeiträgen, von denen nur die vorgestellt werden, die für den Dialog mit dem Marxismus grundlegend sind. Dazu gehören seine beiden Vorträge über „die Einheit von Geist und Materie im christlichen Glaubensverständnis“[9] und „Christentum als Religion der absoluten Zukunft“[10] sowie sein Referat „das Christentum und die Zukunft“[11], das er beim Darmstädter Gespräch gehalten hat.

---

[5] *Branko Bošnjak*, „Christentum und Marxismus heute“, in: Praxis (int. Ausgabe) 2 (1966), 247–256, 249.

[6] *Branko Bošnjak*, Filozofija i krscanstvo. Racionalna kritika iracionalnog shvacanja, Zagreb 1966.

[7] *Branko Bošnjak / Mijo Škvorc*, Marksist i krscanin. Dijalog prof. Branka Bošnjaka i prof. o. Mije Škvorca o nekim temama knjige: Filozofija i krscanstvo, Zagreb 1969.

[8] *Hans-Dieter Mutschler*, Editionsbericht, in: SW 15 (2002) XIV f.

[9] SW 15 (2002) 309–330.

[10] SW 15 (2002) 410–418.

[11] *K. Rahner*, „Das Christentum und die Zukunft“; in: Der Mensch und seine Zukunft (Darmstädter Gespräch 1966), hg. v. *Karl Schlechta*, Darmstadt 1967, 149–160.

2. Die Einheit von Geist und Materie[12]

Die Frage nach dem Verhältnis von Geist und Materie stellte sich Rahner angesichts eines „weltweiten Materialismus, der die Grundlagen des christlichen Glaubens bestreitet"[13]. Um darauf eine Antwort zu finden und einen bescheidenen Beitrag zu dieser Auseinandersetzung mit dem Materialismus zu leisten, entschloss er sich, die christliche Schöpfungslehre neu zu durchdenken. Dabei hatte er jedoch nicht die Absicht, „eine eigentliche philosophische Untersuchung" durchzuführen, sondern wollte das Problem als Theologe angehen, der „eines philosophisch-begrifflichen Werkzeuges nicht entbehren kann"[14].

Bei seiner Beschäftigung mit der Schöpfungslehre stellte er fest, dass „der christliche Glaube eine Einheit von Geist und Materie von deren Ursprung her, in ihrer Geschichte und in ihrem Ziel kennt"[15]. Die Materie stammt aus demselben Grund wie der Geist, weil Gott der Schöpfer der Materie und des Geistes ist und zu beidem ein gleich unmittelbares Verhältnis hat. Deshalb

> ist für die christliche Theologie eine grundsätzliche Einheit der Geschichte von Geist und Materie kein Problem. Der Mensch ist in der Schrift des AT sehr undualistisch und sehr unplatonisch eine Einheit in seinem Wesen und in seiner Geschichte, und die Welt ist von vornherein als seine ihm zugedachte Umwelt gesehen. Er stammt von der Erde, ist also (moderner ausgedrückt) auch schon in der Schrift unbefangen als Produkt des materiellen Kosmos gesehen, unbeschadet dessen, daß er auch als geistiger, verantwortlicher Partner Gottes gewußt wird, der unmittelbar von Gott gerufen ist, ohne daß darum die Schrift diesen einen Menschen in der paradoxen Zweiheit seiner Herkunft in zwei voneinander unabhängige Wirklichkeiten, Geist und Materie genannt, zerfallen läßt. Dementsprechend ist für die Schrift des AT der ganze Mensch vom Tod in Mitleidenschaft gezogen; ist das irdische, raumzeitliche Leben das Leben des personalen Geistes, dem für die Bildung seiner frei getanen Endgültigkeit kein anderes Leben vor oder nach diesem Leben materieller Raum-Zeitlichkeit zur Verfügung steht; ist die Vollendung, auf die der Mensch hoffend blickt, nicht eine Befreiung des Geistes in einer der Materie enthobenen Seinsweise, sondern die „Auferstehung des Fleisches", also eine Daseinsvollendung, in der, wenn auch in einer der Vorstellung entzogenen Weise, der eine, ganze Mensch aus Geist und Materie zur Vollendung kommt.[16]

---

[12] Vgl. dazu: *Béla Weissmahr SJ*, „Kann Geist aus Materie entstehen?", in: Zeitschrift für katholische Theologie 121 (1999), 1–24.

[13] SW 15 (2002) 309.

[14] SW 15 (2002) 309.

[15] SW 15 (2002) 310.

[16] SW 15 (2002) 315.

Die im ersten Teil seines Referates vorgetragenen biblischen und dogmatischen Aussagen durchdachte Rahner im zweiten Gang seiner Überlegungen und systematisierte sie, um zu einem durchgängigen und grundsätzlichen Verständnis der Einheit von Geist und Materie zu gelangen. Dabei beschäftigte er sich zunächst mit dem Unterschied von Geist und Materie und stellte fest:

Was Materie im allgemeinen und im ganzen ist, ist keine Frage der Naturwissenschaft als solcher, sondern eine Frage der Ontologie von einer existentialen Metaphysik her, die diese Frage darum beantworten kann, weil sie schon weiß, was Geist ist, und von dieser metaphysischen Erfahrung des Geistes aussagen kann, was Materielles als solches ist, nämlich das der Erfahrung der Transzendenz auf das Sein überhaupt in seiner Einzelheit Verschlossene. Von hierher ist dann auch einsichtig zu machen, daß Geist grundsätzlich nicht von einer wie immer gedachten Kombination von Materiellem, d. h. von sich selbst und seiner Verwiesenheit auf das Sein im ganzen Ausgeschlossenen, ableitbar ist, daß also in diesem Sinn ein Wesensunterschied zwischen Geist und Materie besteht.[17]

Trotz dieses Wesensunterschiedes machte Rahner in seinen weiteren Ausführungen deutlich,

daß Geist und Materie nicht so in fremder Disparatheit nebeneinander gedacht werden können wie zwei beliebige Gegenstände unserer Einzelerfahrung, die in ihrer Verschiedenheit in deren stumpfer Faktizität nebeneinander erfahren werden, vielmehr immer wieder, wie in der ersten, ursprünglichen Erfahrung als, wenn auch untereinander verschiedene, so doch unauflöslich aufeinander bezogene Momente der einen kreatürlichen Wirklichkeit gedacht werden müssen, so daß der Christ eigentlich nur gleichzeitig Materialist und Spiritualist sein kann, wenn mit diesen beiden Worten gesagt werden soll, daß Geist und Materie im letzten nicht Worte für nebeneinanderliegende, partikuläre Regionen der Gesamtwirklichkeit sind, sondern zwar wesensverschiedene, aber doch überall aufeinander bezogene, konstitutive Momente der einen Wirklichkeit, meinen, wo immer wir sie antreffen.[18]

Bei seinen abschließenden Erwägungen zur Einheit der Geschichte von Geist und Materie stellte sich Rahner die Frage, ob

der Geist selbst als Ergebnis der Naturgeschichte betrachtet werden darf, wenn diese an einem bestimmten Punkt ihrer Geschichte angelangt ist, oder ob dies mit einem christlichen Verständnis des Unterschieds zwischen Geist und Materie und des schöpferischen Verhältnisses Gottes zum Menschen in einem ganz besonderen Sinn schlechterdings unvereinbar ist.[19]

---

[17] SW 15 (2002) 320.
[18] SW 15 (2002) 324.
[19] SW 15 (2002) 326.

Um darauf eine Antwort zu finden, setzte er den aufgezeigten Wesensunterschied zwischen Geist und Materie ebenso voraus wie die christliche Glaubensüberzeugung, dass alle Wirklichkeit, die wir erfahren, in ihrem Dasein und in ihrem Wesen, in ihrem Werden und in ihrer Tätigkeit und ihrem Selbstvollzug gründet in einem absoluten Sein, das wir Gott nennen und das der schöpferische, dauernd wirkende, alles in sein Eigensein und seine eigene Tätigkeit setzende Urgrund von allem ist. Die Lösung des Problems fand er schließlich in der aktiven Selbsttranszendenz des Materiellen, die

> nur dadurch geschehen kann, daß das absolute Sein Ursache und Urgrund dieser Selbstbewegung des Werdenden derart ist, dass diese Selbstbewegung diesen Urgrund als inneres Moment der Bewegung einerseits in sich selbst hat und so wirklich Selbstüberbietung und nicht nur passives Überbotenwerden ist und anderseits doch darum nicht Werden des absoluten Seins ist, weil dieses als inneres Moment der Selbstbewegung des sich selbst überbietenden Werdens gleichzeitig frei und unberührt über dem Werdenden steht, unbewegt bewegend. Eben dadurch ergibt sich aber, daß die Bewegung nicht dort aufhört, Selbstbewegung zu sein, wo sie Selbstüberbietung wird, sondern dort zu ihrem eigenen Wesen kommt. Weil jede endliche Ursache kraft des innerlich im Endlichen waltenden absoluten Seins ist, und zwar immer und wesentlich, so dass gerade durch das Innesein des absoluten Seins im endlichen Seienden dieses sein eigenes Sein und seine eigene Tätigkeit hat, kann und muß dem endlichen Seienden die Ursächlichkeit zugesprochen werden auch für dasjenige, was mehr ist als es selbst, für das, woraufhin es sich selbst übersteigt. Innerhalb dieser metaphysischen Voraussetzungen kann unter einigen Präzisionen unbefangen gesagt werden, daß ein endliches Seiendes mehr erwirken kann, als es ist.[20]

Aufgrund dieser metaphysischen Einsichten, die er in seinen weiteren Ausführungen noch näher erläuterte, meinte Rahner schließlich unbefangen sagen zu können: „Eine Entwicklung des Materiellen zum Geist hin und die Selbsttranszendenz des Materiellen in den Geist ist philosophisch und christlich eine legitime Vorstellung."[21]

Obwohl Rahner damit gute Voraussetzungen für das Gespräch mit den Marxisten geschaffen hatte, bemängelte in der anschließenden Diskussion ein Teilnehmer an seiner Auffassung: „einmal das Vorhandensein eines Absoluten schlechthin, gleichgesetzt mit Gott im Sinne einer philosophischen Erkennbarkeit, und dann, die Anerkennung und die Annahme eines Wesensunter-

---

[20] SW 15 (2002) 328.
[21] SW 15 (2002) 329.

schiedes von Geist und Materie."[22] Zudem seien die von ihm verwendeten transzendentalen Begriffe mit dem dialektischen Materialismus nicht zu vereinbaren, so dass schon im Denkansatz ein tiefer Strukturunterschied bestehe. In der Auffassung vom Menschen unterscheide sich die christliche Theologie vom dialektischen Materialismus vor allem dadurch, „daß der Materialist den dialektischen Denk- und Erfahrungsvorgang nur in einer rational-weltimmanenten Weise vollzieht"[23].

Als Vertreter des Marxismus sprach im folgenden Vortrag Ernst Bloch über das Thema: „Der Mensch des utopischen Realismus"[24]. Zunächst erläuterte er sein eigenes Verständnis des dialektischen Materialismus, der sich vom mechanischen Materialismus grundlegend unterscheide, und bestimmte dann den Menschen als das ganze Ensemble gesellschaftlicher, religiöser, künstlerischer, philosophischer, wissenschaftlicher Verhältnisse. Dieser Mensch stehe als Arbeiter an der Front des Weltprozesses. Nach diesen Vorbemerkungen skizzierte er als historischer Materialist den Verlauf der Geschichte von der Urgesellschaft, die kein Mein und Dein kannte, bis zum real existierenden Sozialismus und machte dabei auf den gravierenden Unterschied der beiden Kategorien: „Macht und geistig sittliche Autorität"[25] aufmerksam. Herrschaft, Macht und Staat müßten absterben, damit sich das Gemeindehafte entwickeln und ein Sozialismus entstehen könne, in dem Freiheit, Gleichheit, Brüderlichkeit der urkommunistischen Gentes wiederhergestellt werden.

Nach einem kurzen Hinweis darauf, dass Aufklärung für Kant „Ausgang des Menschen aus selbstverschuldeter Unmündigkeit ist", wandte sich Bloch der biblischen Gottesvorstellung zu, die sich mit den gesellschaftlichen Verhältnissen so verändert habe, dass

> von dem feuerspeienden Sinai-Gott zu dem Gott Christi ein ungeheurer Weg ist, vermittelt durch die Propheten. Bei den Propheten spielt die Weltschöpfung, die Genesis, der Deus creator, kaum eine Rolle. Er kommt bei Isaias kaum vor. Wichtig ist: Deus salvator am Ende. Wichtig ist das Reich der Gerechtigkeit, das die Welt überfluten wird. Wichtig ist, daß alles neu wird am Ende. „Einen neuen Himmel und eine neue Erde will ich schaffen", so spricht

---

[22] Der Mensch – Geist und Materie (Gespräche um Glauben und Wissen – Dokumente der Paulus-Gesellschaft, Bd. 12), hg. v. d. *Paulus-Gesellschaft*, München 1965 (= Mensch), 70.

[23] Mensch (s. Anm. 22), 71.

[24] Mensch (s. Anm. 22), 98–119.

[25] Mensch (s. Anm. 22), 104.

> der Herr, „daß man des alten nicht mehr gedenke." Das klingt anders als wie: „Siehe, es ist alles gut!" Und das Eschatologische, das im Christentum nun völlig dominiert, drückt sich zuletzt aus in dem großartigen Satz von Augustinus gegenüber einer fertig abgeschlossenen Schöpfung: „Dies septimus nos ipsi erimus". Erstens: „wir selbst", und dann: erimus – wir werden es sein. Der jüngste Tag werden wir selbst sein. Homo absconditus bricht auf mit Hilfe des Deus absconditus bei Augustinus.[26]

Gott als den Schöpfer der Welt kann sich Bloch nur als schlechthinnigen gebietenden Despoten vorstellen und lehnt ihn deshalb ab. Für ihn ist

> der Satz Jesu: „Was ihr dem Geringsten meiner Brüder tut, habt ihr mir getan" oder: „Wo zwei versammelt sind in meinem Namen, bin ich mitten unter ihnen", äußerster Abschied von allem Despotenhaften. Da ist kein Despot mehr da. [...] Mit dem Wort löst sich die Jahwe-Vorstellung transzendent autoritärer Art in geheimnisvoll menschlichste Menschensohn-Vorstellung auf, in die Gemeinde. Jahwe hat sich in Jesus aufgelöst, besser eingelöst, Jesus in die Gemeinde. Das freie Priestertum der Laien tritt auf.[27]

Diese Gemeinde identifizierte Bloch mit Gott, weil Jesus selbst sich mit Gott gleichsetzte und sagte: „Ich und der Vater sind eins."[28] Diese Selbstvergottung des Menschen bildete für Bloch den Kern der christlichen Botschaft, so dass er sagen konnte: „Nur ein Atheist kann ein guter Christ sein". Jürgen Moltmann habe dieser Auffassung unter der Bedingung zugestimmt, dass der Ausspruch umgekehrt werde: „Nur ein Christ kann ein guter Atheist sein."[29]

Weil es keinen Deus creator gäbe, meinte Bloch, müsse die Materie als Mutterschoß verstanden werden, in dem es gärt, ein Prozess abläuft und etwas geboren wird, „was gar nicht an der Wiege gesungen worden ist, in einem Experimentum von Licht, in einem Laboratorium von Möglichkeiten"[30]. Dieser Prozess ist noch nicht entschieden, erst recht nicht gewonnen, aber er ist auch noch nicht vereitelt. Deshalb ist der Mensch „umgeben von einem non-dum, von einem Noch-nicht, aufgetragen auf dem

---

[26] Mensch (s. Anm. 22), 110. Bloch zitiert hier ohne genaue Stellenangabe: Jes 65,17 und Gen 1,31 sowie *Augustinus, Aurelius*, De civitate dei XXXII, 30.

[27] Mensch (s. Anm. 22), 111. Bloch zitiert hier Mt 25,40 und Mt 18,20.

[28] Jo 10,30.

[29] Vgl. dazu: *Richard Schaeffler*, Was dürfen wir hoffen? Die katholische Theologie der Hoffnung zwischen Blochs utopischem Denken und der reformatorischen Rechtfertigungslehre, Darmstadt 1979, 156 f.

[30] Mensch (s. Anm. 22), 112.

Hintergrund Möglichkeit, bewegt von Tendenz und Latenz"[31]. Weil in diesen Fundus Möglichkeit Verwirklichendes einbrechen kann, hängt es vom Menschen ab, „ob das Schloß sich aus der Möglichkeit hebt, die noch nicht vereitelt ist. Du bist Wanderer und Kompaß und Land zusammen an der Front. Das ist die Gnade."[32] Zusammenfassend stellte Bloch am Ende seines Vortrages fest,

> daß Materie bestimmt werden kann als ultima materia, als die sich selbst noch nicht enthüllte und identifizierte. Sie ist das, was uns in dem großen Schweigen der Steine anspricht, in dem großen Schweigen der Natur, der vorhandenen physischen Natur, die ein Verschlossenes in sich enthält, das nicht notwendig wieder Geist zu sein braucht. Der Weltprozeß ist keine Spiritusfabrik mit bekanntem Spiritus, sondern eben ein Unbekanntes, das in Chiffren und Symbolen sich überall andeutet, wohlvertraut ist in Parabeln und Gleichnissen. Also, etwas, was darin im Weinberg der Natur seine Frucht intendiert und vielleicht in Andeutungen, in Versprechungen und in Trostgesängen, in Parusien noch historischer Art, sich findet und uns auf den Weg leuchtet. So etwa wären die Implikationen und Horizonte, die immanent im dialektischen Materialismus ebenso wie im ökonomisch-historischen Materialismus gesetzt sind, mit dem Ergebnis, dass nichts ohne Zusammenhang mit den Propheten steht. Die wirkliche Genesis der richtigen Welt steht nicht am Anfang, sondern am Ende.[33]

Etwas verwundert fragten Rahner und andere Tagungsteilnehmer in der anschließenden Diskussion, ob denn das, was Bloch vorgetragen habe, „noch als genuiner dialektischer Materialismus angesprochen werden kann"[34] oder lediglich seine persönliche Überzeugung sei. Rahner kritisierte seine Ausführungen über die Theologie und betonte, dass ein absoluter Gegensatz zwischen einem Gott der Herkunft und einem Gott der Zukunft bei den Propheten nicht bestehe. Ebensowenig gäbe es bei ihnen einen absoluten Gegensatz zwischen Deus creator und Deus salvator. Obwohl er diese Auffassung Blochs nicht anerkenne, könne er jedoch „mit vollziehen, daß Gott die Welt schafft, indem er gleichsam von der Zukunft her schafft, die er selber ist. Aber dies geschieht dann doch so, daß Gott der Urgrund, der schöpferische Urgrund ist."[35] Unbeantwortet blieb für Rahner auch die Frage:

---

[31] Mensch (s. Anm. 22), 114.
[32] Mensch (s. Anm. 22), 115.
[33] Mensch (s. Anm. 22), 118 f.
[34] Mensch (s. Anm. 22), 123.
[35] Mensch (s. Anm. 22), 124.

Wie weit sind wir, die wir das vollkommene Reich der Freiheit auf dieser Erde nicht mehr erleben werden, nicht doch etwas zu sehr bloß als Dünger oder Vorbereitung jener Zukunft verstanden? Der Christ kann bei aller echten Geschichtlichkeit, bei aller Innerweltlichkeit auch der Zukunft, den Einzelnen, den Jetzigen, je mich, etwas ernster nehmen.[36]

In einem weiteren Diskussionsbeitrag setzte sich Rahner erneut mit der Materie- und Schöpfungsvorstellung von Bloch auseinander und hob hervor, dass aktive Selbsttranszendenz und Höherentwicklung nur „aus dem Ursprung dessen, was wir Gott nennen, heraus“[37] möglich sei.

Am Ende der Tagung zog Rahner Bilanz und stellte Übereinstimmungen und Unterschiede zusammen, die sich in der Diskussion und großen Meinungsvielfalt herausgebildet hatten. Übereinstimmungen sah Rahner

bei einer Betrachtung, nicht nur des Bloch'schen, sondern auch des amtlichen russischen Materialismus. Die Frage einer Behauptung der Eigenständigkeit des Geistes ist schwieriger zu beantworten als wir, die wir den dialektischen Materialismus ablehnen, sehr oft glauben, annehmen zu müssen. Auch dort wird irgendwie die Eigenständigkeit des Geistes mehr und mehr gesehen. Der Geist ist nicht mehr nur ein Epiphänomen physikalischer Materie. Hier ist noch keine Übereinstimmung, aber doch die Möglichkeit dazu.[38]

Einigkeit bestand auch in der Bewertung des methodischen Atheismus, der dem heutigen Naturwissenschaftler vom Theologen und Christen dringend ans Herz zu legen sei, weil „Gott eben nicht ein Stück der Welt und ein bestimmtes Seiendes neben und innerhalb unserer Erfahrungswelt ist, sondern ein ganz Anderer.“[39] Positiv verbuchte Rahner auch den Hinweis von Bloch, „daß unsere Theologie, unsere Philosophie wie auch unsere christliche Anthropologie die soziologische Dimension des Menschen nicht ausdrücklich genau und nicht genug bedenkt“[40].

Zu den wesentlichen Unterschieden zählte Rahner das Bekenntnis von Bloch, „daß er insofern Materialist sei und bleibe, als er von vornherein und definitiv entschlossen sei, die Welt aus sich selbst zu erklären“. Doch sei auch in diesem Punkt das letzte Wort noch nicht gesprochen, da „auch der Christ die Welt aus sich selbst erklärt, insofern die letzte Dimension, die das Wesen

---

[36] Mensch (s. Anm. 22), 125.
[37] Mensch (s. Anm. 22), 140.
[38] Mensch (s. Anm. 22), 257.
[39] Mensch (s. Anm. 22), 258.
[40] Mensch (s. Anm. 22), 259.

der Welt selber letztlich konstituiert, die Verwiesenheit auf jenen Grund der Welt ist, den wir Gott nennen und der ihr als das absolut Verschiedene gerade so noch einmal das Innerste ist."[41] Falsch ist für ihn der dialektische Materialismus dort, „wo er sich wirklich in dem, was er ausdrücklich sagt, richtig versteht"[42].

3. *Das Christentum als Religion der absoluten Zukunft*

Auf einer weiteren Tagung der Paulus-Gesellschaft, die sich 1965 in Salzburg mit dem Thema: „Christentum und Marxismus – heute"[43] beschäftigte, sprach Rahner über das „Christentum als Religion der absoluten Zukunft". Dabei setzte er sich mit dem „Unterschied zwischen christlicher Eschatologie und innerweltlicher Utopie"[44] auseinander, weil Marxisten behaupteten, dass der Mensch nur existieren kann, wenn er sich voraus entwirft und seine Zukunft sucht. Gleichzeitig lehnten sie jedoch das christliche Verständnis von Zukunft ab, weil darin Gott die absolute Zukunft ist.

Rahner erinnerte in seinem Vortrag zunächst daran, dass das Christentum die Welt und den Menschen heilsgeschichtlich versteht und deshalb eine Entwicklung voraussetzt, die nicht ins Leere geht, sondern die absolute Zukunft wirklich findet. Das reale Wesen des Menschen definierte er als die Möglichkeit, die absolute Zukunft zu erreichen, die nicht mit einem bestimmten, innerweltlichen Zustand verwechselt werden dürfe, den der Mensch deshalb als relativen erkenne, weil er von einer noch ausstehenden und noch zu verwirklichenden Zukunft überholt wird. Als Religion des Werdens, der Geschichte, der Selbsttranszendenz und der Zukunft betrachtet das Christentum alle Gegebenheit als Aufgegebenheit und versteht alles nur vom Ausständigen her.

> Die Tendenz auf die ausständige Zukunft hat zwar ihren Grund, ihr Maß, ein Wesen hinter sich, das einen Horizont des Möglichen vor sich entwirft, ein Gesetz, nach dem angetreten wird. Aber da der letzte Grund die absolute Fülle der Wirklichkeit Gottes und das letzte Ziel eben dieser Gott ist, der den An-

---

[41] Mensch (s. Anm. 22), 258; vgl. aber auch die Aussage von Bloch selbst 150 f.

[42] Mensch (s. Anm. 22), 260.

[43] Christentum und Marxismus – heute (Gespräche der Paulus-Gesellschaft), hg. v. *Erich Kellner*, Wien 1966.

[44] SW 15 (2002) 410.

fang setzt, indem er sich als Ziel gibt, so ist alles Verständnis von Wesen und Natur doch nur wirklich wirklichkeitsgemäß, wenn es [sich] von der Zukunft her versteht, die erst den Anfang enthüllt.[45]

Deshalb ist für das Christentum

die absolute Zukunft die wahre und eigentliche Zukunft des Menschen; *sie* ist für ihn reale Möglichkeit, Angebot, das auf ihn Zukommende, Zukünftige, ihre Annahme die letzte Aufgabe seines Daseins. Weil der Mensch sich um eine Zukunft herstellbarer Art, die einen Raumzeitpunkt hat, die gemacht ist aus Teilelementen seiner Welt, nur kümmern kann, indem er sie übergreift in das grundsätzliche Ganze unbegrenzter Möglichkeit, ist in seiner innerweltlichen Sorge immer (wenigstens implizit oder oft vielleicht auch verdrängt) die Frage nach der möglichen Begegnung mit eben diesem unendlichen Ganzen als solchem gegeben, mit der absoluten Zukunft. Und diese Frage beantwortet das Christentum dahin, daß diese absolute Zukunft nicht nur die immer ausständige Bedingung der Möglichkeit einer kategorialen, innerweltlichen Zukunftsplanung, [Zukunfts]hoffnung und [Zukunfts]erreichung ist, sondern als solche selbst zur mitgeteilten, erreichten Zukunft des Menschen wird.[46]

In seinen weiteren Ausführungen begründete Rahner, warum absolute Zukunft nur ein anderer Name für Gott ist, der zwar als absolute Zukunft vom Menschen gewusst werde, aber dennoch grundsätzlich und notwendig das absolute Geheimnis bleibe. Dies schließe den Atheismus deshalb nicht aus,

weil einmal für die kategoriale Erkenntnis des Menschen die Weigerung immer möglich ist, sich auf die transzendentale Bedingung ihrer eigenen Möglichkeit einzulassen, weil zum anderen die Konfrontation mit dem grundsätzlichen Geheimnis immer erklärt werden kann als etwas, das in seinem Wesen zerstört wird, wenn es in Religion geschieht, die unvermeidlich sich eines kategorialen und gesellschaftlichen Instrumentes bedient, und weil drittens der Mensch natürlich auch insofern Atheist sein kann, als er leugnet oder bezweifelt, daß Gott selbst seine eigene absolute Zukunft werden kann, und er so meinen kann, mit ihm als solchem auf jeden Fall nicht zu tun zu haben.[47]

Als Religion der absoluten Zukunft, sagte Rahner, hat das Christentum keine innerweltliche Zukunftsutopie und steht deshalb jeder sachgerechten Zukunftsplanung, die sich um eine freiere, gerechtere und menschlichere Gesellschaft bemüht, frei, offen und positiv gegenüber. Radikal verwirft das Christentum aber

[45] SW 15 (2002) 411.
[46] SW 15 (2002) 412.
[47] SW 15 (2002) 413.

jede ideologische Zukunftsutopie, in der die absolute Zukunft mit einer innerweltlich-kategorialen Zukunft verwechselt und die letzte Zukunft des Menschen in einem Geringeren gesehen würde als im unsagbaren, heiligen Geheimnis des absoluten Gottes, der sich aus Gnade dem Menschen mitteilt und die Dynamik auf diese Mitteilung hin zum letzten Sinn und Motor der Welt- und Menschheitsgeschichte gemacht hat.[48]

Obwohl das Christentum gegenüber individuellen und kollektiven Zielsetzungen des Menschen neutral ist und sie freigibt, hat es dennoch eine unschätzbare Bedeutung für alle Bemühungen um eine sinnvolle Gestaltung der Zukunft. Dabei erhebt es nicht den Anspruch, dass sich nur die Christen sachgerecht und mit allen Kräften für diese innerweltlichen Ziele einsetzen und deshalb als deren einzige Träger zu gelten haben. Vielmehr ist es der Auffassung, dass jeder, der in absoluter Selbstlosigkeit und Liebe dem Menschen dient, absolut sittliche Werte anerkennt und damit implizit Gott bejaht, vor dem er sein Heil wirkt. Durch seine absolute Zukunftshoffnung schützt das Christentum

den Menschen vor der Versuchung, die berechtigten innerweltlichen Zukunftsbestrebungen mit *solcher* Gewalt zu betreiben, daß jede Generation brutal zugunsten der nächsten und so fort geopfert wird und so die Zukunft zum Moloch wird, vor dem der reale Mensch für den nie wirklichen, immer ausständigen geschlachtet wird. Das Christentum macht verständlich, warum auch *der* Mensch seine Würde und intangible Bedeutung behält, der keinen greifbaren Beitrag zur Annäherung an die innerweltliche Zukunft mehr leisten kann.[49]

In seinen weiteren Ausführungen wies Rahner darauf hin, dass das Christentum als Religion der absoluten Zukunft und als Institution bleiben werde, weil man dem Menschen „die Frage nach sich als ganzem und nach dem Sinn schlechthin, der nicht mehr auf die funktionalen Zusammenhänge der Einzelmomente seiner Welt und seines Daseins, sondern nach dem Sinn des *Ganzen* geht, nicht nehmen kann“[50]. Da der Mensch sein transzendentales Verhältnis zur Totalität seines Daseins, seiner Welt und seiner Zukunft in kategorialen Begriffen, konkreten Taten und in einer gesellschaftlichen Ordnung vollziehen muß, wird es das Christentum „auch als gesellschaftliche Größe immer geben“[51].

---

[48] SW 15 (2002) 415.
[49] SW 15 (2002) 415.
[50] SW 15 (2002) 416.
[51] SW 15 (2002) 417.

Die Ergebnisse der Tagung fasste Roger Garaudy, ein führender französischer Marxist, zusammen und bezog sich dabei ausdrücklich auf Rahners Vortrag über die Zukunft, die für ihn *„die einzige Transzendenz ist, die von uns Atheisten, die wir uns als Marxisten bekennen, anerkannt wird“*[52]. Dabei ließ er allerdings keinen Zweifel daran, dass zwischen beiden Zukunftsvorstellungen ein radikaler Unterschied besteht, da nach christlicher Auffassung die Transzendenz der Geschichte ihren Sinn verleiht, während es nach marxistischer Ansicht umkehrt ist. Marxisten kämpfen nach Garaudy für eine Zukunft, die

> bereits gegenwärtig unter uns ist als Sauerteig unseres Handelns in der Gegenwart. Denn auch wir glauben, daß der Mensch nicht nur das ist, was er ist, sondern daß er auch all das ist, was ihm fehlt: alles, was er zu vollbringen, alles, was er zu werden hat. Die Zukunft ist eine Schöpfung des Menschen, die wir wie Sie in Angst und Hoffnung vollbringen. Diese Zukunft ist nicht schon geschrieben, weder in einer überschwenglichen Utopie noch in einer Geschichte, die den Anspruch auf Wissenschaft erhebt. Die Zukunft liegt auf der Ebene der Frage, nicht der Antwort. Die Zukunft ist eine Forderung, nicht eine Verheißung: denn uns Atheisten ist nichts versprochen, niemand erwartet uns. Was der Mensch nach unserer Auffassung zu tun hat, das ist die Schaffung einer Welt, in der jeder Mensch ein Mensch ist, das heißt ein Schöpfer. Das ist also der Angelpunkt des marxistischen Humanismus: die Verwirklichung des totalen Menschen.[53]

In einem Bericht über die Tagung in der renommierten Zeitschrift „Praxis“ lehnte auch Bošnjak die Auffassung Rahners ab, weil

> das Gespräch über die Erlangung des Absoluten zwangsläufig auf das Gebiet der Theologie hinübergleiten muß. Dann bleibt hier die Fragen offen: Welche Theologie hat recht? In der marxistischen Philosophie ist der Träger der Zukunft der Mensch und das Ziel der Geschichte ist einzig der Mensch. Diese Zukunft hat nie sich selbst als das Absolute aufgefaßt und als Ende von allem. Darin besteht auch der Unterschied zwischen Religion und Philosophie. Die Philosophie bleibt auf der Grundlage des Seins, die Religion hingegen ist nur als Transzendieren der Welt der Wirklichkeit möglich.[54]

Obwohl Rahner einen gangbaren Weg für eine friedliche Koexistenz und gute Zusammenarbeit zwischen Marxisten und Christen aufgezeigt hatte, konnte er die grundlegenden Meinungsverschiedenheiten nicht überwinden. Das Scheitern des Sozialismus in

---

[52] Christentum und Marxismus (s. Anm. 43), 319.
[53] Christentum und Marxismus (s. Anm. 43), 320.
[54] *B. Bošnjak*, Christentum (s. Anm. 5), 251.

den Staaten des Ostblocks und der Selbstverwaltung in Jugoslawien sind jedoch ein deutlicher Hinweis darauf, dass der Mensch sich nicht selbst erlösen kann, sondern sich sein Heil von dem schenken lassen darf, der bei all seinen Bemühungen um eine bessere menschliche Zukunft als absolute Zukunft implizit gegenwärtig ist.

In bezug auf unser Thema dürfte deutlich geworden sein, dass Rahner den Dialog mit den Marxisten als Theologe geführt und sich dabei lediglich einer philosophischen Begrifflichkeit bedient hat. Als Theologen haben ihn auch seine marxistischen Gesprächspartnern gesehen, die auf seine transzendental-ontologische Methode überhaupt nicht eingingen oder sie als idealistisch ablehnten. Sie konnten oder wollten Rahners Denkansatz mit ihrer materialistischen Weltsicht nicht verbinden, obwohl dieser die Möglichkeiten dazu aufgezeigt hatte.

Selbstüberbietung und die Evolution des Kosmos auf Christus hin

Béla Weissmahr SJ, München

Das Thema dieses Artikels ist der von Karl Rahner ausgearbeitete Begriff der „Selbstüberbietung“ oder „Selbsttranszendenz“. Er wurde von Rahner Ende der 50er und Anfang der 60er Jahre im Zusammenhang mit der von Theologen damals heftig diskutierten Frage der Hominisation entwickelt. Am Ende soll auch die Anwendung dieses Begriffs auf die von Pierre Teilhard de Chardin ins Auge gefasste Ausrichtung der Evolution des Weltalls auf Christus hin in der rahnerschen Interpretation zur Sprache kommen.

Um die Bedeutung des von Rahner entwickelten Begriffs der „Selbsttranszendenz“ gebührend würdigen zu können, die hinsichtlich der Frage nach der Hominisation eine lange theologische Auseinandersetzung abgeschlossen hat, da sie weitgehend rezipiert wurde, werde ich zunächst den Rahner vorgegebenen Stand der damaligen theologisch-philosophischen Debatte skizzieren. Daran anschließend sollen die entscheidenden Überlegungen Karl Rahners im Detail entfaltet werden. Dabei geht es mir vor allem um die Darlegung des spekulativ-metaphysischen Gehalts der von ihm vorgelegten Lösung. Weil aber die Überlegungen Rahners auch auf Ablehnung gestoßen sind, werde ich die gegen seine Konzeption hervorgebrachten wichtigsten Einwände wiederum ziemlich ausführlich untersuchen.

Schließlich möchte ich die bei Rahner vorliegenden theologischen (genauer gesagt: christologischen) Implikationen der die Schöpfungslehre mit der Lehre über die Evolution zusammen denkenden Konzeption aufgreifen bzw. darstellen.

1. Der Stand der Debatte um die Hominisation in der zweiten Hälfte der 50er Jahre

Nach dem Erscheinen der Enzyklika „Humani generis“ von Papst Pius XII. im Jahre 1950 konnten die katholischen Theologen einigermaßen unbefangen die These vertreten, der Mensch sei seinem Leibe nach ein Produkt der biologischen Evolution. Was die

Entstehung seiner Seele betrifft, hielten sie aber daran fest, dass diese das Ergebnis eines unmittelbaren göttlichen Schöpfungsaktes sei, da sie als geistige Substanz nicht durch biologische Evolution entstehen könne. Sie verteidigten also, zumindest was das Entstehen der menschlichen Seele betrifft, die seit der Hochscholastik allgemein vertretene These, Gott wirke in der Welt auf zweifache Weise.

Einmal auf „gewöhnliche" Weise, d. h. er verwirkliche seinen Schöpfungsplan durch das gesetzmäßig sich ereignende Wirken der von ihm als Schöpfer herstammenden natürlichen Kräfte. Daneben sei aber noch ein „außergewöhnliches" Wirken Gottes anzunehmen, in dem Gott sozusagen an den von ihm Sein und Wirken habenden natürlichen Kräften der geschaffenen Ursachen vorbei, also ohne die Vermittlung der Eigenwirksamkeit der Zweitursachen etwas hervorbringt. In einem solchen Fall greift er als Schöpfer der Welt unmittelbar in das Weltgeschehen ein. Dies könne er – das war das entscheidende, seit Thomas immer wieder hervorgebrachte Argument – deshalb tun, weil er als Schöpfer des Weltalls an die von ihm herstammenden Gesetze der Welt nicht gebunden sei.[1] In einem solchen Fall wirke Gott nicht nur als die das eigene Wirken der Zweitursachen letztlich tragende Erstursache, sondern als die einzige Hauptwirkursache des Geschehens In diesem Sinn entstehe also die Seele des Menschen durch einen unmittelbaren göttlichen Schöpfungsakt.

Es gab allerdings schon damals Stimmen, die zum einen betonten, die Evolution des Leiblichen im Menschen müsse wegen der substantiellen Einheit von Leib und Seele auch die Seele auf irgendeine Weise betreffen, und die Erschaffung der Seele des Menschen durch Gott habe etwas mit dem Entstehen des Leibes des Menschen eben als eines menschlichen Leibes zu tun, ohne freilich über Andeutungen hinsichtlich der Frage hinauszukommen, wie das Entstehen der beiden Prinzipien in ihrem gegenseitigen Verhältnis einsichtig zu machen sei.

Die Meinung, nach der der Mensch seinem Leibe nach Ergebnis der Evolution, seiner Seele nach aber unmittelbar von Gott geschaffen sei, nennt Rahner „gemäßigten Evolutionismus", und stellt von ihm fest, er könne nicht „die adäquate Lösung des anthropologischen Problems"[2] sein. Denn die Seele, von der die

---

[1] Siehe: Summa theol. I, 105, 2: Comp. theol., c.136

[2] *Karl Rahner*, „Die Hominisation als theologische Frage", in: *Paul Overhage / Karl Rahner*, Das Problem der Hominisation (= Hom.), Freiburg 1961, 13–90, 56 = Sämtl. Werke (= SW) 15 (2002) 38–96, 70.

Philosophie und die Theologie aussagen, sie stamme unmittelbar von Gott, und das Biologische im Menschen, von dem die Naturwissenschaft behauptet, es sei das Ergebnis der biologischen Evolution, könnten nicht einfach als zwei verschiedene „Dinge“ betrachtet werden. Um zu einer wirklich stichhaltigen Lösung des Problems zu kommen, unternimmt Rahner eine metaphysische Analyse des Wirkens Gottes in der Welt und bestimmt thesenhaft das Ziel seiner Untersuchung wie folgt:

Es soll der Begriff des göttlichen Wirkens als aktives, dauerndes Tragen der Weltwirklichkeit derart entwickelt werden, daß eben dieses Wirken erscheint als die aktive Ermöglichung der aktiven Selbsttranszendenz des endlichen Seienden durch sich selbst, und zwar so, daß weil dieser Begriff allgemein gilt, er auch von der „Erschaffung der geistigen Seele“ gilt.[3]

2. Der von K. Rahner gelieferte Aufweis der „aktiven Selbsttranszendenz“ in seiner Arbeit „Die Hominisation als theologische Frage“

Bevor Rahner den für ihn entscheidenden Beweis für die Selbsttranszendenz vorlegt, geht er auf zwei einigermaßen aporetische, aber in der scholastischen Theologie und Philosophie traditionell gebrauchte und so theologisch unbedenkliche Begriffe ein, in denen das mit der Selbstüberbietung Gemeinte ansatzweise enthalten ist. Beide beziehen sich auf das Entstehen von Neuem und hängen dadurch mit der aristotelischen Akt-Potenz-Lehre zusammen, so wie diese von den Scholastikern, die auch mit dem schöpferischen Wirken Gottes gerechnet haben, rezipiert wurde.

a. Die „eductio (formae) e potentia materiae“[4]

Mit dieser Formel soll ausgedrückt werden, was sich beim Entstehen einer neuen Seinsvollkommenheit innerhalb der Welt ei-

[3] Hom. 61 = SW 15 (2002) 73 f.

[4] Rahner selbst gebraucht nur die Bezeichnung „eductio e potentia materiae“. Mit der im allgemeinen gebräuchlichen (von Aristoteles herstammenden und von Thomas von Aquin gebrauchten) Bezeichnung „eductio formae e potentia materiae“ ist von vornherein deutlicher ausgedrückt, dass es sich um das Entstehen einer neuen Form und somit um ein qualitatives Werden handelt. Dadurch erübrigt sich die Auseinandersetzung, ob es bei dem ins Auge gefassten Werden nur um ein Anderswerden oder um ein Mehrwerden geht.

gentlich abspielt. Jedes Werden von etwas Neuem innerhalb der Welt ist immer ein Werden aus etwas schon Vorliegendem und nicht ein Entstehen, dem auf der Ebene der Welt nichts vorausgeht. Letzteres wäre das Erschaffenwerden durch Gott. Jedes Entstehen einer neuen „Form", d. h. einer neuen Seinsvollkommenheit auf der Ebene der Welt ist deshalb ein durch eine Wirkursache hervorgebrachter Übergang des potentiell, d. h. des dem Vermögen nach Seienden in den Zustand der Aktualität. Mit der Aussage: „formae educuntur e potentia materiae" soll dargelegt werden, dass das, was innerhalb der Welt wird, in der „Materie"[5] (in der, bzw. aus der etwas wird) auf die Weise des noch nicht Verwirklichten bereits anwesend ist (genauer: als bereits auf irgendeine Weise anwesend gedacht werden muss, obwohl es tatsächlich noch nicht besteht), und darauf „wartet", durch das Einwirken einer Wirkursache „herausgeholt", d. h. tatsächlich verwirklicht zu werden. Der eigentliche Sinn der Formel „eductio e potentia materiae" besteht also darin, den sehr schwierigen Begriff des „Seienden dem Vermögen nach" (des aristotelischen „δυνάμει ὄν" bzw. des scholastischen „ens potentia") schulmäßig zu erklären, wobei das eigentlich Problematische des Begriffs des „Seienden dem Vermögen nach" durch diese Formel umgangen werden soll. Indem nämlich gesagt wird, dass das, was als Neues entsteht, in dem, woraus es wird, als das Herauszuführende bereits da ist, wird davon abgelenkt, dass es seinem eigentlichen Wesen nach eben noch nicht anwesend ist. Zugleich bleibt es aber auch wahr, dass der Begriff des „realen Vermögens" die Vorwegnahme des noch nicht Verwirklichten ausdrückt. Der Begriff des „realen Seinsvermögens" ist also ein äußerst spannungsgeladener Begriff. Aus ihm ergibt sich einerseits, dass das neu Entstehende nicht nur neu zu sein scheint, sondern tatsächlich seinsmäßig neu ist. Andererseits stellt sich aber die Frage, woher das neue Sein, das „Mehr an Sein" denn komme, das eben als solches, bevor es geworden ist, noch nicht anwesend war. An diesem Punkt möchte ich Rahner zitieren:

> [...] wenn in einer „eductio e potentia materiae" eine neue substantielle Form entsteht [...], erscheint etwas wirklich Neues im Sinne eines Seinszuwachses, der nicht kompensiert wird durch einen Seinsverlust, so daß man das Werden der neuen Seinsbestimmung und das Aufhören der alten als bloß zwei Seiten einer bleibenden Verfaßtheit, eines Änderungszustandes auffassen könnte.

[5] „Materie" wird hier im aristotelischen Sinn gebraucht. Der Ausdruck bezeichnet also nicht das konkrete materielle Seiende, sondern die Materie als Prinzip der Veränderung.

Dann aber erhebt sich die Frage: Ist ein *solches* Werden in seiner Ursächlichkeit allein aus der aktiven Potenz des endlichen Seienden metaphysisch erklärbar, das als Ursache dieses substantiellen Formprinzips aufgefaßt wird? Kann für einen solchen Seinszuwachs die endliche aktive Potenz die „hinreichende Ursache" sein?[6]

Als Antwort auf diese Frage kann man – betont Rahner – die göttliche Ursächlichkeit nicht in dem Sinn ins Spiel bringen, als würde sie, das Unvermögen der endlichen Ursache ergänzend, an ihre Stelle treten, um so den erwirkten Seinszuwachs begründen zu können. Damit wäre nämlich die endliche Ursache als solche ausgeschaltet, sie hätte am Entstehen des Neuen keinen Anteil. Zugleich kann man aber auf einen Rekurs auf die göttliche Ursächlichkeit nicht überhaupt verzichten. – Ich zitiere wiederum Rahner:

Aber dieses Hervorbringen einer neuen zuwachsenden Seinswirklichkeit durch ein endliches Seiendes kann auch nicht (wenn man dem Prinzip des zureichenden Grundes [...] nicht widersprechen will) als die Tat des endlichen Seienden *allein* verstanden werden in dem Sinn, daß die göttliche Ursächlichkeit nach der Weise einer Erhaltung [...] begriffen wird. Denn sonst würde sich ein Seiendes mehr geben, als es hat. [...] Wer also nicht annimmt, daß in einem metaphysischen Sinn einfach schlechthin aus weniger mehr werden könne, der muß [...] zu diesem Seinszuwachs bedeutenden Werden als Grund seiner Möglichkeit das unendliche Sein hinzudenken. Er darf dies aber entsprechend unserem Uransatz nicht so tun, daß er dieses Grundgeben des absoluten Seins für die neue wachsende Seinswirklichkeit gewissermaßen kategorial neben die „Wirksamkeit" der endlichen Ursache als eine Teilursächlichkeit grundsätzlich zu der anderen des endlichen Seienden hinzufügt.[7]

Hier zeichnet sich die Einsicht ab, dass bei *jedem* Entstehen von etwas Neuem innerhalb der Welt dieses Neue einerseits als *auch* von dem Werdenden selbst Erwirktes (*auch* als Selbstüberbietung seiner selbst) aufzufassen ist. Würde man es nämlich nur als von außen ihm Hinzugefügtes deuten, dann würde es sich nicht um ein Werden des betreffenden Seienden selbst handeln. Andererseits muss aber zugleich, um das Entstehen des Neuen verständlich machen zu können, auf das (Mit-)Wirken des absoluten Seinsgrundes verwiesen werden. Bei diesem, die Möglichkeit und auch die Tatsächlichkeit der Selbstüberbietung des endlichen Seienden letztlich erklärenden Verweis auf das Wirken Gottes muss man aber stets darauf achten, dieses Wirken Gottes nicht an

---

[6] Hom. 64 = SW 15 (2002) 76.
[7] Hom. 65 f. = SW 15 (2002) 77.

die Stelle der geschöpflichen Eigenwirksamkeit treten zu lassen, sondern es als solches zu verstehen, das als transzendente Ursache immanent wirkt. Das heißt: Das Wirken Gottes ist (wegen der Transzendenz Gottes) nicht das Wirken des Geschöpfes und das Wirken des Geschöpfes ist (wiederum wegen der Transzendenz Gottes) das dem Geschöpf eigene Wirken. Zugleich ist aber das Wirken Gottes (wegen Gottes Immanenz in allem, was von ihm das Sein hat) dasjenige Moment im Wirken des Geschöpfes, das das vom Geschöpf selbsterwirkte „Mehr“ an Sein ermöglicht und so verständlich macht, dass das Geschöpf durch sein ihm eigenes Wirken sich geben kann, was es (noch) nicht hat.

b. Der Begriff des „concursus divinus“, d. h. der göttlichen Mitwirkung

Karl Rahner beginnt seine sich auf den Begriff der „göttlichen Mitwirkung“ beziehenden Überlegungen mit der Feststellung, dass es dabei um einen in der Scholastik selbst umstrittenen Begriff geht. Dieser Begriff ergibt sich aus dem Schöpfungsbegriff, nach dem Erschaffen von Seiten Gottes das Hervorbringen des endlichen Seienden *seiner ganzen Wirklichkeit nach* bedeutet. Zur ganzen Wirklichkeit des Geschöpfes gehört sowohl seine Dauer als auch sein ihm eigenes Tätigsein. Hinsichtlich der Dauer des Geschöpfes sprechen wir davon, dass Gott das Geschöpf im Sein erhält, hinsichtlich des dem Geschöpf eigenen Tätigsein spricht man von der göttlichen Mitwirkung, von dem „concursus divinus“ Er wurde zum einen (von den Molinisten) als ein „concursus simultaneus et indifferens“ und zum anderen (von den Bañezianern) als „praemotio physica“ bestimmt. Beide Konzeptionen leisten aber nicht, was sie eigentlich vorhaben, nämlich zum einen das Entstehen des freien menschlichen Aktes als eines solchen (und das Wissen Gottes um dessen Ergebnis) und zum anderen das Getragensein der dem Geschöpf eigenen Tätigkeit durch die göttliche schöpferische Seinsmitteilung, die in diesem Fall „Mitwirkung“ genannt wird, umfassend verständlich zu machen.

Der freie Akt muss nämlich im striktesten Sinne des Wortes als der Akt, als die Tätigkeit der handelnden Person selbst verstanden werden und in diesem Sinn als eine von ihr selbst stammende und deshalb auf nichts, das ihr äußerlich ist, zurückführbare Tätigkeit sein. Also eigentlich eine Handlung, durch die die frei handelnde Person sich selbst überbietet. Die Einsicht, dass dies möglich ist, muss aber nicht nur aus theologischen, sondern auch aus philosophischen Gründen letztlich in der Tätigkeit des absoluten Seinsgrundes, also Gottes, der dem endlichen Seienden als einem Geschaffenen Sein und Eigenwirksamkeit mitteilt, verankert sein. Deshalb muss es irgendwie einsichtig gemacht werden, dass die grundsätzliche Seinsabhängigkeit des Geschöpfes von Gott, die notwendigerweise auch eine Abhängigkeit im Wirken bedeutet, die Eigenständigkeit und letztlich die Freiheit des Geschöpfes nicht aufhebt, sondern vielmehr begründet.

Die Theorie des „concursus simultaneus et indifferens" behauptet, dass jene schöpferische Einflussnahme Gottes, der es zu verdanken ist, dass das Geschöpf aus dem Zustand des bloßen Wirkenkönnens in den Zustand des tatsächlichen Wirkens übergeht, der geschöpflichen Tat als solcher weder vorausgeht noch ihre Richtung bestimmt. Sie hat deshalb keine Schwierigkeiten, die dem Geschöpf eigene, freie Tat zu erklären. Sie äußert sich aber eigentlich gar nicht zu der Frage, wie das in dem Übergang vom bloßen Wirkenkönnen in das tatsächliche Wirken auftretende Mehr zu begründen ist, und versagt vor allem dann, wenn sie darüber Auskunft geben soll, wie Gott die freien Handlungen des Geschöpfes erkennt, denn in dieser Hinsicht macht sie das diesbezügliche Wissen Gottes von den freien geschöpflichen Entscheidungen abhängig.

Die Theorie, die das göttliche Mitwirken als „praemotio physica" bestimmt, macht geltend, dass zum Zustandekommen jeder geschöpflichen Tätigkeit ein der geschöpflichen Tätigkeit vorausgehendes, sie unmittelbar bestimmendes reales Bewegtwerden durch Gott notwendig ist, denn ohne diese wäre das Mehr, welches das vollzogene Handeln dem bloßen Handelnkönnen gegenüber kennzeichnet, unerklärlich. In dieser Theorie ist die unbedingte Souveränität und Priorität Gottes sichergestellt, und von ihr her ist auch die Frage, wie Gott die freien Taten des Menschen erkennen kann, leicht zu beantworten. Man muss nämlich nur auf die das freie Handeln „vorausbestimmenden Entscheidungen" Gottes hinweisen, von denen her Gott unfehlbar weiß, was das Geschöpf tun wird. Die Freiheit des Geschöpfes ist jedoch in dieser Theorie ein bloßes Postulat, das in keiner Weise begründet ist. – Ein spezielles Problem dieser Theorie ist außerdem, dass sie die durch Gott gesetzte „praemotio" als eine geschaffene Entität auffasst, die – wie Rahner formuliert – „*zwischen* der Potenz der Kreatur und ihrem von ihr hervorgebrachten

Akt liegt".[8] Die so aufgefasste „physische Prämotion" – führt Rahner weiter aus –

> ist also irgendwie zu statisch und zu objektivistisch und zu sehr von Gott einerseits und vom Akt der Kreatur anderseits abgesetzt. Als endliche Wirklichkeit als solche erklärt sie das Kategoriale wieder durch ein Kategoriales, also eben gerade nicht. Sie will Gott ins Spiel bringen dort, wo Gott im Unterschied zu einem Endlichen metaphysisch notwendig wird, und sie läßt Gott in dieser Funktion doch wieder durch ein von ihm hervorgebrachtes Endliches vertreten sein. [...] Anders ausgedrückt: durch die endliche Geschaffenheit der praemotio physica einerseits und durch ihre Unterschiedenheit vom Akt, zu dem sie vorausbewegt, anderseits kann sie nicht sinnvoll gedacht werden als der Grund jenes Seins*zuwachses*, den der Akt für den kreatürlichen Handelnden bedeutet, weil sie ihm gegenüber doch immer noch als das ontologisch Geringere auf der Seite der Potenz steht.[9]

Die anschließend gemachte Aussage Rahners gibt die Richtung der Lösung des Problems an:

> Man entwindet sich dieser Verlegenheit nur dann, wenn man deutlich und unumwunden sieht, daß die unendliche Ursache, die als reiner Akt alle Wirklichkeit in sich vorausenthält, zur „Konstitution" der endlichen Ursache als solcher („in actu") gehört, ohne ein inneres Moment an ihr als Seiendem zu sein. Durch die erste Hälfte dieser dialektischen Aussage wird dann „verständlich", daß die endliche Ursache wirklich sich überbieten kann, und zwar sie sich selbst, d. h., daß ihre Wirkung [...] mehr ist als sie selbst und doch von ihr selbst gesetzt ist, sie also selber sich überbieten kann. Der zweite Teil dieser dialektischen Aussage macht deutlich, daß diese Wirkung wirklich eine *Über*bietung sein kann, was nicht der Fall wäre, wenn der zur Konstitution der endlichen Ursache als solcher gehörende reine (unendliche) Akt ein inneres Moment an der endlichen Ursache selbst wäre, diese also schon selbst immer hätte, was sie, sich selbst überbietend, in ihrer Selbsttranszendenz erst noch erreichen muß.[10]

Nach dieser Feststellung stellt Rahner die Frage, ob der Begriff einer (innerweltlichen, also geschaffenen) Ursache, zu der in der Ausübung ihrer Ursächlichkeit als konstituierendes Moment die unendliche Wirklichkeit des reinen Aktes so gehört, dass diese (d. h. die unendliche Wirklichkeit) dadurch nicht ein inneres Moment der Ursächlichkeit der geschaffenen Ursache wird (also nicht an Stelle der endlichen Ursache tritt), sondern eben als das der geschaffenen Ursache gegenüber ganz andere (d. h. als tran-

---

[8] Hom. 68 = SW 15 (2002) 79.

[9] Hom. 68 f. = SW 15 (2002) 79 f.

[10] Hom. 69 = SW 15 (2002) 80.

szendenter Grund des sich selbst transzendierenden Werdens des Endlichen) ihre Selbstüberbietung ermöglicht, ein als gültig nachweisbarer Begriff ist.[11] Den eigentlichen Ort, an dem die Gültigkeit und ontologische Notwendigkeit eines solchen Begriffs aufgewiesen werden kann, sieht er in den geistigen Vollzügen des Menschen.

c. Analyse des menschlichen Erkenntnisvollzuges, der als der transzendentale Ursprungsort des echten metaphysischen Ursachenbegriffes dargestellt wird

Die Wirklichkeitsgeltung des Begriffs der Selbsttranszendenz zeigt sich nach Rahner paradigmatisch im Vollzug der geistigen Erkenntnis, deren Struktur er in „Geist in Welt" dargelegt hat.

Darin wird Erkennen als ein wirkliches Selbstübersteigen verstanden: im Erkennen erwirkt der (endliche) Geist mehr, als er selber ist; dies ist ihm jedoch nur möglich in der Kraft des absoluten Seins. Für Rahner sind hier in engstem Anschluss an Thomas die Erfahrung der wirkenden Selbstbewegung des erkennenden Subjekts und die Bewegtheit des Subjekts durch sein übersteigendes Woraufhin eine Einheit.[12]

Mit diesem „Woraufhin" ist das Absolute gemeint, allerdings nicht auf die Weise eines gegenständlich Gegebenen, sondern als das, was die den Menschen immer weitertreibende Erkenntnis- und Strebensdynamik bewegt, also das, dem es zu verdanken ist, dass wir Menschen auf das Gesamt der Wirklichkeit eröffnet sind, und in diesem Sinn auf das Sein überhaupt vorgreifen. In diesem „Vorgriff" meldet sich ein nicht thematisches, aber eben im Vollzug dieses Vorgriffs sich kundtuendes Wissen um das „Woraufhin", also um das, dem (ohne als solches thematisiert,

---

[11] Vgl. Hom. 69 f. = SW 15 (2002) 80 f. – Den Text Rahners habe ich einigermaßen umformuliert, um den hart anmutenden Gegensatz bezüglich der Ursächlichkeit der unendlichen Wirklichkeit, von der gesagt wird, sie sei ein *konstituierendes*, aber kein *inneres* Moment der endlichen Ursächlichkeit, vielleicht etwas verständlicher auszudrücken. Allerdings kann auch die von mir ergänzte Formulierung nur dann richtig verstanden werden, wenn man berücksichtigt, dass „Erschaffen" von Seiten Gottes „Eigenständigkeit Geben" bedeutet (siehe dazu: *Béla Weissmahr*, Philosophische Gotteslehre, Stuttgart ²1994, 116–126; 136 f.; *Ders.*, Ontologie, Stuttgart 1985, 112–119).

[12] *Herbert Vorgrimler*, „Der Begriff der Selbsttranszendenz in der Theologie Karl Rahners", in: Wagnis Theologie, hg. v. *Herbert Vorgrimler*, Freiburg 1979, 242–258, 242.

d. h. auf begriffliche Weise erkannt zu sein) unbedingte Geltung und Sein zukommt.[13]

Dieses Woraufhin bewegt die Bewegung des Geistes, es ist ein inneres Moment an ihr, allerdings so, dass es über der Bewegung des Geistes stehend der Grund ihrer Selbstbewegung ist. Daraus ergibt sich die thesenhafte Formulierung Rahners:

> In der Einheit der Erfahrung von wirkender Selbstbewegung des erkennenden Subjekts mit, in und unter der Bewegtheit durch sein übersteigendes Woraufhin ist die ursprüngliche, transzendentale Erfahrung dessen gegeben, was Ursache und Wirkenkönnen überhaupt ist.[14]

Aufgrund dieser Einsicht ergeben sich für Rahner folgende allgemeingültige Sätze über den Werde-, Ursachen- und Wirkensbegriff:

1. Das Werden ist immer von seinem Wesen her Selbstüberbietung, die vom Niedrigeren selbst erwirkte Selbsttranszendenz kraft der in ihr wirkenden, aber über ihr stehenden absoluten Ursache.

2. „Das ‚Wesen' des jeweiligen Seienden, nach dessen Selbsttranszendenz jeweils gefragt ist, ist dementsprechend nicht die Grenze dessen, was in dieser Selbstüberbietung werden kann, wohl aber die Anzeige dafür, daß a) von begrenzter Potenz aus etwas wird und werden muß und nicht schon immer verwirklicht ist, was werden soll, [...] und daß b) [...] der Ausgangspunkt der Bewegung auch immer eingrenzendes Gesetz dessen bleibt, was von hier aus und unmittelbar werden kann."[15]

Das bedeutet einerseits, dass nicht unmittelbar alles aus allem werden kann, andererseits aber auch, dass die Selbstüberbietung nicht Halt zu machen hat dort, wo es um sogenannte Wesensgrenzen geht, die von einer auf eindeutige Unterschiede Wert legenden philosophischen Besinnung konstruiert werden.

Wenn man nun diese Prinzipien auf das Entstehen des Geistigen im Menschen, also der Seele anwendet, dann kann unbefangen davon die Rede sein, dass die sich selbst überbietende Entwicklung des durch Zeugung entstandenen menschlichen Embryo auf den eine geistige Seele besitzenden Menschen hin und das unmittelbare Geschaffensein der Seele des Menschen durch Gott sich in keiner Weise ausschließen. Es ist vielmehr so, dass dieses

---

[13] Siehe dazu: *Karl Rahner*, Grundkurs des Glaubens, Freiburg 1976, 44 ff. = SW 26 (1999) 37 ff.

[14] Hom. 74 = SW 15 (2002) 84.

[15] Hom. 76 = SW 15 (2002) 85.

Werden der höchste in dieser Welt vorkommende Fall der durch die schöpferische Mitwirkung Gottes getragenen Selbstüberbietung der seinsmäßig höchsten Kreatur in dieser Welt ist.[16]

3. Genauere Untersuchung zweier am meisten beanstandeten Behauptungen Rahners hinsichtlich seiner Deutung des evolutiven Werdens

Die dargelegten Überlegungen Rahners fanden auf Seiten katholischer Theologen und Philosophen eine ziemlich breite Zustimmung.[17] Es gab allerdings auch ablehnende Stimmen. Sie betrafen vor allem zwei Punkte. Zum einen wurde die von Rahner seinen Überlegungen zu Grunde gelegte Konzeption des Verhältnisses von Materie und Geist angegriffen. Zum anderen wurde immer wieder aus verschiedenen Gründen die Frage gestellt, warum denn ein unmittelbares Eingreifen Gottes in das Weltgeschehen im Sinne eines Wirkens Gottes ohne Zweitursachen aus philosophischen Gründen als unmöglich zu bezeichnen sei. Deshalb möchte ich die diesbezüglichen Argumente Rahners, noch bevor ich auf die Besprechung einzelner Einwände eingehe, genauer darlegen bzw. an einigen Stellen sogar etwas ergänzen.

a. Zum Verhältnis von Geist und Materie

Rahner macht mit Recht darauf aufmerksam, dass man zunächst wissen muss, was mit den Bezeichnungen „Geist" und „Materie" eigentlich gemeint ist, wenn es um die Bestimmung ihres Verhältnisses geht. Seine diesbezüglichen Überlegungen beginnt er mit dem Beseitigen eines heute weitverbreiten Vorurteils. Er zeigt, es sei ein Missverständnis zu meinen, wir wüssten auf

---

[16] Siehe dazu: *Béla Weissmahr*, „Kann Geist aus Materie entstehen?", in: Zeitschrift für katholische Theologie 121 (1999) 1–24.

[17] Es seien hier nur einige noch aus den 60er Jahren genannt, die den Gedanken Rahners positiv aufgegriffen haben: *Ladislaus Boros*, „Evolution und Metaphysik", in: Orientierung 25 (1961) 237–241; *Piet Schoonenberg*, Gottes werdende Welt, Limburg 1963, 44 ff., 63 ff.; *Andreas G. M. van Melsen*, Evolution und Philosophie, Köln, 1967, 174–176; *Joseph F. Donceel*, Philosophical Antropology, New York, 1967; *Johannes Feiner*, in: Mysterium Salutis, hg. v. *Johannes Feiner u. Magnus Löhrer*, Bd. II, Einsiedeln 1967, 580; *Walter Kern*, ebd., 540.

Grund unseres Umgangs mit den materiellen Gegensänden zunächst genau, was Materie ist, und müssten dann erst nachträglich und mühsam den Geist entdecken, von dem man dann nie genau wissen könne, ob er doch nicht auf die Materie zurückgeführt werden kann. Demgegenüber stellt er fest:

Was „geistig" bedeutet, ist ein (wenn auch der auslegenden, reflexen Artikulation bedürftiges) apriorisches Datum der menschlichen Erkenntnis, von dem aus erst metaphysisch bestimmt werden kann, was eigentlich „materiell" bedeutet. Es ist ein unmetaphysisches, letztlich materialistisches Vorurteil [...], zu meinen, der Mensch gehe zunächst mit der Materie um, wisse genau, was sie sei, und müsse dann erst nachträglich und mühsam und höchst problematisch auch noch „Geist" entdecken und könne darum nie recht wissen, ob sich das damit Gemeinte nicht doch noch auf die Materie zurückführen lasse.[18]

Wer behauptet, es gäbe nur Materie, dem muss vorgehalten werden, dass dieser Satz, sollte er überhaupt einen Sinn haben, nur das postulatorische und heuristische Prinzip ausdrückt,

daß eine absolute und schlechthin in *jedweder* Weise irreduktible Pluralität absolut und unter *jeder* Hinsicht disparater [...] Wirklichkeiten, die aber doch gleichzeitig Gegenstände der einen möglichen Erkenntnis des einen und selben Menschen sein sollen, von vornherein eine logisch und sachlich unvollziehbare Vorstellung, ein metaphysischer Nonsens ist.[19]

Damit wäre nämlich „Materie" definitorisch mit dem Begriff „Seiendes" gleichgesetzt. Das wäre an sich noch nicht falsch (da man damit eigentlich nur sagen würde: alles ist Seiendes), doch ist eine solche Terminologie sicher nicht zweckmäßig. Man hätte sich dadurch der Möglichkeit entledigt, in leicht verständlicher (weil aus der Alltagsprache genommener) Terminologie den Unterschied anzugeben, der es zum einen verbietet, die letzte Subjekthaftigkeit des erkennenden Menschen auf etwas rein Objekthaftes zurückzuführen, und der zum anderen auf einen Unterschied in Einheit hinweist, insofern „das wirklich Erstgegebene die Beziehungseinheit eines unter einem unbegrenzten Horizont des Fragens fragenden Subjekts mit einem sich zeigenden (‚sinnlichen', aposteriorischen) und innerhalb des Horizontes entgegengenommenen, von ihm aber nicht ableitbaren Objekts ist."[20]

Ist also, was „Materie" sei, gar nicht so unmittelbar einsichtig, wie es auf den ersten Blick zu sein scheint, so ist Geist mit der Frage nach ihm schon gesetzt

---

[18] Hom. 44 = SW 15 (2002) 61.

[19] Hom. 45 = SW 15 (2002) 62.

[20] Hom. 46 = SW 15 (2002) 62.

und in seinem Wesen schon erfahren und läßt sich in seinem Sinn aus der Frage selbst in einer transzendentalen Deduktion entfalten. Was Materie im allgemeinen und ganzen ist, ist gar keine Frage der Naturwissenschaften als solcher, sondern eine Frage der Ontologie von einer existentialen Metaphysik her, die diese Frage darum beantworten kann, weil sie schon weiß, was Geist ist, und von dieser metaphysischen Erfahrung des Geistes aus sagen kann, was Materie ist, nämlich das der Transzendenz auf das Sein überhaupt Verschlossene.[21]

Aus diesen Überlegungen Rahners zeigt sich nicht nur, dass Geist nicht ohne weiteres auf die Materie zurückgeführt werden kann, und deshalb zwischen ihnen ein wirklicher Unterschied besteht, sondern auch, dass es sich dabei um einen Unterschied in Einheit handelt. Konkret gesprochen bedeutet das, dass nichts Materielles vollkommen geistlos sein kann.[22]

Materie und Geist sind – wie Rahner immer wieder betont – keine disparaten Wirklichkeiten, sie kommen nicht nur im Sein überhaupt überein, sondern haben als Endliches einen gemeinsamen Ursprung und außerdem bilden sie im Menschen eine substantielle Einheit (von der allerdings wiederum gilt, dass diese Einheit ihre Verschiedenheit voneinander nicht ausschließt).

b. Zur Frage des Wirkens Gottes in der Welt ohne Zweitursachen

Wenn Gott in der Welt auf eine besondere Weise handelt, wenn er also (wie man das auszudrücken pflegt) in das Geschehen der Welt unmittelbar oder persönlich eingreift, dann geschieht das nach Rahner immer so, dass sein (aufgrund der Schöpfungsrelation immer unmittelbares) Wirken durch das Wirken der von ihm herstammenden innerweltlichen Kräfte vermittelt ist.[23] Gott ist der transzendente Grund aller geschöpflichen Wirklichkeit in ih-

---

[21] Hom. 48 = SW 15 (2002) 64.

[22] Hom. 51 f. = SW 15 (2002) 66 f.: „Man kann in einer thomistischen Philosophie durchaus sagen, daß hier endlicher Geist als Einschränkung derjenigen Wirklichkeit im Materiellen aufgefaßt wird, die ihm seine Positivität verleiht, des ‚Seins' nämlich, und daß Materielles nichts anderes ist als eingegrenzter, gewissermaßen ‚gefrorener' Geist = Sein = Akt."

[23] In „Die Hominisation als theologische Frage" (also im Jahre 1961) macht Rahner noch den Unterschied zwischen einem Wirken Gottes auf natürlicher Ebene und seinem heilsgeschichtlichen Wirken in Offenbarung und Wunder. In bezug auf Letzteres schließt er hier die Möglichkeit eines göttlichen Wirkens ohne Zweitursachen noch nicht definitiv aus. Später, jedenfalls im „Grundkurs des Glaubens" (1976), hat er diese Unterscheidung fallengelassen.

rem Sein und in ihrem Werden, nie jedoch ein Teilmoment dieser Wirklichkeit. Die Tätigkeit Gottes „ist nicht ein Moment an unserer Erfahrung, sondern ist als implizit mitbejahter Grund jeder angetroffenen und bejahten Wirklichkeit, als das Sein, das Grund des Seienden ist, immer nur durch das Endliche vermittelt anwesend."[24]

Gottes Ursächlichkeit ist m. a. W. „gerade damit sie göttlich und nicht endlich und nicht innerweltlich sei, immer und überall, wo es sich um eine Ursächlichkeit innerhalb der Welt handelt, vertreten durch eine geschöpfliche, erfahrbare Ursache."[25] Zu behaupten, Gott wirke irgendwann innerhalb der Welt, ohne dass sein schöpferisch unmittelbares Wirken durch innerweltliche Ursachen vermittelt wäre, hieße also in diesem Fall die Transzendenz Gottes zu leugnen, indem man aus Gott eine mit anderen innerweltlichen Ursachen vergleichbare Ursache (und in diesem Sinn eine innerweltliche Ursache) machen würde.

Gott handelt also in der Welt immer durch Zweitursachen und kann auch gar nicht anders handeln. Er kann das nicht, allerdings nicht aus Ohnmacht, sondern, weil das seiner Göttlichkeit widerspricht. Diese Auffassung wird im „Grundkurs des Glaubens" ohne jede Einschränkung vertreten. Da heißt es:

> daß Gott *die* Welt wirkt und nicht eigentlich *in* der Welt wirkt. Daß er die Kette der Ursächlichkeiten trägt, nicht aber sich als ein Glied durch sein Handeln in dieser Kette der Ursachen als eine unter ihnen hineinschiebt. Die Kette selbst als ganze [...] auch in ihrer konkreten Differenzierung der Weltwirklichkeit, ist die Selbstoffenbarung des Grundes. Und er selbst ist in dieser Ganzheit als solcher nicht unmittelbar zu finden.[26]

Hier müssen nun einige ergänzende Überlegungen zu Rahners Argumentation hinsichtlich dieses zweiten Punktes entfaltet werden. Denn sein Argument stieß auf manches Unverständnis. Es wurde nicht immer verstanden, warum das Handeln Gottes *ohne* Zweitursachen notwendigerweise ein Handeln Gottes *als* Zweitursache bedeuten muss. Im Hintergrund dieses Unverständnisses stand immer die Unfähigkeit, das Einzigartige der Schöpfungsrelation zu verstehen, bzw. das Vorstellungsmäßige in unserem Denken hinsichtlich dieser einzigartigen Relation zu überwinden.

Konkret ausgedrückt: man hat sich das die Welt erschaffende Wirken Gottes zu sehr nach dem Muster der innerweltlichen Tä-

---

[24] Hom. 58 = SW 15 (2002) 71.
[25] Hom. 59 = SW 15 (2002) 72.
[26] Grundkurs 94 = SW 26 (1999) 87.

tigkeit des Menschen vorgestellt, und dabei die nur dem reinen Denken zugängliche Analogie (durch die allein der Unterschied in der Identität dargestellt werden kann) vernachlässigt. Die dadurch entstandenen Missverständnisse lassen sich (wie mir scheint) auf zumindest einen der drei folgenden Denkfehler zurückführen.

1. Es ist eine irrige Meinung, man würde die *Unmittelbarkeit* der schöpferischen Tätigkeit Gottes in der Welt leugnen oder auch nur vernachlässigen, indem man betont, Gott wirke als Erstursache in der Welt ausschließlich durch die Eigenwirksamkeit der weltlichen Seienden als Zweitursachen. Sein erstursächliches Wirken ist zwar in der Welt immer durch Zweitursachen vermittelt, aber diese ganz besondere Vermittlung schließt die Unmittelbarkeit zu dem, was jedes einzelne Geschöpf ist und wirkt, nicht nur nicht aus, sondern begründet vielmehr diese Unmittelbarkeit. Um das zu verstehen, muss man sich nur vergegenwärtigen, dass Erschaffen von seiten Gottes so viel bedeutet wie: Selbstständigkeit und Selbstwirksamkeit Mitteilen oder noch pointierter gesagt: das dem Geschöpf wirklich ihm eigene Sein und Wirken als Erstursache Hervorbringen.

2. Ein weiterer Irrtum ist die Verwechslung der Erstursache mit der Hauptursache. Von einer Hauptursache spricht man mit Recht dann, wenn es um eine Ursache geht, die ihre Wirkung durch das Einschalten, durch das Zuhilfenehmen eines Mittels, genauer gesagt, eines Instrumentes erreicht, das dann seine Tätigkeit nur in strikter Abhängigkeit von der Hauptursache ausüben kann, so dass diese Tätigkeit nur in einem metaphorischen Sinn seine eigene Tätigkeit ist. Indem aber Gott die Welt und alle Seienden in der Welt erschafft, kann überhaupt keine Rede davon sein, er beschaffe sich Instrumente, durch die er dann seine Absichten ausführe. Erschaffen bedeutet, wie schon gesagt, Mitteilen der Selbständigkeit. Die Zweitursachen dürfen also nicht als Instrumentalursachen aufgefasst werden.

3. Von einer anthropomorphen Sicht der die Welt erschaffenden Tätigkeit Gottes ergibt sich noch ein dritter Grundirrtum, der sich in der folgenden Frage artikulieren lässt. Warum sollte Gott, der die ganze Welt aus dem Nichts ins Sein rufen konnte, nicht auch beliebig jedes Einzelseiende innerhalb der Welt ohne Mitwirken von Zweitursachen hervorbringen können?

Diese Frage setzt aber etwas voraus, ohne darauf zu reflektieren, was gar nicht selbstverständlich ist. In ihr liegt die spontane Annahme impliziert, dass die Erschaffung der ganzen Welt und die Erschaffung eines einzelnen Seienden innerhalb der Welt in jeder Hinsicht als der gleiche Fall betrachtet werden können. Diese Annahme kann aber einer philosophischen Prüfung nicht standhalten. Die Welt als Ganze und ein einzelnes Seiendes innerhalb der Welt sind nämlich als Seiende nicht in jeder Hinsicht dasselbe. Es gibt eine Seinsbestimmung, die nur dem einzelnen Seienden und nicht der Welt als ganzer zukommen kann, ihm aber notwendig zukommt, wodurch sich das einzelne Seiende, das ein Teil der Welt ist, von der Welt als ganzer unterscheidet, nämlich das „Innerhalb der Welt Stehen".

Daraus folgt, dass die Erschaffung der ganzen Welt und die Erschaffung eines Seienden innerhalb der Welt als Erschaffung verschieden sein müssen. Es

> können selbstverständlich im Begriff der Erschaffung, insofern Gottes Aktivität gemeint ist, keine Unterschiede angebracht werden. Gottes Schöpfungsakt ist ein einziger und einfach, ist die Tat seines Willens, die den ganzen Kosmos und die ganze Zeit mit allem, was sie beinhalten, umfasst und trägt. In der Erschaffung können Unterscheidungen angebracht werden, nur insofern Erschaffung die Seinsabhängigkeit der Dinge Gott gegenüber aussagt.[27]

Man kann also von einer verschiedenen Erschaffung der Welt als ganzer und eines partikulären Seienden innerhalb der Welt nur reden, insofern die Welt als ganze ein anderes Abhängigkeitsverhältnis zu Gott hat, als welches einem partikulären Seienden innerhalb der Welt zukommt.

Das muss man freilich wiederum richtig verstehen. Sowohl die Welt als ganze als auch jedes einzelne Seiende innerhalb der Welt hat zu Gott als Erstursache ein unmittelbares Abhängigkeitsverhältnis, das durch keine Vermittlung auch nur irgendwie beeinträchtigt oder gar beseitigt werden kann. Der Unterschied im Abhängigkeitsverhältnis zwischen „der Welt als ganzer" und „einem Einzelseienden innerhalb der Welt" kann also nicht darin bestehen, dass die Welt als ganze unmittelbar und das Seiende, das ein Teil der Welt ist, nur mittelbar von Gott abhängen; denn ihr Abhängigkeitsverhältnis ist in jedem Fall (auch) unmittelbar.

Es muss aber einen Unterschied geben und zwar ausnahmslos. Er kann nur im folgenden bestehen: Während die Welt als ganze *nur* unmittelbar von Gott abhängt (und auch gar nicht anders abhängen kann), ist das Abhängigkeitsverhältnis, welches das einzelne Seiende zu Gott hat, *innerhalb* seiner unmittelbaren Abhängigkeit von Gott (also sie keineswegs ausschließend) zugleich von der Welt als ganzer vermittelt.

---

[27] *Pieter Smulders*, Theologie und Evolution, Essen 1963, 96.

Das Abhängigkeitsverhältnis des einzelnen Seienden innerhalb der Welt zu Gott ist also *nicht nur unmittelbar*, sondern *zugleich auch mittelbar*. Würde es nur unmittelbar von Gott abhängen, dann wäre es kein Seiendes innerhalb der Welt, sondern eine von der unsrigen ganz verschiedene, eigenständige Welt (vorausgesetzt, dass solches möglich ist). Ein von Gott ohne aktive (d. h. zweitursächlich eigenständige) Beteiligung innerweltlicher Ursachen innerhalb der Welt hervorgebrachtes Seiendes wäre (da es in keiner Wechselbeziehung mit anderen Seienden der Welt stünde) demnach kein Seiendes innerhalb der Welt, sondern es würde sich außerhalb der Welt befinden.

Anders gesagt: Das ohne Zweitursachen innerhalb der Welt Erschaffene sollte, das ist unsere Voraussetzung, zur Welt gehören, wäre aber eine Neuschöpfung, die mit unserer Welt nichts zu tun hätte. Das ist aber ein glatter Widerspruch. Es ist also ausgeschlossen, dass das immer unmittelbare, schöpferische Wirken Gottes, insofern es eine bestimmte Wirkung *innerhalb der Welt* hervorbringt, auf der Wirkungsebene dieser Welt durch keine zu dieser Welt gehörende Ursache vermittelt wird.

Es wird wohlgemerkt nicht ohne weiteres behauptet: *Gott kann nicht ohne Zweitursachen wirken.* Denn die Erschaffung der Welt als ganzer ist zweifelsohne ein Wirken Gottes, wobei jede Zweitursache grundsätzlich ausgeschlossen ist. Es wird nur behauptet: *Gott kann innerhalb der Welt niemals wirken, ohne dass seine Tätigkeit auf der Ebene der Welt von der Eigenaktivität geschöpflicher Wirkursachen vermittelt wäre.* Gott kann das nicht, und zwar nicht aus Ohnmacht, sondern weil das in sich widersprüchlich ist.[28]

4. Zusätzliche Argumente für die Behauptung: Das endliche Seiende überbietet sich selbst in jedem seinem Wirken

Es geht hier um von mir vorgelegte, durch die Überlegungen Rahners inspirierte, aber von den seinen verschiedene Argumente[29], die ich deshalb kurz erwähnen möchte, weil sie von einigen

[28] Siehe dazu: *Béla Weissmahr*, Gottes Wirken in der Welt, Frankfurt 1973, 70 f.

[29] Siehe: Gottes Wirken in der Welt (s. Anm. 28), 127–140; Philosophische Gotteslehre (s. Anm. 11), 75–80; Ontologie (s. Anm. 11), 143 ff.

Autoren in ihrer Kritik der Selbstüberbietung bei Rahner aufgegriffen wurden.

Die Tatsächlichkeit der Selbstüberbietung zeigt sich auf eine *direkte* Weise m. E. in den frei von uns gesetzten Tätigkeiten.[30] In unserem freien Handeln geht es nämlich um Handlungen, in denen wir uns letztlich selbst bestimmt haben. In diesen Handlungen ist notwendig, um als frei gelten zu können, ein Moment anwesend, das auf nichts, was uns „von außen her" (wozu auch die uns vorgegebene eigene Natur gehört, insofern diese uns determiniert) bestimmt. Diese Handlungen sind zwar einerseits immer motiviert, und in diesem Sinne haben sie Gründe. Anderseits bestimmen wir selbst, nach welchen Gründen wir uns entscheiden. In jeder freien Handlung kommt also etwas Neues in die Welt; ein seinsmäßiges (allerdings nicht quantitativ bestimmbares) „Mehr".

Der *indirekte* Beweis wird wie folgt erbracht: Wäre jedes Seiende in der Welt nur insofern Wirkendes, als es das von ihm ausgehende Wirken von anderen auf es Einwirkenden empfangen hat, so wäre jedes Seiende seinem Wesen nach bloß passiv, d. h. das Wirken wäre etwas, was in Wirklichkeit keinem Einzelseienden in der Welt zukäme. Damit wäre aber das Wirken als Seinsbestimmung etwas in der Welt, was von den stets passiven Seienden völlig getrennt vorhanden wäre, ein außerhalb der Seienden der Welt stehendes Etwas. Es würde zwar durch die Seienden hinwegströmen, nicht jedoch von ihnen herstammen. Eine solche Trennung des aktiven und passiven Prinzips in der Welt ist aber unannehmbar. Denn es ergibt sich aus ihr entweder die widersprüchliche Behauptung, nach der das Wirken eine notwendige und sogar eine sich begründende Eigenschaft der Welt ist, obwohl sie keine Eigenschaft jener Seienden ist, aus denen die Welt besteht; oder sie führt dazu, dass man das welttranszendente Absolute zum einzigen aktiven Prinzip erklären muss, was aber auf eine Entwirklichung der Weltdinge hinausläuft. Diesen Konsequenzen kann man nur entgehen, wenn man annimmt, dass das Wirken den Seienden selbst zukommt, d. h. dass das Seiende von sich aktiv ist. Deshalb steuert es zu der von ihm ausgehenden Wirkung auch von sich aus etwas bei und „überbietet" sich somit selbst durch sein ihm eigenes Wirken.

---

[30] Hier gehe ich davon aus, dass die Argumente für die menschliche Freiheit stichhaltig sind.

5. Auseinandersetzung mit ablehnenden Stellungnahmen[31]

In diesem Abschnitt möchte ich Stellungnahmen einzelner Autoren untersuchen, die sich zu dem Begriff der Selbstüberbietung bei Rahner und den mit ihm zusammenhängenden Problemen kritisch geäußert haben.

a. Norbert A. Luyten

In seinem Aufsatz, „Die Materie, Quelle des Geistes? Das Entstehen des Geistes in der Evolution“ setzt sich N. A. Luyten[32] mit dem Lösungsversuch Teilhards und mit der Selbstüberbietungsthese K. Rahners auseinander. Er stimmt dem zu, „daß die Evolutionstheorie die richtige Sicht auf die Wirklichkeit, vor allem auf die Welt der Lebewesen in ihrem Entstehen ist.

Dabei meldet sich dann schon das Problem, wie wir den Aufstieg der Lebewesen zu immer differenzierteren – und höheren – Formen zu verstehen haben“ (118), da hier die Leistung über die Seinsgrenze hinauszugehen scheint. Wenn man sich – so führt er weiter aus –, um das Problem zu lösen, auf eine äußere Kraft beruft, dann wird das ganze Evolutionsgeschehen illusorisch, weil der Kontinuitätsfaden abreißen würde.

Das eigentliche Problem ist aber – betont Luyten – der Ursprung des Geistes in der Evolution des Menschen. „Was erklärt das Erscheinen des Geistes? Entspringt er irgendwie aus dem vorgegebenen Tierischen? Dann kommen nicht nur alle Schwierigkeiten, die wir erwähnten: Wie soll das Mehr aus dem Weniger erklärt werden? usw., sondern noch eine neue schwerwiegende hinzu. [...] er wäre bloß ein Produkt materieller Kräfte“ (119).

Nach einer Untersuchung des Lösungsvorschlags Pierre Teilhard de Chardins, der nach Luyten im Wesentlichen darin besteht, dass der Geist als die Innenseite der Wirklichkeit von Anfang an da ist, auf den ich aber hier nicht eingehen möchte, wen-

---

[31] Ich nehme die sich mir hier anbietende Möglichkeit wahr, nicht nur auf die gegen Karl Rahner hervorgebrachten Einwände einzugehen, sondern zugleich auch auf Einwände zu antworten, die gegen jene Arbeiten hervorgebracht wurden, in denen ich die von Rahner erarbeitete Konzeption der Selbstüberbietung auf das theologische Problem des Wunders angewendet habe.

[32] In: Naturwissenschaft und Theologie, Heft 10: Teilhard de Chardin und das Problem des Weltbilddenkens, Freiburg / München, 1968, 117–128. (Stellenangabe des Weiteren im Text.)

det sich unser Autor der von Rahner vorgeschlagenen Lösung zu. Er fasst die These Rahners, die den Begriff der Selbstüberbietung zur Lösung dieses Problems einführt, wie folgt zusammen: „Das Entstehen des Geistes in der Evolution soll nun nach Rahner durch diese Überlegung einwandfrei erklärt werden, ohne Berufung auf eine spezielle Intervention Gottes“ (125).

Hier hat sich – meint Luyten – „mittels des etwas verführerischen Ausdrucks ‚Selbstüberbietung‘ eine fatale Zweideutigkeit eingeschlichen“ (125). Hier gehe es nämlich nicht um das Entstehen eines Gleichartigen aus einem gleichartigen Wesen, hier liege die Überschreitung auf der Ebene des So-Seins selber. „Dafür die allgemeine Erklärung des Wirkens Gottes in jeder Ursächlichkeit zu geben, heißt, die Eigenheit des zu lösenden Problems überspielen“ (125). Hier genügt „keineswegs der allgemeine Konkurs der Erstursache [...] sondern da ist eben eine *Spezialintervention* nötig“ (125), behauptet er.

Auffallend ist bei diesem Einwand Luytens, dass er zwar die Selbstüberbietung nicht überhaupt zurückweist, aber für die Wesensselbsttranszendenz eine Spezialintervention Gottes fordert. Er hat anscheinend nicht erfasst, dass nach Rahner Gott als Erstursache in jedem Werden auf geschöpflicher Ebene entsprechend der Verschiedenheit des durch Selbstüberbietung Hervorgebrachten jeweils anders mit dem sich selbst überbietenden Geschöpf mitwirkt; dass also Gottes Mitwirken – wenn man das so sagen darf – jeweils eine Spezialintervention ist. Das nicht erfasst zu haben, dürfte wohl darin begründet sein, dass für ihn die Einsicht nicht präsent ist, nach der Identität und Differenz sich nicht ausschließen, und somit die Behauptung des einen nicht die Leugnung des anderen bedeutet.

b. Günter Pöltner

G. Pöltner hat in seiner ausführlichen Studie[33] über den von K. Rahner lancierten (und von B. Weissmahr[34] etwas weiter entfalte

[33] „Werden als aktive Selbsttranszendenz. Überlegungen zu einem Schlüsselbegriff“, in: Philosophisches Jahrbuch 97 (1990) 297–321. – Stellenangaben im folgenden aus dieser Studie Pöltners im Text.

[34] Im gegenwärtigen Aufsatz kann ich nicht umhin, mich gelegentlich mit meinem eigenen Namen zu erwähnen. Das tue ich dann, wenn ich die Meinung Pöltners (bzw. auch R. Schultes) zu den von mir stammenden Texten, unabhängig davon, ob ich sie billige oder verwerfe, referiere. Mit dem Ge-

ten) Begriff der Selbsttranszendenz kritisch untersucht. Nach einer Darstellung der Gedanken Rahners (und Weissmahrs) problematisiert er den Begriff der aktiven Selbsttranszendenz, indem er *zum einen* die Tatsächlichkeit der Selbstüberbietung und *zum anderen* die innere Stimmigkeit dieses Begriffs in Frage stellt. Mit diesen Einwänden möchte ich mich nun beschäftigen.

(1) Zur Tatsächlichkeit der Selbstüberbietung

Hinsichtlich des Wirkens des endlichen Seienden zitiert Pöltner folgenden Text Rahners: „Werden ist darum immer und von seinem eigentlichen Wesen her Selbstüberbietung, nicht Replikation desselben. Werden ist vielmehr die vom Niedrigeren selbst erwirkte Selbsttranszendenz des Wirkenden, ist aktive Selbstüberbietung".[35] Zugleich weist er darauf hin, dass nach Weissmahr sich die Selbstüberbietung im Zuge des Werdens desto mehr manifestiert, je vollkommener das wirkende Seiende, um das es geht, selbst ist. Daraus folgert dann Pöltner:

> Das Erwirkte ist primär die *Leistung* des Wirkenden, Wirken das Erbringen von Leistung. Dieser Grundzug bleibt insgeheim auch dort noch bestimmend, wo es infolge einer Ermächtigung zum Erwirken eines an sich nicht Gekonnten, eines Mehr, kommt. Die Rede von Selbstvervollkommnung führt dazu, die Verwiesenheit auf anderes in erster Linie nicht positiv als Quelle der Bereicherung, sondern als Behebung der eigenen Seinsunvollkommenheit bzw. als Anstoß eines Wirkens zu nehmen, darin das Wirkende sich das ausdrücklich aneignet, was es im Grunde schon ist. [...] Der Grundzug des so verstandenen Wirkens liegt in der Selbstbehauptung: Das Wirken wird zum Kampf gegen unfrei, weil abhängig machende Fremdbestimmung (304).

Pöltner meint, man dürfe die ontologischen Implikationen des Begriffs der Selbstüberbietung nicht auf sich beruhen lassen. Dabei räumt er (304, Fußnote 4) allerdings ein, dass damit nicht behauptet werden soll,

> die herausgestellten Grundzüge fänden sich so bei den besprochenen Autoren. Es handelt sich vielmehr um die Aufdeckung von Implikationen und um (sicherlich ungewollte, [...]) Konsequenzen die der Gebrauch von Termini wie „Selbstbestimmung" und „Selbstvervollkommnung" nach sich zieht.

Trotzdem meint er hier eine Richtigstellung fordern zu müssen. Denn:

---

brauch der Ichform drücke ich meine eigene Meinung aus.

[35] Schriften VI (1965) 210.

Es handelt sich darum, ob der hier verwendete Begriff des Wirkens und die ihm zugrunde liegende Alternative von Selbstbestimmung und Fremdbestimmung bzw. von aktiv und passiv es erlauben, das eigentümlich Menschliche unserer Vollzüge ausreichend in den Blick zu bekommen (304).

Meiner Ansicht nach beruhen diese Befürchtungen Pöltners auf einem Missverständnis. Es dürfte dadurch verursacht sein, dass in der Herausarbeitung des „selbsterwirkten Seinszuwachses“ in jedem Werden dieser sehr oft und auch in klassischen Texten nicht berücksichtigte Aspekt selbstverständlich in den Vordergrund tritt. Die Bedeutung der von anderen innerweltlichen Seienden empfangenen positiven (manchmal freilich auch negativen) Einflüssen soll dabei überhaupt nicht vernachlässigt oder gar geleugnet werden. Dass das aktive Seiende sich selbst überbietet, bedeutet: Das hervorgebrachte Resultat ist seinmäßig mehr als das, was von anderen auf es einwirkenden Seienden her empfangen wurde. Hier ist von irgendwelchem Kampf keine Rede.

Wenn man dies berücksichtigt, dann entfallen alle Einwände Pöltners, besonders jene, die den angeblichen Mangel des interpersonalen Elements in der Rahnerschen Analyse des Werdens betreffen. Dass dieses Element nicht fehlt, zeigt sich deutlich in dem Text des „Grundkurses“, in dem Rahner das „Kommen eines Gedankens“ analysiert (vgl. 95 f. = SW 26 [1999] 89 f.).

Wie sehr die diesbezüglichen Einwände Pöltners auf einem Missverständnis beruhen, zeigt sich auch an folgendem Text:

Denkend bin ich vom Gedachten – dem, was ist – angesprochen. [...] Das Gedachte sich zusprechen lassen heißt aber nicht, seinen Zuspruch erwirken. [...] Zwar bestimme ich mit, in welchem Maß das Gedachte „wirksam“ werden kann, das ist aber etwas anderes, als im Sinne des hier in Frage stehenden Wirkbegriffs sagen zu müssen, meine Gedanken seien das selbsterwirkte Mehr meines Denkens, weil nicht ich es bin, der zu denken gibt, und dieses Zu-Denken-Geben auch nicht einfach eine Fremdbestimmung ist. Wenn dies richtig gesehen ist, geht es dann an zu sagen, denkend vervollkommne *ich mich* selbst, oder Gedanken seien spontane Setzungen meines Denkens [...]? (305 f.)

Es ist tatsächlich richtig gesehen, dass Gedanken als ganze gesehen nicht bloß spontane Setzungen unseres Denkens sind. Aber: Ohne dass es ein Moment der Spontaneität, der eigenen Stellungnahme aufgrund der eigenen Einsicht, der freien Zustimmung (d. h. dessen, was von uns selbst als ein Mehr hinsichtlich des auf uns Einwirkenden herstammt) im Denken gäbe, wäre das Denken kein Denken, sondern höchstens ein bloß mechanisches Kombinieren des Vorhandenen.

Des Weiteren behauptet Pöltner, der Begriff der Selbstüberbietung sei schon deshalb problematisch, weil es nicht erwiesen sei, dass es solches gibt. Den von Rahner gebrauchten Aufweis der Tatsächlichkeit der Selbstüberbietung lässt er deshalb nicht gelten, weil er von der Analyse des Denkens ausgeht.

Die von mir vorgelegten Argumente greift er mit der Bemerkung an, sowohl der direkte als auch der indirekte Nachweis lebe „von der Gleichsetzung des Wirkens mit Selbstüberbietung" (308). Auch hier geht es um dasselbe Missverständnis wie vorher. Als ob ich sagen würde, alles Neue, das irgendwie in einem Seienden (oder in einem begrenzten Seinsbereich) auftrete, stamme ausschließlich von diesem Seienden (bzw. von diesem begrenzten Seinsbereich) selbst. Doch die Frage bleibt: Woher kommt überhaupt „Neues" in die Welt hinein? Dass dies das entscheidende Problem ist, scheint Pöltner nicht wahrzunehmen. Außerdem beruft sich Pöltner auch darauf, dass die Seinsidentität des wirkenden Seienden bewahrt werden muss. Er formuliert:

> Wenn ich wirke, wird aus mir nicht einer, der nicht ich selbst bin. Ich werde zwar im Wirken ein anderer als ich vorher war, aber darin bleibe ich der, der ich bin. [...] Daß durch mein Wirken etwas weltweit Neues in Existenz tritt, bedeutet doch nicht schon, daß ich mich selbst vollkommener mache (308).

Hier ist erstens zu bemerken, dass Pöltner, indem er anerkennt, dass durch das Wirken des Menschen etwas weltweit Neues in die Existenz tritt, die Tatsächlichkeit, dass Seiendes durch sein ihm eigenes Wirken Neues hervorbringt, also die Tatsache des selbsterwirkten Seinszuwachses und damit die Selbstüberbietung als Tatsache schon anerkannt hat. Zweitens ist aber festzustellen, dass (obwohl dies für Pöltner vielleicht nicht geläufig ist) die Verschiedenheit der Verschiedenen ihre Identität nicht in jedem Fall ausschließen muss.

Es sei noch ein weiteres Zitat angeführt, aus dem hervorgeht, dass Pöltner den Begriff der Selbstüberbietung nicht wirklich verstanden hat. Er schreibt:

> Im Vollziehen werden Fähigkeiten unter Beweis gestellt. Wenn ich eine Klaviersonate von Beethoven spiele, so überbiete ich doch nicht meine Fähigkeiten des Klavierspielens! Mit gutem Grund reden wir nicht so! Das gilt auch für die gewöhnliche Rede von Selbstüberbietung. Auch wenn ich Außergewöhnliches, aufgrund des Bisherigen nicht für möglich Gehaltenes vollbringe, überbiete ich – streng gedacht – nicht mich selbst, wenn anders *ich selbst* dieses Außergewöhnliche vollbracht habe. [...] Wo einer „sich überboten hat",

hat er nicht seine Möglichkeiten überschritten, vielmehr sind ihm die entsprechenden Fähigkeiten zugewachsen – und in diesem Sinn ist er „über sich hinausgewachsen“! (309)

Pöltner ist die oben eigentlich schon dargelegte antinomische Gestalt des von den Scholastikern oft tatsächlich ziemlich gedankenlos gebrauchten Begriffs des „ens (in) potentia“ (des Seienden dem Vermögen nach) nicht aufgegangen. Damit steht er freilich nicht allein. Denn das Werden zu verstehen, ist für unser sich möglichst auf statische Begriffe verlassendes Denken eine schwierige Angelegenheit. Reales (d. h. nicht als bloße Denkmöglichkeit zu verstehendes) Vermögen besagt nämlich *etwas bereits zu sein*, allerdings *auf die Weise des noch nicht Seins*. Damit ist aber auch gesagt, dass *jeder* Übergang eines Seienden aus der „potentia“ in den „actus“, und das heißt, aus dem Zustand des „An-Sich-Vermögend-zu-sein-Etwas-zu-Vollbringen“ in den Zustand der „Tatsächlichen-Verwirklichung-dieses-Vermögens“ *ein seinsmäßiges Mehr* impliziert, welches das endliche Seiende immer *auch* durch seine eigene von ihm ausgehende Tätigkeit setzt, und welches Mehr auch ein Mehr bedeutet hinsichtlich aller auf es einwirkenden Einflüsse. Die deutlichsten und höchsten Beispiele dafür sind die freien Handlungen des Menschen.

(2) Zur angeblichen Unstimmigkeit des Begriffs der Selbstüberbietung

Pöltner meint außerdem im Begriff der aktiven Selbsttranszendenz eine innere Inkohärenz entdeckt zu haben. Ich zitiere wiederum einen längeren Text:

Rahners Begriff der aktiven Selbsttranszendenz des Geistes auf das Sein bezeichnet zweierlei. Einerseits ist mit dem Vorgriff des Geistes auf das Sein bzw. der aktiven Selbsttranszendenz des Geistes auf das Sein ein *Wirken* des Geistes gemeint. Der Geist soll in der Weise der Selbstüberbietung etwas erwirken, wozu er von sich aus, d. h. ohne die Bewegtheit durch das Sein (Woraufhin der Transzendenz) nicht imstande ist, nämlich das „Haben des Seins“ (Hom. 75). Andererseits ist die Selbsttranszendenz des Geistes jedoch nicht ein gegenstandsgerichteter Vollzug, sondern die *Ermöglichungsbedingung* des Geistes: des Bei-sich-Seins als des Beim-anderen-Seins. In der Bewegtheit durch das Sein übersteigt der endliche Geist sich selbst und erschließt das Sein – und eben diese (vom Sein ermächtigte) Selbstüberbietung ermöglicht nach Rahner das Bei-sich-Sein des Geistes als beim anderen Sein. (312)

Die Rahner vorgeworfene Inkohärenz bestünde also darin, dass der Vorgriff das Bei-sich-Sein begründen sollte, während der Vorgriff selbst durch das Bei-sich-Sein ermöglicht werde. Hier gehe es also um eine reziproke Kausalität. Doch ist hier einmal zu bedenken, dass Rahner den Ausdruck „aktive Selbsttranszendenz des Geistes" nirgends verwendet. Außerdem geht es Rahner in seinen diesbezüglichen Gedankengängen überhaupt nicht um ein „Wirken des Geistes", sondern darum, dass Selbstüberbietung sich exemplarisch in den geistigen Vollzügen des hierzu fähigen Subjekts zeigt.[36]

Schließlich meldet Pöltner auch Bedenken gegen den Begriff des „innerweltlichen Werdens" an. Er meint, es könne zwar Werden im Sinne des Entstehens von etwas Neuem innerhalb eines bestimmten Wesensbereiches geben, und in diesem, aber nur in diesem Sinn dürfe man von der Selbstüberbietung eines Seienden reden. Wo es aber um ein Überschreiten einer Wesensgrenze auf ein dem Wesen nach höheres Seiendes geht, da könne deshalb nicht von einer Selbstüberbietung gesprochen werden, weil das Überschreiten der Wesensgrenze die Selbstaufgabe des angeblich sich selbst Überbietenden bedeuten würde. Nach Pöltner scheint folgendes Dilemma unausweichlich:

> Wenn ein Seiendes sich *selbst* auf das von ihm wesensverschiedene Höhere überschreitet, dann überschreitet es sich selbst gerade nicht, [...] sondern es bleibt es selbst, solange man daran festhält, a) daß das „Transzendieren" der *Selbst*vollzug dieses Seienden ist, und b) daß der Vollzug in der Seinsweise des Seienden gründet. [...]
> Wenn hingegen ein Seiendes sich auf das Wesensverschiedene *überschreitet*, die irreduzibel neue Wirklichkeit nicht passiv empfängt und nicht von außen hinzugesetzt erhält, sondern selbst erwirkt, dann ist es nicht mehr das Seiende selbst, welches dies tut. Denn wenn im Transzendieren Wesensverschiedenes werden soll, verliert das Seiende, welches sein wesensverschiedenes Mehr erwirkt, darin seine Selbstidentität. Im Erwirken hört es auf, es selbst zu sein. Demnach kann das Transzendieren *kein Selbst*vollzug sein, weil in ihm das Selbstsein aufgehoben wird (316).

[36] Pöltner bringt auf S. 312 in Fußnote 16 folgendes Zitat von Rahner: „Das endliche Erkennende, das der Mensch ist, ist jenes Seiende, das dadurch ‚bei sich ist', daß es bei einem einzelnen, endlichen, ihm aposteriorisch begegnenden, sich von sich her zeigenden Seienden so und dadurch ist, daß es auf das Sein überhaupt ‚vorgreift' (Hom. 71)" – Wenn man (1) vom Kontext dieser Stelle ganz absieht und (2) nicht berücksichtigt, dass es Rahner nicht um eine Erklärung des „Wirkens des Geistes" geht, dann kann dieser Text, *muss aber auch dann nicht* im Sinne Pöltners gelesen werden.

Hier zeigt sich noch einmal, und zwar sehr deutlich, dass Pöltner nicht wirklich verstanden hat, worum es im Begriff der Selbstüberbietung eigentlich geht. Sonst könnte er nicht damit argumentieren, dass der Rückgriff auf den immanent-transzendenten Seinsakt deshalb erfolgen muss, weil Wesensgrenzen durch *Selbst*überbietung nicht überschritten werden können, da aufgrund des Pinzips „agere sequitur esse" kein Seiendes sich geben kann, was es noch nicht hat (316). Denn der eigentlich entscheidende Inhalt des Begriffs der Selbstüberbietung besteht gerade darin, dass das endliche Seiende selbst tatsächlich eine neue Seinsbestimmung, also etwas seinsmäßig Neues erwirkt (und in diesem Sinne sich gibt), welches es noch nicht hat. Hier ist dann in aller Kürze zu bemerken, dass es von dem aktiven Seienden unüberschreitbare Wesensgrenzen innerhalb des Bereiches des Endlichen nicht gibt, dass also jede sogenannte Wesensgrenze als relativ zu betrachten ist.[37] Die Notwendigkeit des Rückgriffs auf das transzendent-immanente absolute Seiende ergibt sich eben dadurch, dass diese Fähigkeit, „sich das zu geben, was man noch nicht hat" letztlich freilich begründet werden muss. Das darf aber nicht so geschehen, dass dadurch die *Selbst*überbietung als eigene Tat des endlichen Seienden geleugnet wird, indem man das Erwirken des Neuen *allein* dem Wirken des absoluten Seienden zuschreibt und die aktive Rolle des Endlichen in der Überbietung seiner selbst, d. h. im Erwirken des auf der Ebene der Welt von ihm hervorgebrachten (auch „wesensmäßig") Neuen vernachlässigt. Es scheint für Pöltner eine sich ausschließende Alternative zu bestehen zwischen dem, was in der Welt Gott bewirkt, und dem, was die Geschöpfe bewirken. Der Grund, warum er über diese Alternative nicht hinauskommen kann, dürfte darin liegen, dass es für ihn (wie auch für viele andere) unmöglich zu sein scheint, die Identität mit der Differenz zusammenzudenken.

Nach Pöltner könne man nicht sagen, „das Werden sei die Tat des Werdenden selbst" (317).[38] Hier kann man ihm insofern recht geben, als Werden sowohl Entstehen als auch Vergehen bedeuten kann. Wenn man Werden im Sinne von Vergehen versteht, dann gilt tatsächlich, was Pöltner mit Recht moniert, dass nämlich

[37] Siehe. *B. Weissmahr*, Ontologie (s. Anm. 11), 120–122.

[38] Um diese seine Aussage zu belegen, zitiert Pöltner (317) aus dem Aufsatz Rahners „Die Einheit von Geist und Materie im christlichen Glaubensverständnis" (Schriften, VI [1965] 185–214) den folgenden Satz: „Werden ist [...] die vom Niedrigeren selbst erwirkte Selbsttranszendenz des Wirkenden, ist aktive Selbstüberbietung" (210).

„wir unserem Werden unterliegen" (317). Zur Frage aber, ob das Werden (als Entstehen von Neuem) die Tat des Werdenden selbst ist, muss zunächst bemerkt werden, dass niemand (auch Rahner nicht) behauptet, das Werden in diesem Sinne sei die *ausschließliche* Tat des Werdenden selbst, sondern dass das Werden von Neuem (von der reinen und bloßen Ortsbewegung abgesehen, das als solches ein Abstraktum ist) immer *auch* die Tat des Werdenden ist. Es soll also nicht geleugnet werden, dass im innerweltlichen Werden auch das passive Moment zu berücksichtigen ist.

Zusammenfassend ist festzustellen, dass die Meinung Pöltners hinsichtlich der Möglichkeit der Selbstüberbietung sich sehr stark mit der Auffassung jener Neuscholastiker deckt, die die evolutive Überschreitung der Wesensgrenzen wegen der Annahme unveränderlicher Wesenheiten abgelehnt haben.

c. Raphael Schulte

R. Schulte hat zwei Aufsätze veröffentlicht, in denen er die Unhaltbarkeit der Selbstüberbietungsthese Rahners (und der sich darauf stützenden Überlegungen Weissmahrs) aufzudecken versucht.[39]

R. Schulte bestreitet ausdrücklich die These: „Gottes Handeln ist prinzipiell zweitursächlich vermittelt" (I. 164).[40] Er begründet seine Ablehnung dieser These, mit der Behauptung, hier sei eine „folgenschwere Umkehrung" des ursprünglich Gemeinten geschehen. Er schreibt:

---

[39] *Raphael Schulte*, „Gottes Wirken in Welt und Geschichte. Offene Fragen – Erwartungen an ihre Lösung", in: Theologie – Grund und Grenzen (FS H. Dolch), hg. v. *Hans Waldenfels u. a.*, Paderborn, 1982, 161–176; (Zitate aus diesem ersten Aufsatz im Text mit „I. und Seitenangabe"). – *Ders.*, „Über Gottes Wirken in Welt und Geschichte", in: Weisheit Gottes – Weisheit der Welt (FS J. Kard. Ratzinger), hg. v. *W. Baier*, Bd. I, St. Ottilien, 1987, 137–156. (Zitate aus diesem zweiten Aufsatz im Text mit „II. und Seitenangabe").

[40] Schulte bezieht sich zunächst auf meine Veröffentlichungen mit der Bemerkung, dass Weissmahr „über K. Rahner, dem er sonst in vielem folgt, weit hinausgeht" (I. 165) indem z. B. Weissmahr hinsichtlich des „natürlichen" und „heilsgeschichtlichen" Handeln Gottes in der Welt keinen *die Ausschließlichkeit des erstursächlichen Handeln Gottes betreffenden* Unterschied macht. – Dabei übersieht Schulte, dass Rahner selbst – wie schon erwähnt – diesen Unterschied, den er anfangs tatsächlich erwähnt, später aufgegeben hat.

Aus dem berechtigten Satz „*Alles* ursächliche Wirken *endlicher* Seiender und folglich alles Geschehen in der (endlichen) Welt endlicher Seienden kann nur sein und geschehen auf Grund erstursächlichen Wirkens Gottes und ist somit prinzipiell als zweitursächlich zu definieren" wurde der Satz entwickelt: „*Alles* Wirken Gottes (der, weil Gott, transzendental und daher nicht zur Welt gehörig verstanden werden muß) ist stets *erstursächliches* Wirken und kann als solches nie ein zweitursächliches und als dieses ein im Reigen weltlichseiender Wirksamkeiten vorfindliches Wirken sein" (I. 166).

Nachdem R. Schulte eine ganze Reihe von Zitaten gebracht hat, in denen diese Meinung Weissmahrs zum Ausdruck kommt, stellt er zu meiner großen Überraschung fest:

Es ist eine Behauptung aufgestellt [...], deren Gültigkeit und Berechtigung nicht nur nicht erwiesen sind, für die nicht einmal die Richtung angegeben wird, wo sie zu finden wäre. Daß diese Behauptung unhaltbar ist, wird sich noch zeigen (I. 168).

Hier von einer nicht nur nicht erwiesenen, sondern nicht einmal andeutungsweise begründeten Behauptung zu sprechen, überrascht mich deshalb, weil die Zitate, die Schulte ausführlich bringt, im Kontext jener Überlegungen stehen, die ich als Argumente Rahners und Weissmahrs für die Selbstüberbietung oben Punkt für Punkt zusammengefasst habe. Ich kann also nicht davon ausgehen, Schulte hätte die Texte, in denen ich die Argumente für die Notwendigkeit der Annahme der Selbstüberbietung darlege, nicht gelesen. Wie immer es auch sei, die Unhaltbarkeit der These „Gott wirkt innerhalb der Welt stets nur als Erstursache", meint R. Schulte dadurch aufweisen zu können, dass sie seiner Meinung nach bedeutet, Gott selbst könne in der Welt niemals unmittelbar und persönlich wirken. Schulte ist nämlich überzeugt:

für Gott beläßt die Lösung *Weissmahrs* (und anderer) dafür keinen Raum offen. Denn diese Möglichkeit ist ausdrücklich ausgeschlossen: *alles* Wirken Gottes in der Welt (das Heilsgeschehen eingeschlossen!) ist ausnahmslos „durch *Eigen*aktivität von geschöpflichen Ursachen vermittelt"[41]. Alles in allem gesehen: Es zeigt sich hier die Ungeklärtheit und Unangepasstheit der Begriffe, so daß auf eine Unzulänglichkeit der notwendigen metaphysischen

---

[41] Schulte verweist in einer Fußnote auf: *Béla Weissmahr*, Gottes Wirken in der Welt (s. Anm. 28), 68, wobei allerdings bemerkt werden muss, dass an der von Schulte angegebenen Stelle, der Text folgender ist: Gott „ist *Erstursache* und kann nie *als Zweitursache* in der Welt wirken. Seine Ursächlichkeit ist innerhalb der Welt immer durch die (von ihm als Schöpfer herstammende) Eigenaktivität einer geschaffenen, endlichen Ursache vermittelt".

Durchdringung der Sache geschlossen werden muß, die zur Frage steht. Dieser Eindruck drängt sich übrigens auch für jenen Denkansatz auf, der durch den von *K. Rahner* eingeführten Begriff „Selbstüberbietung" charakterisiert ist und der nicht nur von *Weissmahr*, sondern auch von zahlreichen anderen Autoren aufgegriffen wurde. Einmal abgesehen davon, daß die mit „Selbstüberbietung" angezeigte Hypothese von *Rahner* seinerzeit in Blick auf solche naturwissenschaftlichen Theorien entwickelt wurde, wie sie heute kaum noch vertreten werden, sie daher heute als (wieder) entbehrlich gelten kann, so ist jedenfalls die in ihr gelegene Schwierigkeit zu sehen, die sich mit dem deckt, was kritisch zur Lösung *Weissmahrs* vorgetragen wurde. (I. 169 f.).[42]

Ich bitte um Verzeihung für dieses lange Zitat, aber ich habe es gebracht, einmal um den belehrenden Ton des Autors zu exemplifizieren, vor allem aber deshalb, weil es sich hier zeigt, dass R. Schulte überhaupt nicht verstanden hat, worum es im Begriff der Selbstüberbietung eigentlich geht. Nämlich, dass die von der schöpferischen Ursächlichkeit Gottes ermöglichte und getragene und so von dem Geschöpf aktiv gesetzte, d. h. selbsterwirkte Seinszunahme des Geschöpfs *die zweitursächliche Vermittlung des unmittelbaren göttlichen Wirkens in der Welt ist*, das durch die zweitursächliche Vermittlung nicht aufhört, zu dem in der Welt auftretenden Resultat ein unmittelbares Verhältnis zu haben.

Schulte hat nicht begriffen, wie die göttliche erstursächliche Tätigkeit in der Welt durch das dem Geschöpf eigenen zweitursächlichen Wirken vermittelt und trotzdem hinsichtlich des in der Welt entstehenden neuen Seins zugleich unmittelbar sein kann. Aber genau das ist der entscheidende Punkt, der ihm anscheinend entgangen ist. Freilich kann man diesen Punkt nur dann verste-

---

[42] Leider verrät Schulte nicht, an welche naturwissenschaftlichen Theorien er denkt, die – wie er meint – heute kaum noch vertreten werden, woraus dann seiner Meinung nach folgt, dass „die mit ‚Selbstüberbietung' angezeigte Hypothese [...] als wieder entbehrlich bezeichnet werden kann". Doch schon die Behauptung, Rahner hätte die Hypothese der Selbstüberbietung seinerzeit in Blick auf naturwissenschaftliche Theorien entwickelt, ist ein deutliches Zeichen dafür, dass Schulte die metaphysische Relevanz der These der Selbstüberbietung nicht verstanden hat. Der Anlass, die Theorie (und nicht Hypothese) der Selbstüberbietung zu entwickeln, waren auch nicht naturwissenschaftliche Theorien, sondern das theologische Problem der Hominisation, d. h. die Frage, wie man das Entstehen des aus Leib und Seele bestehenden Menschen kohärent denken könne, nachdem die evolutive Abstammung des Menschen aus dem Tierreich nicht mehr zu bezweifeln ist.

hen, wenn man eingesehen hat, dass es eine Weise der Differenz gibt, welche die Identität der Verschiedenen nicht ausschließt.[43]

Schulte meldet auch Bedenken gegen den Gebrauch des Ausdrucks „innerweltlich" an und formuliert als Vorwurf: „Man darf, so wird gesagt, aus Gott keinen ‚innerweltlichen Faktor neben anderen innerweltlichen Faktoren machen'.[44] Was ist von all dem zu halten?" (I. 171 f.) Als Antwort auf die Anfrage Schultes ist zunächst darauf hinzuweisen, dass es hier (und anderswo, so auch bei Rahner, von dem an dieser Stelle ein längeres Zitat gebracht wird) darum geht, man dürfe aus Gott keinen innerweltlichen Faktor *neben* anderen innerweltlichen Faktoren machen, was im ganzen Satz, aus dem das Zitat genommen wird, deutlich zum Ausdruck kommt. Denn es wird niemals, weder von Rahner noch von Weissmahr behauptet, Gott könne nicht und wirke nicht unmittelbar und persönlich innerhalb der Welt. Und in diesem Sinn *ist* Gott ein „innerweltlicher Faktor".

Die These, dass das endliche geschaffene Seiende sich selbst zu überbieten vermag, ist doch genau darauf ausgerichtet, zu erklären zu können, wie Gott „in die Welt eingreifen" könne, ohne an die Stelle des in der Welt wirkenden Geschöpfes zu treten. Indem Gott (eben durch die Vermittlung von Zweitursachen) unmittelbar in der Welt tätig ist, ist Gott in diesem Sinne selbstverständlich ein „innerweltlicher Faktor". Was ausgeschlossen wird, und was aus schöpfungstheologischen und metaphysischen Gründen tatsächlich ausgeschlossen werden muss, ist jene Auffassung, die die göttliche Ursächlichkeit *neben*, d. h. *auf dieselbe Ebene* mit dem Wirken der geschöpflichen Ursachen stellt.

Hier handelt es sich wieder um denselben entscheidenden Punkt wie vorher: es geht hier um eine ganz grundsätzliche und nicht zu verwischende Differenz von göttlicher und geschöpflicher Weise des Wirkens, die aber nicht im Geringsten dazu führt,

---

[43] Siehe dazu: *Béla Weissmahr*, Ontologie (s. Anm. 11), 112–120; *Ders.*, Philosophische Gotteslehre (s. Anm. 11), 116–124; 136–148

[44] Das ist ein abgekürztes Zitat aus: *Béla Weissmahr*, Gottes Wirken in der Welt (s. Anm. 28), S. 187. – Der ganze Satz, aus dem das Zitat genommen ist, lautet wie folgt: „Ein Wirken Gottes in der Welt ohne, und deshalb anstelle einer geschöpflichen Ursache, d. h. ein göttliches Handeln innerhalb der Welt, das nicht durch die (letztlich freilich von Gott herstammende) Eigenwirksamkeit des Geschöpfes vermittelt wäre, ist undenkbar, da dies – wie gezeigt wurde – ein Wirken Gottes *als* Zweitursache bedeuten und damit aus Gott wenigstens in diesen Fällen einen innerweltlichen Faktor neben anderen innerweltlichen Faktoren machen würde."

die Präsenz Gottes in der Welt zu leugnen und somit Gott „deistisch“ zu interpretieren.

Es sei hier noch ein weiteres und sehr aufschlussreiches Zitat gebracht, aus dem hervorgeht, worin das eigentliche Missverständnis von R. Schulte besteht.

> Für *Rahner* ist Gott ‚der transzendente, tragende Grund von allem, nicht aber ein Demiurg, dessen Tun innerhalb der Welt geschieht. Er ist Grund der Welt, nicht Ursache *neben* anderen *in* der Welt‘[45]. Hier ist doch zu fragen, ob Gottes tatsächliches Weltverhältnis damit in seiner ganzen Fülle erfasst und zur Sprache gebracht ist. Ist die Alternative wirklich vollständig?[46] Oder ist es nicht so, dass Gott unbeschadet seines *Grund*-von-allem-Seins, auch ‚persönlich und wirklich unmittelbar‘ *in* und *mittels* ‚Welt‘ da und tätig ist, ohne dass er deswegen sogleich als Ursache unter *anderen* (stillschweigend als gleichartig aufgefassten) Ursachen behauptet wäre? Von woher wäre erwiesen, dass *in* der Welt agierende Wirkende metaphysisch (oder wie immer) notwendig nur als geschaffene zu begreifen sind? (I. 175, und fast wörtlich wiederholt: II. 146)

Dieser Text ist deshalb so aufschlussreich, weil sich darin das grundlegende Missverständnis Schultes deutlich äußert. Es geht nach ihm um die Überwindung der (seiner Meinung nach von Rahner und Weissmahr aufgestellten) Alternative: Wenn Gott Ursache *der* Welt ist, dann kann er nicht Ursache *neben* und *in* der Welt sein. Daraus sollte nach ihm folgen: „Wenn Gott in der Welt tätig, dann nur ‚an Stelle‘ oder gar ‚als (auch) Zweitursache‘. Die dritte Möglichkeit scheint gar nicht gesehen und in Erwägung gezogen zu werden“.[47] Er fordert also eine dritte Möglichkeit, weil die erwähnte Alternative überwunden werden muss. Darin hat er vollkommen recht. Dabei sieht er überhaupt nicht,

---

[45] Hom. 80 = SW 15 (2002) 89.

[46] Die Alternative, von der hier die Rede ist, wird von Schulte einige Zeilen vorher wie folgt bestimmt: „Es steht daher das Problem da, ob die Alternative, die hier meist aufgestellt wird, überhaupt zu Recht besteht, ob mit ihr tatsächlich der ganze, durch die Offenbarung aufgewiesene Sachverhalt erfasst ist, jene Alternative, in der Gott und Welt so unterschieden und gegeneinander gestellt erscheinen, wie in einigen Sätzen K. Rahners suggeriert wird, was Weissmahr und andere wiederholen: Im behaupteten Wirken Gottes persönlich und unmittelbar in der Welt wird ‚Gottes Wirken ein Tun in der Welt neben anderem Tun der Geschöpfe, anstatt der transzendente Grund aller Geschöpfe zu sein‘ (*K. Rahner*, Hominisation 81 [= SW 15 (2002) 89]).“ Die zitierte Stelle lautet im Original: „Gottes Wirken wird ein Tun [...]“. In SW 15 (2002) 89 ist sie fehlerhaft wiedergegeben.

[47] I. 175, Anm. 34.

dass die von ihm geforderte „dritte Möglichkeit" eben in der von Rahner vorgeschlagenen These der Selbstüberbietung besteht, nach der Gott *in* der Welt persönlich und unmittelbar (und deshalb auch heilsgeschichtlich relevant) durch die dem Geschöpf eigenen zur Selbstüberbietung fähigen und deshalb auch Neues und Unerwartetes hervorzubringen vermögenden Kräfte wirken kann bzw. wirkt.

Die die Selbstüberbietung herausstellende Konzeption Rahners wurde von diesem genau in der Absicht entwickelt, dasjenige, was die Neuscholastik mit dem metaphysisch untauglichen (weil die Transzendenz und Immanenz Gottes unzulänglich darstellenden) Begriff der „Spezialintervention" Gottes auszudrücken versucht hat, auf eine metaphysisch kohärente Weise zu erklären. Das grundlegende Missverständnis Schultes ist also darin begründet, dass es ihm nicht gelingt, die *Unmittelbarkeit* der jeweiligen schöpferischen Tätigkeit Gottes als solche auch dann anzuerkennen, wenn diese in der Welt durch die Eigentätigkeit der Geschöpfe vollzogen und in diesem Sinn vermittelt wird.

6. Die Konsequenzen für eine Seinsmetaphysik

Der Aufweis Rahners, dass in jedem Wirken des endlichen Seienden an sich eine Selbsttranszendenz vollzogen wird, ist deshalb bedeutsam, weil sich aus ihm allgemeine seinsmetaphysische Konsequenzen ergeben. In der These nämlich, dass Seiendes, indem es Wirkung ausübt, sich selbst überbietet, ist die für jede Seinsmetaphysik entscheidend wichtige allgemeine These impliziert, dass Seiendes als solches Wirkendes ist. Anders gesagt: Tätigsein, Wirken ist eine transzendentale Vollkommenheit. Es gilt also nicht nur: „agere sequitur esse" (das Wirken ergibt sich aus dem Sein des Seienden), sondern: „omne ens et agens" (Seiendes als solches ist Wirkendes). Rein passives Seiendes ist ein Limesbegriff, ist eine Abstraktion. Das wirklich Seiende ist immer im Maße seines Seins dynamisch.

Aus der These, dass jedes Wirken des endlichen Seienden an sich eine gewisse Seinszunahme hervorbringt, folgt dann auch, dass die Evolution, d. h. das Entstehen des Höheren aus dem Niedrigeren seinen letzten Grund in der Struktur des Seins selbst hat und deshalb ein im allgemeinen notwendiges und darum mit großer Wahrscheinlichkeit zu erwartendes Geschehen ist. Dies bedeutet allerdings nicht, dass als Ergebnis der Aktivität der Seienden in jedem Einzelfall ein vollkommenerer und qualitativ höherstehender Zustand entstehen muss. Diese Meinung ist offensichtlich falsch, denn es gibt nicht nur solche Veränderungen, bei denen ein Mehr, sondern auch solche, bei denen ein Weniger der Seinsqualität entsteht. Es gibt in der Welt nicht nur Wachstum und Fortschritt, sondern auch Verlust und Untergang. Der Grund dafür liegt darin, dass das endliche Seiende – eben aufgrund seiner Endlichkeit – nicht ohne weiteres über seine Selbstentfaltung verfügt, sondern auch von dem ihm gegenüber Äußerlichen abhängig ist. – Hier genügt es auf diesen Umstand hingewiesen zu haben, eine genauere Entfaltung dieser Zusammenhänge ist die Aufgabe einer systematischen Ontologie.

7. Die von Karl Rahner herausgestellte Affinität von evolutiver Weltanschauung und christlichem Glauben

Zum Abschluss dieser Überlegungen zu dem von Rahner entwickelten Begriff der Selbsttranszendenz möchte ich noch in aller Kürze die wesentlichen Zusammenhänge skizzieren, die nach ihm zwischen der heutigen evolutiven Weltanschauung und den Grundaussagen des christlichen Glaubens bestehen.

Die antike und vorneuzeitliche Weltauffassung war statisch bzw. in den östlichen Weltdeutungen zyklisch in sich selbst wiederkehrend. Gemäß der jüdisch-christlichen Gottesvorstellung, nach der Gott der in der Welt persönlich Handelnde und somit alles zu einer letzten Vollendung Hinführende ist, hat nun aber der Ablauf der Geschichte eben als Heilsgeschichte eine definitive Richtung. Deshalb stimmt die Feststellung Rahners: „Mindestens auf seinem eigensten religiösen Terrain war das Christentum immer schon eine evolutive Weltanschauung."[48] Doch konnte diese Einsicht innerhalb eines statischen Weltdenkens nicht wirklich zum Zuge kommen.

> Es bedarf also eigentlich nicht so sehr einer Transposition des christlichen Welt- und Menschenverständnisses in eine evolutive Weltanschauung hinein, sondern der mutigen und radikalen Durchführung einer evolutiven Weltanschauung, die das Christentum immer schon war und ist, gegen jene weltbildlichen Übermalungen und Verfremdungen, denen das Christentum von einer hellenistischen Weltanschauung her bisher ausgesetzt war.[49]

---

[48] *Karl Rahner*, Christologie im Rahmen des modernen Selbst- und Weltverständnisses; in: Schriften IX (1970) 227– 241, 234 = SW 15 (2002) 601–611, 606.

[49] Ebd.

Die wesentlichen Schritte eines diese Zusammenhänge darstellenden Gedankenganges sind die folgenden:

Ausgangspunkt ist der Gedanke, dass die Erschaffung der ganzen Welt, des gesamten materiellen Universums als eine Selbstmitteilung Gottes aufzufassen ist[50], in der das Erscheinen des Menschen als wenngleich nicht definitives, so doch wirkliches Ziel der Schöpfung zu bezeichnen ist. Denn der Mensch ist das Ziel der Selbsttranzendenz der lebendigen Materie, in ihm findet die materielle Welt zu sich selbst, in ihm entsteht jenes Seiende, das auf den persönlichen Anruf Gottes persönlich antworten kann.

Das Eigentümliche, das nun im Menschen Wirklichkeit wird, [...] in das hinein die Materie sich selbst transzendiert, ist einmal die Selbstgegebenheit für sich selbst und die Bezogenheit auf die absolute Ganzheit der Wirklichkeit und auf deren ersten Grund als solchen.[51]

Wenn aber der ganze Kosmos im Bewusstsein des Menschen zu sich gekommen ist, weil er es ist, der aufgrund seines Intellektes und seines freien Willens die Welt erkennen und gestalten kann, und somit fähig ist, Partner Gottes zu werden, indem er den ihn durch die geschaffene Welt ansprechenden Gott zu erkennen und ihm zu antworten vermag, dann muss – so führt Rahner den Gedanken weiter –, das Zusichselberkommen des Kosmos im Menschen ein endgültiges und höchstes Resultat haben.

Von diesem Gedanken ausgehend, versucht Rahner, den eigentümlichen Platz Jesu Christi in einem evolutiven Weltbild zu bestimmen. Denn die Selbstmitteilung Gottes an die geistige Kreatur, die der Mensch ist, wenn sie nur ganz radikal gedacht wird, fordert, dass es eine menschliche und insofern auch geschichtliche Person gibt, in der die Selbstmitteilung Gottes einerseits unüberbietbar in der Welt anwesend ist, anderseits aber so, dass diese Person zugleich die vollwertige menschliche Antwort ist auf das sie ansprechende göttliche Wort. Damit ist das, was der christliche Glaube von Jesus dem Christus bekennt, zwar nicht theoretisch abgeleitet und in diesem Sinn erwiesen, doch ist

---

[50] „Schöpfung bedeutet die in keiner Weise notwendige, nach dem freien Ratschluss Gottes verwirklichte Selbstmitteilung Gottes, wodurch das im Maße seiner Selbstmitteilung ihm gegenüber Eigenständige seiner ganzen Wirklichkeit nach entsteht." *Béla Weissmahr*, Philosophische Gotteslehre (s. Anm. 11), S. 137.

[51] *Karl Rahner*, Die Christologie innerhalb einer evolutiven Weltanschauung, Schriften V (1962)183–221, 196 = SW 15 (2002) 219–247, 229.

der Ort des Inhaltes der christlichen Glaubensaussage, nach dem der Mensch Jesus von Nazareth die zweite göttliche Person, das ewige Wort Gottes ist, in einer evolutiven Weltdeutung als der unüberbietbare Höhepunkt und damit als letztes Ziel der Selbstmitteilung Gottes angegeben.

> Wo aber Gott die Selbsttranszendenz des Menschen in Gott hinein durch absolute Selbstmitteilung derart bewirkt, daß beides die unwiderrufliche und in diesem Menschen schon zur Vollendung gelangte Verheißung an alle Menschen ist, da haben wir hypostatische Union.[52]

Hier kann – wie mir scheint – noch etwas hinzugefügt werden, was bei Rahner zwar ausdrücklich nicht zu finden ist, doch seiner Überlegung ganz entsprechen dürfte, dass nämlich die hypostatische Union, d. h. die Einheit der göttlichen und menschlichen Natur in der einen göttlichen Person Jesu Christi selbst ereignishaft (und in diesem Sinn evolutiv) zu denken ist, indem sie vom Anfang des menschlichen Daseins Jesu Christi zwar wirklich anwesend war, doch insofern eine Geschichte hat, als sie letztlich erst im Tod und Auferstehung Jesu zur definitiven Vollendung gelangt ist. Denn erst im Tod Jesu ist zum einen das Menschsein als menschliches Schicksal von dem ewigen Wort ganz angenommen und zum anderen erst in seinem Tod ist die menschliche Antwort als totale Hingabe an Gott unwiderruflich verwirklicht. Das Zeichen dieser Einheit ist die leibliche Auferstehung Jesu als der jetzt schon zum Kosmos gehörende Anfang der neuen Schöpfung.

[52] Ebd. 210 = SW 15 (2002) 239.

Gott als Geheimnis – Rahner und Hegel

Josef Schmidt SJ, München

Vergleicht man Rahner und Hegel unter der Rücksicht der Thematik: Gott als Geheimnis, so scheint die Sache klar zu sein. Für Rahner ist „Geheimnis" ein zentraler und nicht aufhebbarer Begriff in der Bestimmung Gottes und seiner Erkenntnis. Auch für die höchste Stufe des Erkennens bleibt Gott Geheimnis. Bei Hegel ist dies anders. Nach ihm löst die Erkenntnis des Absoluten dessen Unbegreiflichkeit und Geheimnishaftigkeit auf, in der es sich zunächst dem Begreifen darstellt. Nach Rahner ist das Sich-Zeigen Gottes eine Offenbarung eben seines Geheimnisses. Für Hegel ist die Selbstmanifestation des Absoluten reine und ausschließliche Offenbarkeit. Aber wenn wir uns beide Autoren genauer ansehen, fällt der Vergleich differenzierter aus, und eben diese Differenzierung vermag uns näher an die Sache heranzuführen, die unser Thema ist: Gott als Geheimnis[1].

I. Der Begriff „Geheimnis" bei Rahner

Rahner geht in der Entfaltung seiner Systematik vom Geistvollzug des Menschen aus. Das Woraufhin dieses Vollzuges ist das wahrhaft Unendliche, das unser Erkennen ermöglicht, leitet und erhellt. Doch dieses Woraufhin ist und bleibt Geheimnis. Wenn unser Erkennen im Einordnen der zu erkennenden Sache in wei-

---

[1] *Zitation der Werke Rahners*: Geist in Welt (= GiW = SW 2 [1996]), Innsbruck / Leipzig 1939, München ²1957; Hörer des Wortes (HdW = SW 4 [1997]), München 1941, ²1963; Schriften zur Theologie, 16 Bde. (= Schriften; die Bandzahl wird in römischen Ziffern angegeben), Einsiedeln 1964 ff.; Sämtliche Werke (= SW), Freiburg 1995 ff.; Grundkurs des Glaubens (= Grundkurs), Freiburg 1976 – Lexikon für Theologie und Kirche (= LThK), Freiburg 1957 ff.; Sacramentum Mundi (= SM), Theologisches Lexikon, hg. v. *Karl Rahner u. a.*, Freiburg 1967 ff. – *Zitation der Werke Hegels*: Theorie-Werkausgabe (= TW), 20 Bde, hg. v. *Eva Moldenhauer u. Karl Markus Michel*, Frankfurt 1967 ff.; Phänomenologie des Geistes (= PG) = TW 3. Enzyklopädie (= Enz) = TW 8–10; Briefe, hg. v. *Johannes Hoffmeister*, Hamburg 1952 ff.

tere Zusammenhänge besteht, in welchen es auf anderes zurückgeführt, von anderem hergeleitet wird, dann kann das letzte und umfassende Woraufhin des Erkennens nicht in dieser Weise Erkenntnisobjekt sein. Insofern ist und bleibt jenes Woraufhin wesentlich Nicht-Erkennbares, Geheimnis, wenn es auch als solches noch erkannt werden kann und muss.

Hegel bestimmt Kants Vernunftbegriff (der auch seiner ist) so: „Es ist nun die Vernunft das Vermögen des Unbedingten"[2]. Rahner wandelt dies präzisierend ab: „Die Vernunft muß [...] als das Vermögen des Unbegreiflichen verstanden werden" (Schriften XIII [1978] 120). Dieses Vermögen ist nach ihm nicht ein nur theoretisches, sondern zugleich ein praktisches. Darin trifft er sich mit Hegel. Der höchste praktische Vollzug ist nach Rahner allerdings die Liebe. Darin unterscheidet er sich vom späteren Systematiker Hegel.

Man könnte „das Geheimnis zunächst einfach definieren als das, woraufhin der Mensch in der Einheit seiner erkennenden und frei liebenden Transzendenz immer schon sich selbst übersteigt" (LThK, Art. Geheimnis, 594). Denn: „Geheimnis ist ein wesentlicher und bleibender Uraspekt der totalen Wirklichkeit, insofern sie als ganze (und so unendliche) für den kreatürlichen (und so endlichen) Geist in dessen Transzendenz anwest" (ebd.).

Weder darf das Geheimnis als das nur vorläufig noch nicht Geklärte, das noch Aufzuhellende, der noch unaufgearbeitete Restbestand des Klaren und Durchschauten oder einfach als das Noch-nicht-Gewußte *neben* dem anderen Gewußten, noch darf die geistige Erkenntnis in ihrem ursprünglichsten und letzten Wesen als die Fähigkeit des durchschauenden Erfassens des „Begreiflichen" aufgefaßt werden. Wenn Geist wesentlich und ursprünglich Transzendenz, diese aber die Eröffnetheit auf das Unendliche, als solches und so wesentlich auf das Unbegreifliche ist, dann ist Geist wesentlich das Vermögen der Annahme des Unbegreiflichen als solchen, des *bleibenden* Geheimnisses als solchen (ebd.).

In den lehramtlich dogmatischen Texten wird die Unbegreiflichkeit Gottes zuweilen unserem „Pilgerstand" zugeordnet, (DH 2856, 3016)[3], somit als Vorläufiges betrachtet, das in der „visio beatifica" aufgehoben sein wird. Doch Rahner verweist auf Texte, welche das „incomprehensibile" an Gott ihm als wesentlich

---

[2] Enz 45; vgl. *Immanuel Kant*, Kritik der reinen Vernunft B 356, 379.

[3] Kompendium der Glaubensbekenntnisse und kirchlichen Lehrentscheidungen, hg. v. *Heinrich Denzinger*, übers., erw. u. hg. v. *Peter Hünermann* (= DH), Freiburg 1991.

zuordnen (DH 800, 3001)[4]. Von daher unterscheidet Rahner eine aufhebbare und eine unaufhebbare Unbegreiflichkeit. Ihre Aufhebbarkeit besteht darin, dass uns Gott wahrhaft als er selbst immer deutlicher wird, aber, und darin besteht ihre Unaufhebbarkeit: in seiner Unbegreiflichkeit immer deutlicher wird. Es ist also nach Rahner so, „daß die Unbegreiflichkeit Gottes in der unmittelbaren Anschauung Gottes nicht aufhört, sondern gerade als sie selber erst in ihrer Radikalität geschaut wird als die (ins Noetische gewendete) Unendlichkeit Gottes, die Gott erst zu Gott und so zum Gegenstand der wirklichen Seligkeit macht" (LThK, Art. Geheimnis 594). Beides muss „*in einem* gleichzeitig thematisch werden. Nur so wird die Lehre von der Unbegreiflichkeit Gottes davor bewahrt, daß von ihr als trübem, leider nicht vermeidbarem Rest des Unerkannten in der Gottesschau gesprochen wird, und die Möglichkeit eröffnet, die Unbegreiflichkeit Gottes zum positiven Inhalt der Gottesschau zu machen" (Schriften XII [1975] 314).

Wenn aber unser Erkennen bestimmt wird als Einordnen in weitere Zusammenhänge, dann ist es eigentlich immer unvollständig. Erst das letzte Woraufhin des Erkennens steht in sich, ist in sich begründet, versteht sich von selbst. Denn dieses verweist nicht mehr auf anderes. So ist es zwar dem normalen wie auch dem gewöhnlichen wissenschaftlichen Erkennen gegenüber Geheimnis, aber im Vergleich mit dessen Gegenständen das eigentlich „Selbstverständliche". „Das Geheimnis ist in seiner Unbegreiflichkeit das Selbstverständliche" (Schriften IV [1960] 78). „Das Verständlichgemachte gründet also in der einzigen Selbstverständlichkeit des Geheimnisses. Wir sind daher schon immer mit ihm vertraut" (ebd. 79). Dieses sich aus sich selbst Verstehende, weil von sich her Seiende, hat (ontologisch und in gewisser Weise auch gnoseologisch) absolute Priorität. Von ihm her ist unser Geist eröffnet. Wir haben somit unsere Offenheit nicht durch uns, aus eigener Macht. Das Endliche kann sich nicht durch sich selbst transzendieren. Es muss dazu ermächtigt werden durch das, was nicht endlich ist. Unser Geist muss deshalb in einer rezeptiven Weise Kontakt zu dem haben, was ihn in seine Offenheit bringt. Diese Rezeption ist Erfahrung, die keine sinnliche sein kann, weil durch sie die sinnliche Erkenntnis erst ermöglicht wird. Rahner nennt sie „transzendentale Erfahrung", ein ganz unkantischer Ausdruck, der eher dem entspricht, was die

[4] Vgl. XII 288. Dies ist auch Lehre des *Thomas* (XII 306 ff.). Die „Unbegreiflichkeit" Gottes ist „die Eigenschaft seiner Eigenschaften" (XIII 116).

nachkantische, idealistische Philosophie „intellektuelle Anschauung“ nennt. In einer solchen Grund-Rezeption ist unserem Geist das von sich her Seiende, an sich Selbstverständliche gegeben, aber auch aufgegeben als das, worauf er sich ausrichten soll. Warum? Weil es dasjenige ist, was sich absolut aus sich selbst versteht und um seiner selbst willen ist. Freilich: Ein gewöhnlicher Erfahrungsgegenstand ist es nicht und kann deswegen leicht übersehen werden, wie eben „das Ursprünglichste und Selbstverständlichste auch das Übersehbarste, das am meisten Verdrängbare sein kann“ (Grundkurs 40 = SW 26 [1999] 33 f.). Aber in unserem Leben meldet es sich. Es mischt sich ein in unsere Erfahrung mit der ganzen Wucht des Sich-von-selbst-Verstehenden, das keinen Widerspruch duldet und uns ganz in Beschlag nimmt. Unser Geist ist eröffnet durch einen unbedingten Anspruch, durch den „schöpferischen Anruf des unendlichen Geheimnisses“ (Schriften VI [1965] 547). Dieser ergeht an uns als sittliche Verpflichtung, als Aufruf zur verantwortlichen Wahrnehmung unserer Freiheit[5]. Wir begegnen hier einer Unverfügbarkeit und Hoheit, für die der Begriff des „Heiligen“ steht[6], der hiermit (religions-)philosophisch eingeführt ist.

Die Eröffnung unseres Geistes geschieht durch ein Angesprochenwerden und d. h. durch eine personale Erfahrung, oder anders gesagt: Die „transzendentale Erfahrung“ zeigt hier ihren personalen Charakter, und nur von diesem Charakter her ist das eigentümlich Simultane von Begreiflichkeit und Unbegreiflichkeit, von Offenbarkeit und Geheimnis in dieser Erfahrung zu verstehen. Personales Sich-Geben – und ein Sich-Geben ist personal – kommt aus der Unverfügbarkeit der Freiheit. Die (Selbst-)Gabe vermittelt eben diese Unverfügbarkeit, eine Entzogenheit, die kein Vorbehalt ist. Denn gerade in der vorbehaltlosen Gabe zeigt sich das immer entzogene Gegenüber: die Freiheit, aus der die Gabe kommt, das Woher, die nur aus sich selbst strömende Quelle dieser Gabe. Gabe und Entzug, Offenbarkeit und Verborgenheit sind *ein* Geschehen, das in seiner Gegenläufigkeit nicht mehr nach Rücksichten aufgeteilt werden kann (in einer Rücksicht Gabe, in der anderen Entzug), sondern sie sind in ein und demselben Sinne beides. Das ist der Kern des Personalen, und eben dieser ist das Wesen der transzendentalen Erfahrung. „Das Geheimnis gründet dabei alles und entzieht sich zumal; es trägt, ohne selbst nochmals von uns beherrscht zu werden; es gewährt sich

5 Grundkurs 64; 66 f.; 68 = SW 26 (1999) 57; 60–62

6 Grundkurs 69; 74 = SW 26 (1999) 63; 67 f.

als das alles umfassende Geheimnis, das bleibt; es erlaubt uns, auf es hin, nicht aber eigentlich ‚über' es zu sprechen" (SM, Art. Geheimnis).

„Von da aus kann nun besser verstanden werden, was mit den Geheimnissen der christlichen Offenbarung eigentlich gemeint ist. Es gibt im Grunde nur *ein* ‚Geheimnis': daß [...] Gott [...] als er selber die innerste Wirklichkeit unseres Daseins wird" (SM, Art. Geheimnis). Rahner nennt dies die „Selbstmitteilung Gottes". Sie ist schon in der ersten Eröffnung unseres Geistes gegeben. Denn der Eröffnende gibt sich in dieser Eröffnung zu erkennen, teilt sich in ihr mit. Doch der Begriff der „Selbstmitteilung" enthält ein Maximum, man könnte sagen: ein „id quo maius cogitari nequit", nämlich die vollkommene Selbstgabe Gottes an das Geschöpf, wobei eigentlich das Wort „vollkommen" pleonastisch ist, denn Selbst-Gabe heißt, *sich* geben, also nicht teilweise, sondern ganz, nämlich „sich selbst". Auf eine solche „Selbstmitteilung" hin hat Gott die Welt geschaffen. „Gott schafft, weil er sich selbst, sich äußernd und ent-äußernd, mitteilen will" (Schriften VII [1966] 69). Hier von Geschuldetheit zu sprechen ist unsinnig. Denn die Schöpfung soll Adressat der *freien* Gabe werden, und für diese freie Gabe hat der Schöpfer sie von vornherein bestimmt. So ist denn der Mensch in bezug auf Gott und von ihm her auch zwischenmenschlich in seinem Wesen, also *notwendig*, auf das ausgerichtet, was ihm nur in *Freiheit* gegeben werden kann.

Gott gibt sich selbst an sein Geschöpf. Das aber heißt, er lässt sich auf dessen Ebene ein, auf die Ebene der Endlichkeit, der Kontingenz, der Geschichte. Gott stellt sich somit auf unsere Seite. Er wird die „innerste Wirklichkeit unseres Daseins" und erhebt uns so in sein göttliches Leben. Das Sich-Niederbeugen zu uns ist unsere Erhebung zu ihm. Darin besteht Gottes Selbstmitteilung. Er öffnet uns sein Innerstes und macht uns damit sich selbst als absolutes Geheimnis offenbar. „Es gibt im Grunde nur *ein* ‚Geheimnis' [...] Dieses (formal) eine Geheimnis ist in all dem gegeben, was die christliche Dogmatik als die (absoluten) Mysterien des Christentums verkündigt" (SM, Art. Geheimnis), und das sind: Menschwerdung, Gnade und Dreifaltigkeit (ebd.). Auf diesen Gott ist der Mensch immer und überall in der transzendentalen Offenheit seines Geistes ausgerichtet: „Es gibt [...] nach christlich-katholischem Verständnis gar keinen Wesensvollzug des Menschen, der nicht in der Dimension jener Finalisierung des menschlichen Selbstvollzugs auf die Unmittelbarkeit Gottes hin stünde, die wir Gnade nennen" (Grundkurs 66 = SW

26 [1999] 60). Es gibt insofern im „konkreten Vollzug des Daseins" „keine Gotteserkenntnis, die rein natürlich wäre" (ebd.). „Diese Ausgerichtetheit nennen wir Gnade; sie ist ein unentrinnbares Existential des ganzen Wesens des Menschen" (ebd.) Und so gilt denn auch für unser Philosophieren hier und jetzt: „eine absolut theologiefreie Philosophie ist für unsere geschichtliche Situation gar nicht möglich" (Grundkurs 36 = SW 26 [1999] 30).

II. Hegel und das „Geheimnis"

„Hen kai pan (Einheit und Allheit)" schreibt Hölderlin 1791 Hegel ins Stammbuch (*Hegel,* Briefe IV 48). Es ist das Losungswort der drei Freunde im Tübinger Stift: Hegel, Hölderlin und Schelling, und es bezeichnet die Suche nach Einheit in einer geistig und politisch zerrissenen Welt, der Welt des Absolutismus, der französischen Revolution, der Aufklärung, die das überkommene Weltbild und mit ihm den religiösen Glauben zu zerstören droht. Heil in dieser Situation, so die drei Freunde, kann nur von einer höchsten vermittelnden Einheit herkommen, die der Mensch in sich selbst suchen und entdecken muss, die sein Beisichsein, seine Freiheit begründet, die ihn befähigt, mit sich selbst eins zu werden, sich mit anderen Menschen zu verbinden und auch mit der (äußeren und inneren) Natur in Einklang zu kommen. Das Hen kai pan bezeichnet dieses letzte „Woraufhin unseres Geistes" (um mit Rahner zu sprechen), von dem her sich der Mensch erst wahrhaft begreifen, sein Denken ordnen, seine Welt erfassen, von dem her er zu wahrer Selbständigkeit und Würde finden und dementsprechend seine Welt gestalten kann.

Wo ist dieser höchste Einheitspunkt zu finden? Kant hat den Weg dazu gewiesen: Es ist das Ich des (Sich-)Wissens und Gewissens in seiner Unbedingtheit. Für Fichte ist dieses letztere, also die praktische Gewissheit, auch Fundament des theoretischen Wissens, da unsere Welt nur im Zusammenhang sittlicher Forderung überhaupt Realität gewinne. Die Natur als solche hat aber für Fichte keinen eigenen Wert. Sie hat nur Bedeutung als das gegen das Ich widerständige und es herausfordernde Nicht-Ich. Hiergegen richtet sich die Kritik Hölderlins und bald auch Schellings. Außerdem zeigt sich bei Fichte ein Bruch zwischen Ich und Nicht-Ich, in welchem der Kantische Dualismus zwischen Für-mich und An-sich, Denken und Anschauung, aber auch zwischen Vernunft und Sinnlichkeit wieder auflebt. Der Mensch jedoch kommt zur Einheit mit sich selbst nur von einer letzten Einheit her. Kann diese gedacht werden? Nur wenn es möglich ist, sie als Differenz übergreifend, vor allem die Grund-Differenz von Subjekt und Objekt übergreifend zu denken. In seiner kleinen Schrift „Urteil und Sein“ (1795) gelangt Hölderlin zu einer in allem Trennen vorauszusetzenden Einheit, von der her alles Ur-teilen erst möglich wird, und er benennt sie mit dem Grundbegriff der klassischen Metaphysik: „Sein“. Nach dem „Hyperion“ (1797/99) ist dieses Sein als Differenz übergreifende Einheit aber nur ästhetisch zu erfassen, wobei das philosophische Begreifen in diesem ästhetischen Erfassen seine Mitte hat. „Das große Wort, das hen diapheron heauto (das Eine in sich selbst unterschiedne) des Heraklit, das konnte nur ein Grieche finden, denn es ist das Wesen der Schönheit, und ehe das gefunden war, gab's keine Philosophie“ (Hyperion, Reclam 87). In dem in Hegels Handschrift überlieferten Fragment, genannt „das älteste Systemprogramm des deutschen Idealismus“ (1796/97), das aber dem gemeinsamen Geist der drei Freunde entstammt, ist dementsprechend die höchste Idee, die den Menschen mit sich selbst und seiner Welt versöhnt wie sie sein ganzes Denken und Handeln orientiert, die Idee der „Schönheit“.

In seinen nicht veröffentlichten Jugendschriften versucht Hegel, diesen gemeinsam anvisierten Einheitspunkt genauer zu fassen. Die Schwierigkeit besteht für ihn darin, dass er das Trennende, das hier zu überwinden wäre, als dem Denken und Reflektieren wesentlich erkennt. Seine Lösung besteht deshalb darin, die gesuchte Einheit noch über das Denken und Reflektieren zu stellen. In einer kleinen Schrift, von Herman Nohl mit „Glaube und Sein“ betitelt (von 1797/98), nennt Hegel, wohl unter Hölderlins Einfluss, diese höchste Einheit: „Sein“, doch setzt er hinzu: „Sein kann nur geglaubt werden“[7]. D. h. nur im Glauben ist jene Einheit zu erreichen. Die Religion ist somit der Zugang zu ihr. Sie erscheint besonders in der Liebe.

> Wo Subjekt und Objekt oder Freiheit und Natur so vereinigt gedacht wird, daß Natur Freiheit ist, daß Subjekt und Objekt nicht zu trennen sind, da ist Göttliches [...] in der Liebe allein ist man eins mit dem Objekt, es beherrscht nicht und wird nicht beherrscht (TW 1, 242).
>
> Die Religion ist eins mit der Liebe. Der Geliebte ist uns nicht entgegengesetzt. Er ist eins mit unserem Wesen; wir sehen nur uns in ihm, und dann ist er doch wieder nicht wir – ein Wunder, das wir nicht zu fassen vermögen (244).

[7] TW 1, 251, zum Sein vgl. 326.

Liebe muss die Entgegensetzung nicht scheuen, im Gegenteil, sie bestätigt und überwindet sie (394 f.). Es gibt also etwas der Vernunft noch Übergeordnetes. Das ist die „Religion“, die in der „Liebe“ oder überhaupt im „Leben“, dessen höchste Gestalt die Liebe ist, erfahren wird.

In der Liebe ist dies Ganze nicht als in der Summe vieler Besonderer, Getrennter enthalten; in ihr findet sich das Leben selbst, als eine Verdoppelung seiner selbst, und Einigkeit desselben [...] In der Liebe ist das Getrennte noch, aber nicht mehr als Getrenntes, [sondern] als Einiges, und das Lebendige fühlt das Lebendige (246).

Die Liebe ist nicht „Begriff“ (hier der Kantische Begriff des Allgemeinen der Moral):

Die Liebe selbst spricht kein Sollen aus; sie ist kein einer Besonderheit entgegengesetztes Allgemeines; nicht eine Einheit des Begriffs, sondern Einigkeit des Geistes, Göttlichkeit; Gott lieben ist sich im All des Lebens schrankenlos im Unendlichen fühlen (363).

Die tiefste Einheit dieses allgemeinen Lebens ist die von Gott und Mensch. Sie ist nur religiös auszusprechen und zwar mit der höchsten Religion: dem Christentum: „das Göttliche in einer besonderen Gestalt erscheint als ein Mensch; der Zusammenhang des Unendlichen und des Endlichen ist freilich ein heiliges Geheimnis, weil dieser Zusammenhang das Leben selbst ist“ (378). Es fällt hier das Wort „Geheimnis“. Dieses Geheimnis ist die Wahrheit des Lebens, ist also etwas Vertrautes. „Wie dem Verstande das Göttliche und das Einssein mit Gott das Unbegreiflichste ist, so ist es dem edlen Gemüte die Entfernung von Gott“ (385).

Der religiöse Inhalt der Inkarnation ist deswegen so entscheidend, weil in ihm die Vereinigung des Unendlichen mit dem Endlichen in einem höchsten Sinn gedacht wird. Hegel zitiert (im Systemprogramm von 1800) die zweite Strophe des Kirchenliedes „Gelobet seist du Jesu Christ“ (ein ebenso lutherisches wie katholisches Lied): „Den aller Weltkreis nie beschloß, der liegt in Marien Schoß“ (Gotteslob Nr. 130, 3. Str.) (Hegel: „Den aller Himmel Himmel nicht umschloß, / Der liegt nun in Mariä Schoß“, TW I, 424). Hegel spricht damit das aus, was Hölderlin als „Grabspruch des Loyola“ seinem „Hyperion“ voranstellt: „non coerceri maximo, contineri minimo, divinum est (vom Größten nicht umfasst, im Kleinsten beschlossen zu sein, das ist göttlich)“, nach Hegel ein „heiliges Geheimnis“, Geheimnis deshalb, weil das reflektierende Denken es nicht zu fassen vermag und doch als die Wahrheit anerkennen muss. „Die Philosophie muß eben darum mit der Religion aufhören, weil jene ein Denken ist, also einen Gegensatz [...] hat“ (ebd. Systemprogramm 1800, 422 f.).

Wir haben hier eine Einheit vor uns, welche die Trennungen, aus denen sich das Denken nie befreien kann, zu überwinden vermag. Doch diese Einheit muss vom Denken als ihm selbst übergeordnet anerkannt werden. Das Denken muss zu dieser Anerkennung fähig sein. Es muss also ein Denken geben, das dem Denken überlegen ist. Hegel versucht in seiner ersten philosophischen Veröffentlichung, der sogenannten „Differenzschrift“ (1801), ein solches Denken zu konzipieren. Es muss so gedacht werden, dass es sich übersteigt, indem es sich auf ein Höheres hin selbst vernichtet. „Die isolierte Reflexion, als Setzen Entgegengesetzter [...] ist das Vermögen des Seins und der Beschränkung. Aber die Reflexion hat als Vernunft Beziehung auf das Absolute, und sie ist nur Vernunft durch diese Beziehung; die Reflexion vernichtet insofern sich selbst und alles Sein [hier das Sein als Objekt] und Beschränkte, indem sie es aufs Absolute bezieht“ (TW 2, 26). Diese höhere Aufgabe nennt Hegel „Spekulation“, die eigentlich in der Selbstvernichtung erst zu sich kommt;

> die Spekulation fordert in ihrer höchsten Synthese des Bewußten und Bewußtlosen auch die Vernichtung des Bewußtseins selbst, und die Vernunft versenkt damit ihr Reflektieren der absoluten Identität und ihr Wissen und sich selbst [!] in ihren eigenen [!] Abgrund.

Es ist dies die „Nacht der bloßen Reflexion und des räsonierenden Verstandes, die der Mittag des Lebens ist“ (35). Den positiven Bezug auf diese Identität nennt Hegel hier noch mit Schelling „Anschauung“ und deren Gegenstand das „absolute Leben“ (wie im Systemprogramm). „Beides, Kunst und Spekulation sind in ihrem Wesen der Gottesdienst, – beides ein lebendiges Anschauen des absoluten Lebens und somit ein Einssein mit ihm“ (113). Wir haben hier die spätere Dreiteilung des „absoluten Geistes“ in Kunst, Religion und Philosophie, allerdings in einer Ebene.

In „Glauben und Wissen“ (1802) ist nicht mehr eine Anschauung, die durch das sich selbst vernichtende Begreifen erreicht wird, das Höchste, sondern ein besonders qualifiziertes Begreifen, das über die Trennungen der Reflexion hinausgeht. Denn die Anschauung kann dem Begreifen nicht einfach gegenübergestellt werden. In dem Aufsatz geht es um die Trennung von Glaube und Wissen. Die Aufklärung hat mit der Macht des Verstandes einen Sieg über den Glauben errungen, aber dieser Sieg hat eine Wüste hinterlassen. Der heilige „Hain“ ist zu bloßen „Hölzern“ geworden. Nun zeigt sich aber im Denken, dass der Unterlegene im Sieger wieder auflebt. Denn jetzt ist die Philosophie das Umfassende, und plötzlich wird innerhalb ihrer vom „Glauben“ geredet, so von Kant in der Postulatenlehre, von Jacobi als dem Gefühl, das über die Rationalität hinausführt, und von Fichte, für den die höchste Einheit der Fluchtpunkt eines nie abschließbaren, unendlichen Strebens ist, ein Zielpunkt, der nur im Glauben erreicht wird (so in der „Bestimmung des Menschen“, 1800). Die Trennungen, die zu überwinden die Philosophie angetreten ist, brechen in ihr selber wieder auf. Will man über diese Art von Philosophie hinwegkommen, und Hegel muss dies auch auf sein eigenes früheres Denken beziehen, dann ist das höchste Begreifen so zu fassen, dass es sich durch die Selbstvernichtung hindurch neu findet und so der tiefsten Einheit denkend gewiss wird. Wie der metaphysisch jenseitige Gott der Vernunftkritik zum Opfer fiel, ebenso muss auch der neue Gott der Philosophen sterben, dessen Unendlichkeit dem Endlichen nicht weniger schroff gegenübergestellt ist. Aber dieser Tod Gottes enthüllt nur sein wahres Leben, seine Auferstehung, die sich durch die Vereinigung von Unendlichem und Endlichen hindurch ereignet, und die höchster Inhalt wie letzter Maßstab des Begreifens ist. In diesem Sinne ist der ebenso berühmte wie komplizierte letzte Satz des Aufsatzes zu verstehen:

Der reine Begriff aber oder die Unendlichkeit als der Abgrund des Nichts, worein alles Sein versinkt, muß den unendlichen Schmerz, [...] das Gefühl: Gott selbst ist tot [...] rein als Moment, aber auch nicht als mehr denn als Moment der höchsten Idee bezeichnen, [...] und also der Philosophie die Idee der absoluten Freiheit und damit das absolute Leiden oder den spekulativen Karfreitag, der sonst historisch war, und ihn selbst in der ganzen Wahrheit und Härte seiner Gottlosigkeit wiederherstellen, aus welcher Härte allein [...] die höchste Totalität in ihrem ganzen Ernst und aus ihrem tiefsten Grunde, zugleich allumfassend und in die heiterste Freiheit ihrer Gestalt auferstehen kann und muß (432).

Im Aufsatz über das „Naturrecht“ (1802/3) heißt es dann: „da der absolute Begriff das Gegenteil seiner selbst ist, ist mit seiner reinen Einheit und Negativität auch das Sein der Differenz gesetzt“ (488). Dieser „Begriff“ macht das „absolute Wissen“ aus, von dem die „Phänomenologie des Geistes“ (1807) spricht. Dieser Begriff ist oberste Orientierung für das Denken und Erkennen und hindert es daran, in Trennungen zu verbleiben, sich auf Begrenztes zu fixieren und überhaupt Endliches und Relatives zu verabsolutieren.

In der „Enzyklopädie" (1830) unterscheidet Hegel im „Vorbegriff" zur „Logik" (§§ 79–82) a) das „abstrakte oder verständige" Denken, das in der „festen Bestimmtheit und der Unterschiedenheit" bleibt, b) das „dialektische oder negativ-vernünftige" Denken, welches kritisch und negativ, die Aufhebung dieser festen Bestimmungen nötig macht, und c) das „spekulative oder positiv-vernünftige" Denken, das „die Einheit der Bestimmungen in ihrer Entgegensetzung" auffasst. Zu dieser Stufung und zur höchsten Stufe des Spekulativen macht Hegel eine erläuternde Anmerkung:

> Hinsichtlich der Bedeutung des Spekulativen ist hier noch zu erwähnen, daß man darunter dasselbe zu verstehen hat, was früher, zumal in Beziehung auf das religiöse Bewußtsein und dessen Inhalt, als das *Mystische* bezeichnet zu werden pflegte [...] Hierüber ist zunächst zu bemerken, daß das Mystische allerdings ein Geheimnisvolles ist, jedoch nur für den Verstand, und zwar einfach um deswillen, weil die abstrakte Identität das Prinzip des Verstandes, das Mystische aber (als gleichbedeutend mit dem Spekulativen) die konkrete Einheit derjenigen Bestimmungen ist, welche dem Verstand nur in ihrer Trennung und Entgegensetzung für wahr gelten. Wenn dann diejenigen, welche das Mystische als das Wahrhafte anerkennen, es gleichfalls dabei bewenden lassen, daß dasselbe ein schlechthin Geheimnisvolles sei, so wird damit ihrerseits nur ausgesprochen, daß das Denken für sie gleichfalls nur die Bedeutung des abstrakten Identischsetzens hat und daß man um deswillen, um zur Wahrheit zu gelangen, auf das Denken verzichten [...] müsse. Nun aber ist, wie wir gesehen haben, das abstrakt verständige Denken so wenig ein Festes und Letztes, daß dasselbe sich vielmehr als das beständige Aufheben seiner selbst und als sein Umschlagen in sein Entgegengesetztes erweist, wohingegen das Vernünftige als solches gerade darin besteht, die Entgegengesetzten als ideelle Momente in sich zu enthalten. Alles Vernünftige ist somit zugleich als mystisch zu bezeichnen, womit jedoch nur soviel gesagt ist, daß dasselbe über den Verstand hinausgeht, und keineswegs, daß dasselbe überhaupt als dem Denken unzugänglich und unbegreiflich zu betrachten ist (§ 83 Z, TW 8, 178 f.).

Die „Idee" ist die höchste „Definition *des Absoluten*" (§ 213). Für Hegel ist wichtig, dass das absolut Höchste, man kann sagen: das „id quo maius cogitari nequit" Grundlage unseres Wissens ist, dass nur von dort her unser Wissen begriffen und begründet werden kann. Andernfalls würden wir immer sagen müssen, dass unser Wissen im Vorläufigen bleibt. Aber das ist widersprüchlich. Wenn wir also wahrhaft wissen nur im Horizont des Letzten und Unbedingten (Rahner), dann muss dieser Horizont in unserem Wissen erscheinen und es erhellen. Sogar noch die formale

Logik ist nur von dort her zu begründen, letzt-zubegründen, nämlich von der absoluten Idee und damit von Gott her. Um unser Wissen, Erkennen und Handeln zu begreifen, ist es nötig, auf ihn Bezug zu nehmen. Schon 1802 schreibt Hegel, dass es „im jetzigen Augenblicke zunächst Interesse der Philosophie ist, [...] einmal wieder Gott absolut vornehin an die Spitze der Philosophie als den alleinigen Grund von allem, als das einzige *principium essendi* und *cognoscendi* zu stellen, nachdem man ihn lange genug *neben* andere Endlichkeiten oder ganz ans Ende als ein Postulat [...] gestellt hat" (TW 2, 195). Gleich im ersten Paragraphen der *Enzyklopädie* heißt es von Philosophie und Religion: „Beide haben die *Wahrheit* zu ihrem Gegenstande, und zwar im höchsten Sinne – in dem, daß *Gott* die Wahrheit und er *allein* die Wahrheit ist" (§ 1). Für einen „philosophischen Sinn" ist von daher „so viel Bildung vorauszusetzen, daß man wisse, nicht nur, daß Gott wirklich, – daß er das Wirklichste, daß er allein wahrhaft wirklich ist" (§ 6 A).

Gott ist das Licht, das unser Erkennen erleuchtet. Aber dies ist auch zu zeigen. Es muss dargelegt werden können, dass wir ohne das Absolute, ohne Gott, überhaupt nichts wissen können, und dass unsere Kategorien nur auf ihn hin vollständig zu entwickeln sind. Gott zeigt sich als Grund unseres Wissens. Hier greift Hegel auf den christlichen Offenbarungsgedanken zurück. Danach behält Gott sich nicht zurück, sondern offenbart sich und zwar radikal, denn „in der absoluten Religion ist es der absolute Geist, der nicht mehr abstrakte Momente seiner, sondern sich selbst manifestiert" (§ 564). Dies ist der von ihm eröffnete Raum seiner Einheit mit uns, mit der Welt, und nur von dieser Einheit her ist unser geistiges Leben möglich. Das Absolute ist nicht nur das Woraufhin, sondern auch das Vonwoher unseres geistigen Lebens. Deswegen komme es darauf an, „daß das, was früher als Mysterium geoffenbart worden, aber [...] dem formellen Gedanken ein Geheimnisvolles bleibt, für das Denken selbst geoffenbart werde" (Enz Vorrede II, TW 8, 31). Die Religion muss gedacht werden, nicht nur um sie zu rechtfertigen (das auch), sondern weil ihr tiefster Gedanke, die Einheit von Gott und Mensch, die entscheidende Wahrheit unseres geistigen Lebens ist und damit der letzte Maßstab unseres Denkens und Begreifens sein muss.

Die, welche der Philosophie verargen, daß sie die Religion denkt, wissen nicht, was sie verlangen [...] die wahre Demut besteht darin, den Geist in die Wahrheit zu versenken [...] So verschwindet alles Subjektive [...] Wir haben die Idee rein spekulativ zu betrachten und sie gegen den Verstand zu rechtfertigen, gegen ihn, der sich gegen allen Inhalt der Religion überhaupt empört. Dieser Inhalt heißt Mysterium, weil er dem Verstande ein Verborgenes ist, denn er kommt nicht zu dem Prozeß, der diese Einheit ist: daher ist alles Spekulative dem Verstand ein Mysterium.[8]

III. Rahner und Hegel im Vergleich

Rahners philosophischer Ansatz besteht in der Freilegung der Offenheit des menschlichen Geistes auf ein letztes Woraufhin, das zugleich das Vonwoher dieser Offenheit ist, also nicht ein von uns Entworfenes, Konstruiertes, sondern ein von sich selbst her, vollkommen aus sich Seiendes, somit absolutes Sein, das sich unserem Geist apriorisch, d. h. jeder Einzelerkenntnis vorausliegend zu erkennen gibt, offenbart und darin auf eine vollkommene Selbstoffenbarung seiner verweist, auf sein Eingehen in die Geschichte, um so das Geschöpf zu sich selbst zu erheben.

Auch nach Hegel ist der Mensch konstitutiv auf das Absolute ausgerichtet. Hegels Apriori steht Rahners „transzendentaler Erfahrung" weit näher dem Transzendentalen Kants oder der „negativen", weil nur begrifflich apriorischen Philosophie des späten Schelling. Und ebenso zeigt sich in der Ausrichtung auf das Absolute dieses selbst, manifestiert sich unserem Geist. Denn es zu erfassen ist nur von ihm her möglich. Es kann nicht objektivierend von außen erkannt werden. Es erkennen bedeutet, dass es sich selbst zeigt. So manifestiert es sich denn unserem endlichen, werdenden Geist in dessen Geschichte. Die Religion schließlich erfasst die volle geschichtliche Selbstmanifestation des Absoluten in einem *einzelnen* Menschen (vgl. TW 17, 277) und über diesen in den einzelnen überhaupt (Enz §§ 564–571), d. h. in der *Allgemeinheit* unseres kollektiven Geistes. Diese Präsenz des Absoluten in uns ermöglicht und leitet unser Denken und Erkennen, wobei sie mit ihrer Einheit von Unendlichkeit und Endlichkeit, Identität und Differenz das höchste Maß unseres Begreifens, der absolute Begriff ist, in den alles sonstige Begreifen mündet. Da der religiöse Inhalt so unser Begreifen leitet, soll er von uns gedacht, begriffen werden. Seine Offenbarkeit will in unserem Denken ankommen, nicht vor ihm irgendwo in Gefühl und Ahnung stehen bleiben, und nur wenn er dort ankommt, kann er unser Denken leiten. Dies hat dann die Philosophie zu zeigen. Sie hat zu zeigen, dass es gerade unser Bezug zum Absoluten ist, der uns

[8] Vorlesungen über die Gottesbeweise, Schluss, TW 17, 534 f.

befähigt, allgemeinste Begriffe zu bilden, in denen eine Verständigung möglich ist, bzw. sie hat zu zeigen, wo diese Begriffe ihr Maß und ihre letzte Begründung haben. Eine solche Wissenschaft von der Vernunft und ihrer Entfaltung ist Hegels Programm, wie es auch schon Fichtes „Wissenschaftslehre" war. Bei Hegel beginnt sie mit einer „Logik". Denn das unseren Geist eröffnende Licht des Absoluten bricht sich gleichsam in den Bezügen der Endlichkeit und bringt eine Vielfalt von Grundbegriffen hervor, die in eine Ordnung gebracht werden müssen, um sie in der rechten Weise handhaben zu können. Rahner sagt in GiW von Thomas:

> Aber zu einem systematischen Aufweis im einzelnen, wie sich in den Kategorien als den obersten Begriffen unserer univoken Erfassung der Welt die apriorischen Formen der Sinnlichkeit geltend machen, kommt es bei Thomas nicht. So kann bei ihm folgerichtig auch keine systematische Kritik ihres transzendentalen Gebrauches erwartet werden[9].

Auch Rahner arbeitet ein solches Kategoriensystem nicht aus. Aber er sieht darin eine Aufgabe. Sie in Angriff zu nehmen war das Unternehmen Hegels.

Wo sich nun aber die Wege Hegels und Rahners trennen, das ist mit dem gegeben, was unser Thema ist, dem Begriff: „Geheimnis". Für Rahner ist Geheimnis ein Letztes, und Gott ist bleibendes Geheimnis. Für Hegel ist das Geheimnis durch das Denken auflösbar, nicht durch das des Verstandes, aber durch das der Vernunft, und Hegel begründet diese Auflösbarkeit mit dem Offenbarungsbegriff. Gott offenbart sich und enthält sich uns nicht vor, auch nicht sein Innerstes. Dieses Hegelsche Argument ist sehr stark. Wenn Gott sich mitteilt, dann teilt er sich uns eben mit, und verbirgt sich uns nicht gleichzeitig. Wenn Rahner dennoch von einem bleibenden Geheimnis spricht, muss er Hegel etwas Entscheidendes entgegensetzen, und zwar auf einer gleichrangig spekulativen Ebene. Aber dazu ist Rahner in der Lage. Der Begriff „Geheimnis", so Rahner, widerspricht nicht dem der Offenbarung und Selbstmitteilung, sondern ist in ihm enthalten. Denn wenn die Offenbarung ein personales Geschehen ist, also aus der Freiheit kommt, was sie als Selbst-Offenbarung eigentlich auch für Hegel sein muss, dann ist damit gesagt, dass dies ein Geschehen aus sich und von sich her ist, d. h. im selben Sinn und in gleicher Rücksicht durch Gabe und Entzug gekennzeichnet ist, durch ein Sich-Zeigen und Sich-Verbergen, da die Gabe

---

[9] GiW 293; ²402 = SW 2 (1996) 296/297.

der Freiheit immer aus Freiheit, d. h. aus einer unverfügbaren und nur dem personalen Blick sich öffnenden Quelle kommt. Dies ist die Dialektik, die Rahner dem Dialektiker Hegel voraus-hat. Denn das Geheimnis bleibt so gesehen im höchsten Erkennen enthalten, da dieses ein personales und freiheitliches Geschehen ist. Damit ist bei Hegel ein Defizit aufgedeckt. Ist das Erkennen des Höchsten bei ihm wirklich ein personales? Hegel verzichtet später auf den Begriff der Liebe, der in seinen Jugendschriften große Bedeutung hatte. Für Rahner ist es so, dass das Erkennen in seinem Letztbezug sich aufzuheben hat in die Liebe und das Sprechen „über" sich in ein Sprechen „zu" verwandelt, und dies aus rein systematischen Überlegungen, für die auch bei Hegel der Ansatz zumindest gegeben ist, da unser geistiges Leben Selbstmanifestation des Absoluten ist. Es entscheidet sich hier viel. Würde sich Hegel der personalen Dialektik von Offenbarkeit und Geheimnis verschließen, oder: müsste man Hegel so interpretieren, hieße dies, dass Hegel das Absolute doch zu einer Tat des Endlichen, zu einem von diesem Entworfen und von ihm deshalb auch durchschaubaren Konstrukt macht. Die Offenbarung und Selbstmanifestation des Geistes wäre dann nur unsere Selbstobjektivierung. Dagegen stehen viele Aussagen Hegels. Dennoch, hier steht sein Denken auf Messers Schneide. Der Vergleich mit Rahner lässt dies deutlich werden.

Rahner äußert sich selten über Hegel und dann meist beiläufig. Er verwendet etwa die Dreifachbedeutung von „Aufhebung"[10] oder spricht von der „Anstrengung des Begriffs"[9]. Hegel ist für ihn stets Repräsentant der großen philosophischen Tradition[10]. Die direkt hegelkritischen Stellen sind eher rar. Die härteste findet sich in einem Aufsatz von 1937[11]. Es geht um das Unvermögen des Menschen, auf den sich frei offenbarenden Gott zu „warten", wobei sich dieses Unvermögen in der „ewigen Versuchung" der Philosophie spiegelt, die Welt zu verabsolutieren,

> Gott nur das sein zu lassen, was die Welt ist, Gott nur zu machen nach dem Bilde des Menschen [...] Und selbst die geistigste Philosophie eines Hegel betet – so mag es scheinen – noch einen Götzen an: den absoluten Geist, der im Menschen und seiner Wesensentfaltung sich selber findet.

---

[10] HdW 35 f.; ²40 = SW 4 (1997) 40/42–43; SW 4 (1997) 293; Grundkurs 255 = SW 26 (1999) 248.

[9] HdW 40; ²47 = SW 4 (1997) 48/49; Grundkurs 13 = SW 26 (1999) 8.

[10] Schriften X (1972) 29; HdW 79; nicht in ² = SW 4 (1997) 94.

[11] Schriften III (1956) 338; fast wörtlich wiederholt 1949, Schriften III (1956) 94 f.

Deutlich interpretiert Rahner Hegel hier linkshegelianisch im Sinne Feuerbachs. In HdW legt Rahner (den „deutschen Idealismus") auf eine pan(en)theistische Identitätsthese fest[12], rechnet ihn dann aber doch zur „philosophia perennis", die „von Platon zu Hegel reicht" und sagt von ihr: „Die Weite des Vorgriffs geht auf das Sein überhaupt, das an sich keine innere Grenze hat und so auch das absolute Sein Gottes einschließt"[13]. Kant dagegen in seiner Restriktion der Erkenntnis auf sinnliche Erfahrung und Heidegger, für den die Transzendenz der Welt ins Nichts geht, ordnet Rahner (jedenfalls hier) nicht dieser Tradition zu[14].

Wahre Philosophie muss „adventistisch" sein, also wartend und erwartend, „praeparatio evangelii", und insofern ist wahre Philosophie immer „christlich"[15]. Denn der sich offenbarende Gott ist der freie. „Was das Wesentliche am Ganzen ist: der Mensch steht als Geist, indem er als solcher das absolute Sein erkennt, diesem als einer freien ihrer selbst mächtigen Person gegenüber"[16]. Dagegen steht die apersonale Mystik, die Ekstase Plotins, die in das Christentum hineingewirkt hat[17]. Den deutschen Idealismus sieht er in dieser Linie, er ist, gegenüber der plotinisch christlichen „Nacht-Mystik", „die nüchterne Tagmystik der Vernunft"[18]. Immerhin wird Hegel auf eine hohe Stufe gestellt. Aber beide Arten von Mystik haben ein entscheidendes Defizit: Es fehlt (mehr oder weniger deutlich) die Personalität im Verhältnis zum Unendlichen. Doch erst mit ihr wäre auch die mystische Rede vom Geheimnis gerechtfertigt.

Kant spricht am Schluss seiner „Grundlegung zur Metaphysik der Sitten" in bezug auf den „kategorischen Imperativ" vom „Begreifen" „seine[r] Unbegreiflichkeit". Hegel kannte diesen Text. Doch dieses Unbegreifliche im kantischen Sinn ist für Hegel spekulativ erfassbar. Was aber Rahner „Geheimnis" nennt, ist eine grundsätzlichere Unbegreiflichkeit: Das Ineinander von Offenbarkeit und Geheimnis in einer personalen Dialektik. Hegel hätte hier von Rahner zu lernen. Was man aber von Hegel lernen könn-

---

[12] HdW 59; ²63 = SW 4 (1997) 72; vgl. Schriften XV (1983) 87.

[13] HdW 79; nicht in ² = SW 4 (1997) 94.

[14] HdW 79 ff.; nicht in ² = SW 4 (1997) 94 ff.

[15] HdW 224; ²215 = SW 4 (1997) 272.

[16] HdW 110; ²112 = SW 4 (1997) 132/134.

[17] Nach Rahner bis zu Johannes vom Kreuz; HdW 97; ²99 = SW 4 (1997) 132/134.

[18] HdW 97 f.; ²100 = SW 4 (1997) 118.

te, wäre die Aufgabe, von einer solchen, im Gottesbezug gründenden personalen Dialektik aus unsere Vernunft auszulegen.

In einer Rezension (1938) zu einem Buch des Religionswissenschaftlers Gustav Mensching, der sich in einer Polemik gegen Dogmatik, Metaphysik und Rationalität im katholischen Denken im Namen religiöser Unmittelbarkeit ergeht, schreibt Rahner:

> ich [...] las einstweilen zu meinem Trost wieder einmal aus Hegels Vorrede zu seiner Phänomenologie des Geistes den Abschnitt gegen Schleiermacher. Aber dieser Passus ist zu lang, um ihn hierher zu setzen. Er könnte mir auch den Vorwurf der Unhöflichkeit eintragen (SW 4 [1997] 320).

Hegel bezieht sich an der Stelle, die Rahner meint (eigentlich sind es zwei Stellen), ohne ihn zu nennen, aber doch erkennbar auf Schleiermacher und charakterisiert dessen Auffassung so: „Das Absolute soll nicht begriffen, sondern gefühlt und angeschaut, nicht sein Begriff, sondern sein Gefühl und Anschauung sollen das Wort führen und ausgesprochen werden" (PG 15). Aber indem der so oder ähnlich Redende

> sich auf das Gefühl, sein inwendiges Orakel beruft, ist er gegen den, der nicht übereinstimmt, fertig; er muß erklären, daß er dem weiter nichts zu sagen habe, der nicht dasselbe in sich finde und fühle; – mit anderen Worten, er tritt die Wurzel der Humanität mit Füßen. Denn die Natur dieser ist, auf die Übereinkunft mit andern zu dringen, und ihre Existenz [ist] nur in der zustande gebrachten Gemeinsamkeit der Bewußtsein[e] (PG 64 f.).

Diesen Trost holt Rahner sich bei Hegel, dass es auf die Vernunft und auf vernünftige Argumentation ankomme, weil das die Ebene der Kommunikation ist. Dieses Anliegen macht Hegel und Rahner zu Verbündeten und lässt sie einander ebenbürtig sein.

Wenn Rahner dazu auffordert, sich mit Hegel auseinanderzusetzen, weil sich dies lohne[19], dann nicht in der Weise der Auseinandersetzung, dass man den anderen nach herangetragenen Maßstäben autoritativer Art beurteilt, eine Weise, die den Adressaten nicht erreichen kann, weil sie ihn nicht als gleichrangig akzeptiert. Ernst nehmen kann dieser die Auseinandersetzung nur, wenn sie auf der verbindenden Ebene der Vernunft geschieht. Diese verbindende Ebene hat Rahner entschieden betreten und auf ihr sein ganzes Denken, seine Philosophie und Theologie, entwickelt, und nur auf dieser Ebene ist eine fruchtbare Auseinandersetzung mit Philosophen vom Range Hegels zu führen. Man darf Walter Kasper zustimmen, der in seiner Laudatio für

---

[19] Z. B. SW 2 (1996) 432.

Karl Rahner anlässlich der Feier von dessen 75. Geburtstag in der Katholischen Akademie in München sagte, Rahner sei, „im Bereich katholischer Theologie – nach den Tübinger Theologen des letzten Jahrhunderts – der erste große Theologe neuzeitlichen Zuschnitts“[20].

[20] zur debatte. Themen der Katholischen Akademie in Bayern, 9 (1979), 11.

Zu den Autoren

Peter Henrici wurde am 31. März 1928 in Zürich geboren. Er studierte zunächst Altphilologie und Indogermanistik an der Universität Zürich. 1947 trat er in den Jesuitenorden ein. Es folgten philosophische und theologische Studien in Pullach bei München, Rom, Löwen und Paris. 1958 hat er über Hegel und Blondel promoviert und wurde zum Priester geweiht. Ab 1960 war er Professor für neuere Philosophiegeschichte an der Päpstlichen Universität Gregoriana in Rom. Zweimal war er Dekan der Philosophischen Fakultät; er dozierte unter anderem als Professor für Metaphysik am Institut für Religionswissenschaften und engagierte sich international in verschiedensten Bereichen. 1993 wurde er in der Diözese Chur in der Schweiz Weihbischof und Generalvikar mit Sitz in Zürich. Nach Vollendung seines 75. Lebensjahres trat er von diesem Amt zurück und ist jetzt an der Theologischen Hochschule in Chur tätig. Seine zahlreichen Bücher, von denen aufgrund seiner Tätigkeit in Rom viele auf italienisch erschienen sind, befassen sich mit der Metaphysik, der neuzeitlichen Philosophie und dem Studium der Philosophie, aber auch mit zentralen Themen des christlichen Glaubens. Außerdem hat er zusammen mit Peter Wild einen mehrbändigen Meditationskurs verfasst.

Otto Muck wurde am 26. Dezember 1928 in Wien geboren. Nach seiner Gymnasialzeit studierte er an der Universität Wien Philosophie, Mathematik und Physik und promovierte 1951 im Hauptfach Philosophie. Im selben Jahr trat er in den Jesuitenorden ein und wurde nach weiteren philosophischen und theologischen Studien 1958 zum Priester geweiht. Seit 1962 lehrt er am Institut für Philosophie der Theologischen Fakultät der Universität Innsbruck Philosophie, von 1971 bis 1997 als Ordentlicher Universitätsprofessor für Christliche Philosophie. Er war Dekan der Fakultät und Rektor der Universität sowie des Canisianums und des Jesuitenkollegs. Zu den Spezialgebieten seiner zahlreichen Buchpublikationen gehören neben der philosophischen Gotteslehre und der christlichen Philosophie vor allem die Methodenfragen der Philosophie und im besonderen der Metaphysik. Seine auch ins Englische übersetzte Habilitation trägt den

Titel: Die transzendentale Methode in der scholastischen Philosophie der Gegenwart. Er ist seither *der* Fachmann für die Denkmethode des transzendentalen Neuthomismus der sog. Maréchal-Schule und hat auch im Sammelband „Christliche Philosophie des 19. und 20. Jahrhunderts" den entsprechenden Artikel verfasst, in dem auch Karl Rahners Philosophie gewürdigt wird.

Julius Oswald wurde 1943 in Kovin (Jugoslawien) geboren. Nach den ordensüblichen Studien in Philosophie und Theologie und der Priesterweihe promovierte er an der Universität Innsbruck in Philosophie über den Marxismus der jugoslawischen „Praxis"-Gruppe, absolvierte die Ausbildung zum Bibliotheksdirektor und leitet seither die Bibliothek der Hochschule für Philosophie der Gesellschaft Jesu in München, wo er auch über Fragen des Marxismus doziert. Ein weiterer Schwerpunkt seiner Tätigkeit ist die Erforschung der Geschichte der Gesellschaft Jesu mit dem Schwerpunkt des Wirkens der Jesuiten in Deutschland. Er ist Gründer und erster Vorsitzender des „Jesuitica"-Vereins zur Erforschung der Geschichte des Jesuitenordens im deutschsprachigen Raum und Herausgeber der gleichnamigen Schriftenreihe.

Albert Raffelt wurde 1944 in der Nähe von Breslau geboren. Ab 1964 studierte er in Münster, München und Mainz Theologie und wurde dann Assistent bei Karl Lehmann in Freiburg/Br., bei dem er 1978 mit einem Werk über Maurice Blondels „Action" promovierte. Seit 1979 ist er an der Universitätsbibliothek in Freiburg tätig, wo er nun Stellvertretender Direktor dieser Bibliothek und Honorarprofessor für Dogmatische Theologie ist. Zu seinen Publikationen zählen verschiedene Bibliographien und Einführungen in das Theologiestudium. Er hat entscheidenden Anteil an der Publikation von Rahners „Grundkurs des Glaubens" und hat auch einige andere Werke Karl Rahners ediert. Er gehört zum Kreis der Herausgeber der neu erscheinenden „Sämtlichen Werke" Karl Rahners und hat als deren 2. Band die kritische Neuausgabe von Rahners seinerzeit nicht akzeptierter philosophischer Doktorarbeit „Geist in Welt" erstellt.

Josef Schmidt wurde 1946 in Erlangen geboren. Nach seinem Abitur trat er in die Gesellschaft Jesu ein, wurde nach dem Studium der Philosophie und Theologie in Pullach bei München und Rom zum Priester geweiht und promovierte dann an der Universität München in Philosophie mit einer Dissertation über Hegel und Trendelenburg. Er habilitierte sich mit einem Kommentar zu den letzten großen Abschnitten von Hegels „Phänomenologie des Geistes“. Er ist an der Hochschule für Philosophie der Gesellschaft Jesu in München Professor für Philosophische Gotteslehre und Geschichte der Philosophie. Seine Spezialgebiete in der Philosophiegeschichte sind die Antike und der Deutsche Idealismus. Zu den weiteren Schwerpunkte seiner Tätigkeit zählen philosophische Literaturinterpretation und katholische Theologie.

Harald Schöndorf wurde 1944 in Roding in Bayern geboren, machte in München Abitur und trat dann in die Gesellschaft Jesu ein. Er studierte Philosophie und Theologie in Pullach bei München, Würzburg, Lyon und Tübingen. Nach seiner Priesterweihe promovierte er an der Universität München in Philosophie über den Leib bei Schopenhauer und Fichte. Thema seiner Habilitation sind der objektive Begriff und die Possibilien bei Suárez. Er ist Professor für Erkenntnislehre und Geschichte der Philosophie an der Hochschule für Philosophie der Gesellschaft Jesu in München. Schwerpunkt seiner philosophiegeschichtlichen Tätigkeit ist die Neuzeit bis zum Deutschen Idealismus, wobei sein besonderes Interesse neben den bereits genannten Philosophen Descartes und Kant gilt.

Jörg Splett wurde 1936 in Magdeburg geboren, studierte in Pullach bei München, Köln und München Philosophie, Psychologie, Fundamentaltheologie und Pädagogik. Nach seiner Promotion bei Max Müller über die Trinitätslehre Hegels war er an der Universität München Assistent von Karl Rahner. Er habilitierte sich über die Rede vom Heiligen und ist seit 1971 Professor für Philosophische Anthropologie, Religionsphilosophie, Philosophische Theologie sowie Geschichte der Philosophie im 19. und 20. Jahrhundert an der Philosophisch-Theologischen Hochschule Sankt Georgen des Jesuitenordens in Frankfurt am Main. Er ist zugleich ständiger Gastprofessor an der Hochschule für Philosophie der Gesellschaft Jesu in München. Seine zahlreichen Werke behandeln großenteils Fragen der philosophischen Anthropologie, der Religionsphilosophie und der philosophischen und theologischen Gotteslehre.

Béla Weissmahr wurde 1929 in Budapest geboren. Nach seinem Abitur trat er 1947 in die Gesellschaft Jesu ein. Von 1950 bis 1956 studierte er Philosophie und Theologie in Szeged und Budapest. Nach dem Ungarn-Aufstand von 1956 floh er in den Westen, wo er in Maastricht seine Studien vollendete und zum Priester geweiht wurde. Er dozierte von 1961 bis 1966 in Yogyakarta (Indonesien) Dogmatik, promovierte 1971 in Rom in Theologie über die Frage des Wirkens Gottes in der Welt und kam dann nach München, um als Professor für Metaphysik und Philosophische Gotteslehre tätig zu sein. Auf diesen Gebieten hat er neben anderen Publikationen auch mehrere Lehrbücher verfasst. Seit 1990 ist er auch Professor für systematische Philosophie in Szeged (Ungarn).